INGE NOTZ mit Katrin Hummel

Wintererde

Mein Leben als Magd

Weltbild

Besuchen Sie uns im Internet:
www.weltbild.de

Genehmigte Lizenzausgabe für Verlagsgruppe Weltbild GmbH,
Steinerne Furt, 86167 Augsburg
Copyright der Originalausgabe © 2012 by
Bastei Lübbe GmbH & Co. KG, Köln
Fotos im Tafelteil: © privat
Umschlaggestaltung: Atelier Seidel - Verlagsgrafik, Teising
Umschlagmotiv: © missbehavior.de
Gesamtherstellung: GGP Media GmbH, Pößneck
Printed in the EU
ISBN 978-3-86365-745-1

2016   2015   2014   2013
Die letzte Jahreszahl gibt die aktuelle Lizenzausgabe an.

PROLOG: HERBORN

Die Mutter stößt einen langen Schrei aus. Wir hören ihn durch die Tür des Schlafzimmers, in dem sie am Nachmittag mit der Hebamme verschwunden ist. Ein kalter Schauer jagt mir den Rücken hinunter. Meine Schwester Rosmarie sitzt neben mir auf der Eckbank und drückt sich an mich. Sie ist ein Jahr jünger als ich.

»Muss sie sterben?«, flüstert sie mir zu.

Es ist eine Frage, die ich selbst nicht zu stellen gewagt habe, obwohl ich seit Stunden – seit die Schreie der Mutter zu uns dringen wie Hilferufe – an nichts anderes denken kann. Mein Herz schlägt mir bis zum Hals vor Angst. Ich hebe die Schultern und blicke im schwindenden Tageslicht, das durch das Küchenfenster fällt, unsicher hinüber zu meiner älteren Schwester Hannelore. Sie ist dreizehn und weiß oft die Antwort auf unsere Fragen. Doch nun sieht sie genauso verloren und ängstlich aus, wie ich selbst mich fühle. Gemeinsam harren wir in der kleinen Küche aus und lauschen den Geräuschen aus dem Nachbarraum, die unser atemloses Schweigen und das Ticken der Wanduhr, das aus dem Wohnzimmer zu uns herübertönt, durchbrechen.

Plötzlich öffnet sich die Tür, und die Hebamme schiebt ihren massigen Körper in die Öffnung.

»Heißes Wasser, schnell!«, befiehlt sie.

Sie ist eine kleine, dicke Frau mit einem weißen Trägerschurz über dem graublauen Kleid. Ihr Gesichtsausdruck ist so undefinierbar wie die anderen Male, wenn sie uns an diesem Nachmittag Aufträge erteilt hat. Aber auf ihrer Schürze erkenne ich nun zwei dunkle Flecken, die mir zuvor nicht aufgefallen sind. Ein Schauer jagt über meinen Rücken. Hannelore springt auf und eilt zum Herd, um frisches Wasser aufzusetzen. Doch die Hebamme lässt sich nicht mehr blicken, um es abzuholen. Erst nach einer Ewigkeit, wie es mir scheint, öffnet sich die Schlafzimmertür abermals, und sie tritt zu uns in die Küche, wobei sie die Tür sorgfältig hinter sich zuzieht.

»Die Mutter hat ein Kindle bekommen, aber es ist tot. Es kam zu spät«, verkündet sie mit unbewegter Miene.

Atemlos starren wir sie an.

»Eure Mutter lebt.«

Ich spüre, wie sich mein Herzschlag beruhigt. Rosmarie richtet sich auf, sie braucht den Schutz meines Kinderkörpers nun nicht mehr. Hannelore sieht traurig aus.

Am Abend schiebt die Hebamme die Wiege vom Schlafzimmer ins Wohnzimmer. Darin liegt das reglose Baby, gewaschen und in weiße Säuglingswäsche gekleidet: Jäckchen, Hemdchen und Strampelhose. Wir stellen uns ringsherum auf und blicken auf unseren Bruder, der den Namen Georg tragen sollte. Er hat schwarze Haare und scheint zu schlafen. Ich kann nicht glauben, dass er tot ist, und so ergreife ich seine winzige Hand. Sie fühlt sich steif und kalt an, und ich zucke zurück. Rosmarie steht mir gegenüber und streichelt Georgs Stirn. Hannelore sinkt auf das Sofa, das neben dem Oranier Ofen steht.

»'s ist leichter zu ertragen, wenn man schreit«, sagt die Hebamme nüchtern, die neben uns steht und über Georg wacht.

Ich blicke sie an, dann laufe ich aus dem Raum und aus dem Haus in den Wald hinein, der hinter unserem Haus beginnt. Dort, unter dem hohen Dach der Fichten, versuche ich zu verstehen, was mit meinem Bruder geschehen ist.

Ich bin neun Jahre alt.

Am nächsten Tag, einem Sonntag, kommt der Schreiner, ein großer, kräftiger Mann mit schwarzen Stiefeln. Er trägt einen schmalen, weißen Sarg unter dem Arm, der sehr zerbrechlich wirkt. Mit schweren Schritten geht er ins Wohnzimmer, stellt den Sarg auf den Tisch und blickt wortlos auf unseren Bruder herab. Es ist totenstill im Raum. Dann hebt die Mutter Georg, der sich die ganze Nacht über nicht bewegt hat, aus der Wiege und legt ihn sanft auf die Holzwolle und das weiße Papier, mit dem der Holzsarg ausgeschlagen ist. Ihr Gesicht ist so weiß und starr wie eine Maske. Es macht mir Angst, sie so zu sehen. Der Schreiner legt ein Tuch über den Sarg, dann wendet er sich zur Tür.

»Behüt euch Gott«, sagt er und nimmt Georg mit sich fort. Die Mutter und Hannelore weinen stumme Tränen. Rosmarie und ich stehen betreten daneben. Einerseits bin ich traurig, andererseits bin ich froh, dass wenigstens die Mutter noch bei uns ist. Auf unseren Vater können wir nicht zählen, er ist im Wirtshaus, wie fast immer, wenn er nicht bei der Arbeit oder auf dem Feld ist. Er schafft in einer Ofenfabrik in Niederscheld als Former. Mit dem Fahrrad fährt er die fünf Kilometer dorthin. Nach der Arbeit kommt er meist nicht nach Hause, sondern macht gleich in der Gaststätte »Gefahr« halt, wo er sich mit seinen Kumpanen betrinkt. Auch am Wochenende nach der Feldarbeit geht er dorthin und vertrinkt das meiste von dem, was er verdient hat.

Am Nachmittag steigen Rosmarie und ich hinauf auf den Dachboden, wo im Sommer die Blätter der Tabakpflanzen hängen, die wir mit Nadel und Faden aufgefädelt und auf eine Leine gehängt haben. Wir interessieren uns für die großen Koffer aus fester Pappe, die hier ebenfalls ihren Platz haben. Einmal im Jahr, wenn Vater Urlaub hat, fahren wir damit zu unseren Großeltern nach Amberg. Wir können diesen Tag kaum erwarten. Es ist für uns eine große Freude, sie zu besuchen, denn dort gibt es einen kleinen Tante-Emma-Laden, in dem wir Semmeln bekommen und wo wir in die bunten Gläser voller Bonbons mit Himbeer- und Waldmeistergeschmack greifen dürfen. Wenn wir sie zu gierig lutschen, wird der Oberkiefer ganz wund.

»Leg dich rein«, fordert Rosmarie mich auf, »dann mach ich zu.«

»Aber wenn ich keine Luft mehr bekomm', machst auf, ja?«

Sie nickt.

Ich hebe meinen Rock hoch und krieche hinein. Sie macht den Koffer zu, doch als ich nach einer Weile rufe: »Aufmachen!«, reagiert sie nicht.

Ich trommele gegen den Koffer und glaube zu ersticken. Da höre ich Rosmarie lachen.

»Mach auf, ich krieg' keine Luft mehr!«, rufe ich voller Angst.

Ich stelle mir Mutters Gesicht vor, wie sie meinen toten Körper in einen Sarg legt.

Nach einer Ewigkeit höre ich das Schloss klicken. Böse sehe ich Rosmarie an, als ich herausklettere. Doch sie streckt mir nur die Zunge heraus und läuft weg. Keine von uns ahnt, dass wir diese Koffer schon bald benutzen werden. Und zwar nicht, um Urlaub zu machen.

Als wir uns tags darauf um kurz nach sieben auf den Schulweg machen, ist der Streit vergessen. Während wir an der Brauerei mit ihrem See vorbeilaufen, auf dem wir im Winter immer Schlittschuh laufen, vorbei an den Apfelbäumen, von denen der Vater jedes Jahr einen anderen mietet, sodass wir hinaufsteigen und ernten können, sehe ich noch immer Georgs weißes Gesichtchen vor mir und den Kummer der Mutter. Ob mein Bruder es im Himmel wenigstens besser hat als wir anderen Kinder hier unten auf der Erde? Ist er nun im Paradies, von dem der Pfarrer jeden Sonntag predigt? Und weiter geht es, immer weiter. Eine halbe Stunde müssen wir laufen, und heute bin ich froh darüber. Hinauf auf die Eisenbahnbrücke mit ihren vielen Holzstufen, durch die Kaiserstraße, an der Kaiser-Maximilian-Statue vorbei und über die steinerne Brücke der Dill, auf der ich von Weitem die Ruth sehe, die in meine Klasse geht.

»Wart' auf uns! Warte!«, rufe ich.

Sie dreht sich um und bleibt stehen. Als wir zu ihr gerannt kommen, lacht sie uns an. Sie ist meine beste Freundin, und wie ich trägt sie die Haare geflochten und zu Affenschaukeln gebunden. Am Sonntag, wenn wir zur Kirche gehen, bindet meine Mutter eine rote Schleife in jeden Zopf, aber heute hat die Ruth sogar die gleichen Haarspangen wie ich, und es tut mir gut, sie nach diesem Wochenende zu sehen. Ihr Lachen vertreibt Georgs Bild aus meinem Kopf. Mein Blick streift den gelben Stern, den sie seit Neuestem auf ihrer blauen Jacke trägt. Jedes Mal, wenn ich ihn sehe, frage ich mich, was er zu bedeuten hat. Ich weiß, dass er bedeutet, dass sie Jüdin ist. Aber warum es so wichtig sein soll, dass sie diesen Stern tragen muss, will mir nicht in den Kopf. Die Ruth ist doch wie ich: Wir lachen fröhlich, wenn ich beim Kästchenhüpfen auf einem Bein balanciere und wie ein Storch aussehe, der gerade einen Frosch verschluckt hat. Ich mag sie gern. Und sie mich auch. Auch der Metzger und seine Frau tragen den Judenstern. Und als ich neulich beim Bäcker war, kam ich sofort dran, obwohl vor mir noch eine Frau stand. Als ich mich zu ihr umdrehte, sah ich, dass auch sie den Judenstern trug. Was hat es nur auf sich mit diesem Stern?

Wir laufen zusammen den Berg hinauf zum dicken alten Ritterturm mit seinem spitzen Dach, den niemand je betreten darf, und je näher wir dem Schulhaus kommen, desto mehr Kinder treffen wir. Die Mädchen tragen bunte Kleider und Spangensandalen, die Jungen kurze Hosen und karierte Hemden, und alle haben lederne Ranzen, aus denen Schwammdöschen und Trockenläppchen heraushängen, die hin und her wippen, wenn man rennt. Ich gehe gern zur Schule, obwohl der Lehrer sehr streng ist und immer einen Stock bei sich hat. Damit schlägt er uns, wenn er nicht zufrieden mit unserem Benehmen oder unseren Leistungen ist.

Das Schulgebäude mit seinen acht Klassenräumen taucht nun vor uns auf. Ein Stück dahinter liegt die Heilanstalt für spastisch gelähmte Kinder, in der meine Mutter ihre Ausbildung als Krankenpflegerin gemacht und meinen Vater kennengelernt hat. Jedes Mal, wenn ich das dunkle Gebäude sehe, gruselt es mich. Die kranken Kinder müssen auf Gutshöfen schaffen, und die Leute flüstern, dass diejenigen, die dazu nicht in der Lage sind, umgebracht werden.

Die Ruth und ich beeilen uns, damit wir nicht zu spät kommen. Sonst müssen wir nachsitzen, eine ganze Stunde lang. Oder zwanzigmal schreiben: Ich darf nicht zu spät zur Schule kommen. Einmal ist mir das passiert, danach nie wieder, aus Angst vor Schlägen und Bestrafung. Auch meine Hausaufgaben mache ich immer – wer sie vergisst, muss beide Hände auf den Tisch legen und bekommt mit einem Tatzenstock Schläge darauf, sodass sie dick anschwellen. Und wehe, man zieht sie voreilig weg! Der Lehrer ruft dazu im Rhythmus seiner Schläge: »Merkt euch, Pünktlichkeit und Verlässlichkeit sind Tugenden unseres deutschen Volkes!«

Der Pfarrer sagt, Schmerzen zu ertragen hat auch etwas Gutes. Aber das kann ich nicht glauben, auch wenn die Eltern nichts gegen diese Form der Strafe haben. Im Gegenteil. Wenn dem Vater zu

Ohren kommt, dass eins von uns Mädchen in der Schule ungehorsam war, sagt er zur Mutter: »Sie soll sich in der Schule Schläge geben lassen.«

Das Schulhaus ist riesig: zweistöckig, mit großen weißen Fenstern und einem Walmdach. Die Turnhalle ist im Keller. Auf dem Schulhof steht ein Fahnenmast, an dem eine Hitler-Fahne weht. Als der Lehrer, der ein großer Nazi ist, das Klassenzimmer betritt, stehen wir auf und rufen: »Heil Hitler!«

Ich fühle mich komisch dabei. Mein Vater ist gegen die Nazis, aber das dürfen wir Kinder niemandem sagen. Dabei höre ich ihn oft beim Abendbrot sagen: »Diese ganze Nazibande sollte man verjagen. Dieser Hitler ist Deutschlands Unglück, der wird uns noch alle ins Verderben führen.«

Meine Mutter hingegen hat uns heimlich BDM-Jacken gekauft, samt dem dazugehörigen Rock und einer weißen Bluse. Sie hat gesagt: »'s ist nichts Unrecht's dabei.«

Wenn der Vater im Wirtshaus ist, nehmen wir hinter seinem Rücken an den Aufmärschen teil, die stattfinden, wenn die Obrigkeit von der SA nach Herborn kommt.

In der Schule sagt der Lehrer: »Holt das Realienbuch heraus. Und lest der Reihe nach laut vor, einer nach dem anderen. Jeder einen Satz.«

Dann macht er auf dem Absatz kehrt. Seufzend blicken die Ruth und ich uns an. Das Realienbuch kennen wir schon so gut wie auswendig. Immerzu müssen wir daraus vorlesen, während der Lehrer auf dem Dachboden der Schule seine Patienten behandelt. Das macht er fast jeden Tag. Gleich in der Früh kommen die ersten, denn er beschäftigt sich im Nebenberuf mit Homöopathie und probiert sein Wissen gern während der Schulzeit an seinen Patienten aus.

Nach zwei Stunden steigt er herunter und gibt uns eine neue Aufgabe: Schönschrift üben. Sooft es auf die Tafel passt, sollen wir mit dem Griffel schreiben: Wie man die Kinder gewöhnt, so hat man sie.

Ich verstehe nicht, was das bedeutet, und mache mir auch keine Gedanken darüber. Mich interessiert nur, dass ich schön gleichmäßig schreibe. Als der Lehrer in einer Behandlungspause hinter meinem Rücken vorbeigeht, versteift sich mein Körper. Ich fürchte mich vor ihm. Die Ruth blickt mich erleichtert an, als er weitergeht, und ich erwidere ihren Blick.

Später liest er aus der Zeitung vor: »Das deutsche Afrikakorps landet in Libyen. Deutschland kommt dem Verbündeten Italien zur Hilfe. General Rommel verspricht dem Führer des Deutschen Volkes, Adolf Hitler, den Sieg über die Engländer und die Rückeroberung der Cyrenaika.«

Dann fordert er mich auf, die Karte »Südeuropa und Nordafrika« aus dem Kartenzimmer zu holen. Er rollt sie aus und hängt sie an den Kartenständer.

»Hier steht Rommel mit seinen Truppen«, sagt er und zeigt dabei auf den Namen einer Stadt.

Ich buchstabiere Benghasi und forme mit meinen Lippen leise jeden einzelnen Buchstaben.

»Unsere siegreichen Soldaten werden den Angsthasen von Italienern zeigen, was Kampfgeist und Siegeswillen bewirken. In drei Wochen hat Rommel die Cyrenaika zurückerobert. Ruth, zeig uns, wo die Cyrenaika liegt!«, verlangt der Lehrer.

Die Ruth rutscht ängstlich aus ihrer Bank. Vor der großen Karte wirkt sie klein und verloren. Ich habe das Wort Cyrenaika längst gefunden. Darunter steht Libysche Wüste, und ohne nachzudenken, frage ich: »Kämpfen unsere Soldaten in einer Wüste? Da gibt es doch kein Wasser, und es ist heiß, und man sieht nur Sand!«

Der Lehrer lacht und wirkt für einen kurzen Augenblick fast freundlich und milde. Die Ruth ist erleichtert und zeigt mit dem langen Rohrstock auf das Wort Cyrenaika.

Sie wirft mir einen dankbaren Blick zu, und der Lehrer erklärt, dass unsere Soldaten in Afrika gut versorgt werden.

Auf dem Heimweg komme ich wieder am Güterbahnhof vorbei, wo nun, wie fast jede Woche, ein Lazarettzug steht. Durch die Scheiben der Abteile erkenne ich die Betten, in die ich neugierig hineinschaue. Die Soldaten tun mir leid: Einer hat keinen Fuß, der andere keinen Arm mehr, und der nächste ist am Kopf verletzt. Ich beobachte, wie die Verwundeten ausgeladen und in Sankas weggefahren werden. Sie kommen in Turnhallen unter, in Hotels oder öffentlichen Gebäuden, auch das Herborner Schloss wird mit ihnen belegt. Nachmittags besuchen die Rosmarie, die Ruth und ich sie manchmal und bringen ihnen ein Rippchen Schokolade. Oft treffen wir sie beim Kartenspielen an, und manchmal unterbrechen sie ihr Spiel und erzählen vom Krieg. Einer der Soldaten, der auf Krücken geht, hat uns erzählt, wie er sein Bein verloren hat. Das meiste von der Geschichte habe ich vergessen, aber dass feuerspeiende Drachen im Krieg Panzer heißen und dass die einem die Beine wegnehmen, weil sie zornig auf die Menschen sind, zornig darüber, dass die Menschen laufen können und sie nur kriechen können – das habe ich doch behalten. Zu Hause habe ich der Mutter davon erzählt. Sie wollte es nicht hören. Der Krieg ist für sie weit weg. Meine Eltern haben ein bisschen Geld. Es geht uns nicht schlecht. Wir haben eine Kuh, ein Schwein, zehn Hühner und zwei gepachtete Felder, auf denen wir Kartoffeln und Weizen anbauen.

Der April bringt uns viel Regen und wenig Sonne. Die Äcker erstrecken sich fahl in der noch kalten Luft, die braune Erde liegt gepflügt bereit und scheint darauf zu warten, dass der Bauer kommt und sät. Und während der Volksempfänger in der Stube verkündet, dass der deutsche Feldzug gegen Griechenland beginnt, blickt die Mutter aus dem Fenster auf die knorrigen Apfel- und Birnbäume, die zur Markierung der Feldgrenzen dienen. Sie tragen ein leichtes Grün und zeugen davon, dass es Frühjahr wird. Der Krieg scheint da zu sein und gleichzeitig weit weg.

»Geh, hol Kartoffeln aus dem Keller. 's ist Zeit, weißt schon, oder?«

Ich nicke und steige die Stiege hinab in den nur spärlich beleuchteten Keller. Ich fürchte mich hier stets ein bisschen, es gibt unheimliche Schatten und einen fremdartigen Geruch. Mit leichtem Grauen stelle ich mir vor, die Kellertür fiele ins Schloss, die Mutter ginge fort, und ich müsste hier unten ausharren. Mit klopfendem Herzen und fliegenden Händen fülle ich meinen Korb, eile die Stufen wieder hinauf und laufe in den Hof. Dort machen die Mutter und ich uns daran, die Kartoffeln zu sortieren. In diesem Moment vermisse ich die Hannelore. Sie ist seit einigen Wochen im Reichsar-

12

beitsdienst bei einem Bauern, ebenso wie unsere älteste Schwester Helga, die schon fünfzehn ist. Früher haben die beiden immer bei der Haus- und Feldarbeit geholfen, aber nun, da sie aus dem Haus sind, fällt mir die Rolle der Ältesten zu. Zum Spielen habe ich jetzt noch weniger Zeit als früher. Mit einem letzten sehnsüchtigen Blick auf die Straße schlage ich mir den Gedanken an ein lustiges Knopfspiel aus dem Kopf und konzentriere mich auf die Kartoffeln. Die ohne Augen kommen in einen Topf, sie werden später für uns gekocht oder dem Schwein vorgesetzt. Die mit Augen werden in zwei Gruppen sortiert: Die kleinen kommen sofort in einen Sack, die großen werden vorher zerschnitten, sodass an jeder Hälfte mindestens vier Augen sind. »Sonst wachsen sie nicht«, sagt die Mutter.

Ich nicke brav.

Bis zum nächsten Wochenende haben wir vier Säcke mit Saatkartoffeln vorbereitet und auf den eisenbereiften Wagen geladen. Mit unseren Weidenkörben, weißblauen Kopftüchern und bunten Schürzen über den Kleidern stehen Rosmarie und ich bereit, als der Vater das Gespann mit den zwei Kühen vorfährt. Die eine Kuh, Alma, gehört uns, die andere hat er sich geliehen. Wir dürfen auf das Brett steigen, das den Kutschbock bildet. Stolz, aber dennoch mit einem Sicherheitsabstand zum Vater, den wir fürchten, sitzen wir dort droben und blicken herab, nachdem sich der Wagen mit einem Knirschen in Bewegung gesetzt hat. Die Mutter bleibt bei Adolf und Johanna, unseren jüngsten Geschwistern. Johanna ist zwei, Adolf ein Jahr alt.

Unser Weg führt durch die Stadt und dann aus ihr hinaus. Ich genieße die Fahrt. Der Himmel leuchtet königsblau, kein noch so kleines Wölkchen ist zu sehen. Die Sonne ist schon recht kräftig und wärmt mir das Gesicht. Am Wegrand stehen Apfelbäume mit weißen und rosafarbenen Knospen. Amseln, Drosseln und Stare zwitschern, ein Fasan kreuzt mit langen Schritten in sicherer Entfernung unseren Weg. Er schreitet majestätisch, sein Schwanz ragt schräg nach oben. Der Vater schwingt die Peitsche, in der anderen Hand hält er eine Zigarette. Die Kühe gehen ein wenig schneller, um kurz darauf doch wieder in ihren lahmen Trott zurückzufallen. Nach etwa dreißig Minuten erreichen wir das Feld, das an andere

Äcker grenzt. Der Vater spannt die Kühe vor den Pflug und zieht Furchen, wir Mädchen verteilen die Kartoffeln auf die Körbe, heben diese sodann vom Wagen herunter und knien uns neben eine der Furchen, die der Vater gezogen hat. Dann setzen wir in fußbreitem Abstand eine Kartoffel nach der anderen mit der Keimstelle nach oben in die krümelige braune Erde. Wenn ein Wurm herausguckt, ziehe ich ihn heraus und spiele mit ihm, bevor ich ihn wieder wegwerfe. Vor den Engerlingen ekele ich mich und lasse sie liegen. Es ist eine leichte, aber eintönige Arbeit, doch Rosmarie und ich ratschen unentwegt, sodass die Zeit schnell vergeht. Hinter uns schließt der Vater die Furchen mit dem Pflug und lässt hin und wieder die Peitsche über uns durch die Luft sausen, wenn er meint, wir würden zu viel reden anstatt gewissenhaft zu arbeiten. Am Abend schmerzen unsere Rücken, Hände, Knie, und die Fingernägel sind schwarz, aber alle Kartoffeln sind in der Erde verschwunden.

Am letzten Schultag vor den großen Ferien stellen sich alle acht Klassen auf dem Schulhof auf und sehen zu, wie der Hausmeister die Deutschlandfahne hisst. Mit hellen Stimmen singen wir das Deutschlandlied: »Deutschland, Deutschland über alles, über alles in der Welt!«

Anschließend hält der Direktor eine Rede. Er spricht vom Krieg und davon, dass wir nun gegen die Sowjetunion kämpfen, doch ich kann nur daran denken, dass ich nun für eine mir unendlich lang erscheinende Zeit nicht mehr in die Schule muss. Der Krieg macht mir keine Angst. Wenn ich nicht gerade an die Soldaten in den Lazarettzügen denke, ist er mir fast egal. Ich nehme ihn gar nicht ernst. Das wird schon kein richtiger Krieg sein, so ein blödes Zeug.

Und dann gehen wir hinein, um unsere Zeugnisheftchen entgegenzunehmen. Ich bin eine mittelmäßige Schülerin, aber in diesem Schuljahr hatte ich wenig Zeit zum Lernen, weil ich nach der Schule fast immer auf dem Feld oder im Haus schaffen musste. Schnell blättere ich die Seite für das zweite Halbjahr der dritten Klasse auf. Ich bete leise zum Herrgott, dass ich keine Fünf bekommen habe. Denn sonst versohlt mir der Vater den Hintern. Er kümmert sich zwar nie darum, dass wir unsere Hausaufgaben machen, und übt auch nicht Lesen oder Rechnen mit uns – das ist Mutters Aufgabe. Aber die Zeugnisse sieht er sich an.

Leider habe ich doch eine Fünf bekommen, in Mathematik. Ich schließe die Augen, denn ich weiß, was mir zu Hause blüht. Schweren Herzens mache ich mich nach der letzten Stunde auf den Heimweg. Nicht einmal die Ruth kann mich aufmuntern, obwohl sie sich Mühe gibt. Sie nimmt mich an der Hand, schlenkert sie hin und her, will mit mir hüpfen, ahmt das Muhen der Kühe nach, grunzt wie ein Schwein, schneidet fürchterliche Grimassen und pfeift grottenfalsch Lieder. Dann erzählt sie mir von den Zauberkünsten ihres Bruders.

»Er hat einen Zauberkasten und einen Zauberstab. Damit kann er Dinge herbei- und auch wieder wegzaubern. Er kann eine Reichsmark unter einem Becher wegzaubern, ohne den Becher zu berühren!«

Ich schaue sie erstaunt an. Dann lachen wir beide herzlich.

»Das glaube ich nicht«, sage ich.

»Doch! Ehrenwort!«

»Vielleicht kann er ja auch einen Fünfer einfach wegzaubern?«

Ich bleibe ungläubig, und doch fühle ich mich nun immerhin ermutigt, tapfer zu ertragen, was da kommen mag.

Als ich zu Hause ankomme, ist der Vater noch nicht da. Die Mutter sieht sich das Zeugnis an und sagt: »Da wird der Vater nicht zufrieden sein.«

Ich nicke und senke den Kopf.

Schon von Weitem sehe ich ihn am Abend den Berg zu unserem Haus hinaufkommen. Ich wünsche mir sehnlich, dass er nicht betrunken ist. Seinem Gang nach zu urteilen ist er nüchtern – wenigstens das. Sonst hätte er sich noch weniger in der Gewalt als sonst.

»Es gab Zeugnisse«, sagt die Mutter zur Begrüßung und wirft einen vielsagenden Blick auf mich. In diesem Moment fühle ich mich schutzlos und ungeliebt, denn nicht einmal sie hält zu mir.

»So?«, fragt der Vater.

Ich starre auf den Boden und bemühe mich, nicht herumzuzappeln. Mit einem verzweifelten Blick zur Mutter reiche ich ihm das Zeugnisheft. Doch sie dreht sich weg.

Der Vater wirft einen kurzen Blick hinein, dann befiehlt er mit kalter Stimme: »Dreh dich um, du Hinkel!«

Ich gehorche, und er zieht den Gürtel aus der Hose, hebt meinen Rock hoch und schlägt auf mich ein. Ich presse die Lippen zusammen, damit ja kein Laut zu hören ist. Er soll mich nicht schreien hören, sonst kommt zu den Schmerzen auch noch die Demütigung hinzu.

Als er von mir ablässt, laufe ich davon, so gut es eben geht, bis mich niemand mehr hört. Jetzt kann ich losheulen und meine Wut auf den Vater hinausschreien. Und auf die Mutter, die mich nicht beschützt hat. Ich schluchze lauthals, lasse mich auf die Erde fallen, schaue auf die blutigen Striemen, die meine Oberschenkel überziehen, und befühle die auf dem Rücken. Lieber Gott, so hilf mir doch! Lieber Gott?

Tage wird es dauern, bis ich wieder normal sitzen kann.

Abends im Bett, das ich mir mit der Rosmarie teile, knöpfen wir den leinenen Überzug meines Federbetts auf und schlüpfen hinein. Dort drinnen, in der warmen Höhle, zeige ich ihr meine Verletzungen, die nun rot und blutunterlaufen sind. Sie wirft einen kurzen Blick darauf, der Anblick ist nichts Neues für sie. Der Vater schlägt uns alle, und wenn er betrunken ist, auch ganz ohne Grund. Die letzte Züchtigung liegt erst knapp zwei Wochen zurück. Noch allzu gut erinnere ich mich an diesen Tag, an dem die Mutter mich abends, als ich vom Spielen in die Küche kam, aufforderte:

»Geh, hol den Vater heim.«

Ich nickte und rannte los, den Berg hinunter, bremste aber hinter der ersten Kurve ab und ging möglichst langsam weiter: über die hohe, metallene Eisenbahnbrücke, durch die Kaiserstraße, über die Dillbrücke und dann nach links in die Stadt hinein. Ich hatte es nicht eilig, den Vater abzuholen. Er würde eh nicht heimwollen. Als die »Gefahr« schließlich vor mir auftauchte, atmete ich tief durch und ging durch die schwere Eichentür hinein. Sofort umhüllte mich dichter Zigarettenrauch, aber ich kannte das schon und ließ mich davon nicht irritieren. Ich erspähte den Vater mit seinen Kumpanen am Stammtisch. Als ich mich näherte, sagte er wie jedes Mal: »Inge, setz dich her, kriegst eine Limonade.«

Er selbst bestellte sich noch ein Bier. Still setzte ich mich. Ich wusste, dass er die Zeit bis zum Heimgehen auf diese Art hinauszögern wollte, und ich sträubte mich nicht dagegen, denn zu Hause war er nicht so friedlich wie hier. Während er trank, zählte ich die Striche auf seinem Deckel. Acht Schoppen waren es bis jetzt gewesen, daran konnte ich ermessen, wie seine Laune beim Heimkommen sein würde.

Nach dem zehnten Bier stand der Vater auf und nickte mir zu. Ich folgte ihm, schweigend gingen wir nach Hause. Er würdigte mich keines Blickes, als ich neben ihm herging. Auch das kannte ich schon, und ich war nicht unglücklich darüber. Je weniger er mich beachtete, desto lieber war es mir. Die Erfahrung hatte mich gelehrt, dass ich in diesem Zustand nichts Gutes von ihm zu erwarten hatte. Daheim eilte ich in die Küche, während der Vater noch im Flur seine Jacke auszog. Die Mutter hatte Röstkartoffeln mit Fleischwurst gemacht, und ein Duft nach gebratenen Zwiebeln lag in der Luft. Mir lief das Wasser im Mund zusammen, obgleich ich wusste, dass es für uns Kinder und die Mutter nur Kartoffeln geben würde und das Fleisch dem Vater vorbehalten war.

»Mei, der Papa hat acht Schoppen Bier getrunken«, erzählte ich, während ich auf die Bank schlüpfte.

Da kam auch schon der Vater herein und brüllte: »Was hast gesagt?«

Er zog den Gürtel aus der Hose und holte aus. Ich war schon unter den Tisch gekrochen, doch er zog mich wieder hervor und erwischte meinen Rücken, wieder und wieder, während er schrie: »Was hast grad erzählt? Was hast der Mutter erzählt?«

Die Mutter rief, dass er aufhören sollte, da schlug er auch sie. Ich hörte, wie der Lederriemen auf ihre Haut traf, und es schmerzte mich ebenso sehr, als wenn er mich getroffen hätte. Weinend verkroch ich mich in den hintersten Winkel unter dem Tisch. Die Mutter schluchzte auch ganz fürchterlich.

Am nächsten Morgen tat der Vater so, als sei nichts gewesen. Und auch die Mutter und ich erwähnten die Schläge mit keinem Wort. Der Vater war wieder nüchtern, er würde ohnehin alles abstreiten.

Genau wie jetzt hatte Rosmarie abends im Bett einen Blick auf meine Striemen geworfen, und genau wie jetzt konnte ich damals ihr Mitleid spüren. Doch nun krabbelt sie aus unserer Höhle hinaus, richtet sich auf und sagt: »Der Vater spinnt, dass er dich so schlägt.«

Ich spüre einen Kloß in meinem Hals und nicke traurig. Es kommt mir so vor, als hätte ich niemanden auf der Welt, der mich beschützt. Mutters Gesicht vorhin, als sie sich wegdrehte, hat sich in mein Gedächtnis eingebrannt. Schrecklich einsam fühle ich mich. Aber ich kann meinen Kummer nicht in Worte fassen, sondern spüre ihn nur ganz tief in meiner Brust. Da sitzt er und drückt mich. Es wird sich auch in Zukunft nichts ändern. Wie auch? Solange der Vater lebt, wird er immer wieder zuschlagen. Hemmungslos. Und wir alle sind ihm ausgeliefert.

Aber eines Tages gehe ich einfach weg.

Viel Zeit habe ich nicht, um meinem Schmerz nachzuhängen. Die Feldarbeit verlangt nach vielen Helfern, da kommen die Ferien gerade recht.

Als die ersten Kartoffelblätter auf dem Acker zu sehen sind, müssen die Rosmarie und ich das Feld von Disteln, Klettenlabkraut, Windenknöterich und Weißem Gänsefuß befreien. Nach dem Frühstück machen wir uns auf den Weg, vorbei an blühenden Wiesen mit Arnika, Löwenzahn, Margeriten und Sauerampfer, den wir pflücken und aussaugen, obwohl er so schrecklich sauer ist. Und weiter geht es, entlang an dem großen Backsteingebäude, in dem sich die Pumpenfabrik befindet, die so hohe, mit Eisentrittleitern versehene Schornsteine hat, dass wir uns jedes Mal fragen, was das für Arbeiter sein müssen, die sich dort hinaufwagen. Mit unseren Harken lockern wir dann die Wurzeln, anschließend ziehen wir das Unkraut mit der Hand aus dem Acker. Wenn es schon blüht, legen wir es ganz vorsichtig auf die Erde, damit die Samen nicht überall hinfliegen. Dann kommt der Vater mit dem Pflug und häufelt links und rechts von den Pflanzen die Erde an.

Und als diese Arbeit getan ist, wartet schon die nächste. Es wird nun von Tag zu Tag wärmer, bis die Sonne schließlich so unbarmherzig brennt, heiß und trocken, dass die Feldfrucht zu versengen droht und am Mittag selbst die Vögel eine Ruh' geben. Der Vater aber blickt in der Früh zufrieden in den wolkenlosen Himmel, spannt die Kühe ein und fährt den Wagen vor. Es geht zum Heumachen. Ein leichter Dunst liegt noch in der Luft, und ich spüre die letzte Kühle der morgendlichen Dämmerung auf meiner Haut, als die Rosmarie und ich in gebührendem Abstand neben dem Vater auf dem Kutschbock sitzen und wir aus der Stadt hinausfahren. Nachdem wir die Häuser hinter uns gelassen haben, glitzert die Landschaft wie von Silber und Diamanten überzogen, weil sich die Sonne in den Tautropfen spiegelt, die auf den Weiden liegen. Kaum sind wir angekommen, beginnt der Vater mit weit ausholenden Schwüngen das Mähen. Die Sense fährt durch das Gras, durch die abgeblühten Margeriten und den Wiesensalbei hindurch. Der rauschende Schwung der Sichel begleitet uns beim Schaffen. Ordentliche Schwaden lässt der Vater hinter sich, Rosmarie und ich ziehen sie mit dem Rechen auseinander, sodass sie in einer gleichmäßigen Schicht den Boden bedecken. Allmählich verschwindet der Tau, die Sonne steigt höher und trocknet das Gras, das schnell welk wird und sein sattes Grün verliert. Gegen zwölf Uhr wird es zu heiß. Wir rasten im Schatten, während der Vater die Sense mit hellem Klang an dem Wetzstein wetzt, den er in einem Kumpf am Hosenbund trägt. Das schleifende Geräusch dringt bis zu uns herüber und erinnert uns daran, dass wir unsere Glieder für einen Augenblick nicht bewegen müssen.

Die Mutter taucht nun am Rande der Wiese auf. Sie hat eine Milchkanne mit Wasser dabei, eine andere mit Malzkaffee, außerdem bringt sie uns Brote. Wir machen im Schatten Rast. Auch der Vater gesellt sich zu uns, holt seine grüne Zigarettenpackung hervor und zündet sich eine Eckstein an.

Das kühle Trinkwasser erfrischt mich, gern würde ich meinen Kopf damit benetzen.

Am späten Nachmittag, als die Schatten näher rücken, ist das Gras angetrocknet. Es beginnt, grau zu werden und schon ein wenig zu duften. Wir wenden es, und abends rechen wir es, sodass es in Zeilen daliegt und vom Tau nicht zu nass wird. Als die Dämmerung hereinbricht, ist die Wiese von gleichmäßigen, sauberen Zeilen überzogen.

Am Morgen des nächsten Tages breiten wir es wieder aus. Es ist nun viel leichter als gestern, auch raschelt und duftet es stärker und ist schon mehr Heu als Gras. Zweimal noch wenden wir es, bis der Vater am Nachmittag prüfend einige Halme zwischen den Fingern reibt und einen Blick gen Himmel wirft. Er nickt zufrieden.

»Morgen holen wir es heim«, sagt er.

Als wir anderntags aufs Feld fahren, trübt kein Wölkchen den Himmel. Die Sicht ist klar, im Hintergrund erkenne ich den Homberg. Davor breiten sich Felder und vereinzelte Häuser aus. Die Kühe trotten gemächlich ihres Weges, der Vater sitzt schweigend auf dem Bock. Schwärme von kleinen Fliegen surren um uns herum. Es wird ein heißer Tag werden wie auch schon die Tage davor. Ich freue mich auf das Bad, das ich am Abend in unserer eisernen Wanne werde nehmen dürfen, denn normalerweise waschen wir uns nur notdürftig in einer Waschschüssel. Wir haben kein Badezimmer, lediglich ein Wasserklosett mit Zugspülung, das von der Diele abgeht.

Das Heu ist knusprig trocken und raschelt beim Anheben, als der Vater ein letztes Mal prüfend mit der Hand hindurchfährt. Dann nickt er. Das ist das Signal, dass wir beginnen können. Wir verteilen uns auf der Wiese und rechen das Heu zu zwei dicken Zeilen zusammen. Der aufsteigende Staub setzt sich in Augen, Nase und Ohren fest. Mit der Heugabel lädt der Vater es auf den Wagen. Ich stehe oben und nehme jedes Büschel mit weit geöffneten Armen entgegen, um es dann richtig zu verteilen und festzutreten. Der Vater gibt derweil Kommandos: »An den Ecken aufsetzen! Miteinander verbinden! Fester treten!«

Wenn die Fuhre auseinanderfiele, wäre der Schaden groß.

Die Kühe sind unruhig, während sie dastehen. Mit ihren Schwänzen schlagen sie sich auf die Flanken und versuchen, die Bremsen zu verjagen. Die Rosmarie hilft ihnen dabei, indem sie mit Haselzweigen nach den Übeltätern schlägt.

Am Abend, als alles aufgeladen ist, machen wir uns auf den Weg zurück in die Stadt, wo der Vater eine Scheune angemietet hat. Ein Rudel Hirsche steht am Wegesrand, als wir schon die halbe Strecke zurückgelegt haben, sie laufen nicht einmal davon. Auch einige

Rehe mit zwei Jungen kommen ganz nahe und nehmen doch kaum Notiz von uns.

Kaum haben wir die Scheune erreicht, springt der Vater vom Kutschbock, und wir klettern hinterher. Die Rosmarie und ich steigen hinauf auf den Heuboden. Unsere Aufgabe ist es, das Heu bis in den letzten Winkel unters Dach zu schieben, das der Vater mit der Gabel zu uns hinaufreicht.

»Drückt das Heu gut zusammen, dass es Platz hat, dann bekommt ihr ein Eis«, verspricht er. Wir nehmen es schwitzend und in einer Staubwolke stehend in Empfang und treten es mit den Füßen platt. Nach getaner Arbeit drückt er jeder von uns zehn Pfennige in die Hand. Ich wische mir den schwarzen Staub aus dem Gesicht und ignoriere meine brennenden Augen, dann rennen wir los. Vanille oder Schokolade, überlege ich. Vanille oder Schokolade? Vanille! Köstlich schmeckt das kalte Eis auf der Zunge. Langsam, ganz langsam lecke ich. Gerade so, dass nichts herunterfließt, aber der Genuss möglichst lange anhält.

»Die Kartoffelstauden sind gelb«, sagt der Vater, der am Kopfende sitzt, einige Tage darauf beim Abendessen.

Die Mutter hat eine Brotzeit mit Presssack bereitet, wir Kinder, die wir auf der langen Bank sitzen, kauen schweigend.

»Morgen ist Siebenschläfer, hoffentlich hält sich das Wetter«, gibt die Mutter zur Antwort.

Der Vater nickt. »Sag der Marianne Bescheid. Am Samstag bringen wir die Kartoffeln ein«, bestimmt er.

Die Marianne ist seine Schwester. Sie ist eine kleine, untersetzte Frau mit streng zurückgekämmten Haaren, die im Nacken zu einem Knoten gebunden sind. Sie hat selbst keine Landwirtschaft, sondern schafft beim Pfarrer als Haushälterin, sodass sie uns helfen kann, wenn Not am Mann ist.

Die ganze Familie samt der Marianne macht sich am Samstagmorgen bereit, um aufs Feld zu fahren. Der Vater trägt eine Schiebermütze, ein gestreiftes Hemd und eine braune Cordhose, als er sich auf den Kutschbock schwingt. Die Mutter setzt sich mit der Johanna und dem Adolf neben ihn, und der Rest der Gesellschaft –

die Rosmarie, die Marianne und ich – geht hinterdrein. Die Zipfel unserer bunten Kopftücher wippen bei jedem Schritt in der Sonne, und die Marianne stimmt ein Lied an, während wir rasch ausschreiten: »Es klappert die Mühle am rauschenden Bach, klipp klapp, klipp klapp, klipp klapp.« Ich singe die zweite Stimme, so gut es eben geht, die Marianne und die Rosmarie übernehmen die erste.

Kein noch so kleines Wölkchen lässt sich am blauen Himmel blicken, und das wundert mich nicht, denn beim Frühstück an Siebenschläfer war sich die Mutter sicher: »Scheint am Siebenschläfertag die Sonne, gibt es sieben Wochen Wonne.«

Ich kenne den Spruch seit meinen frühesten Kindertagen und bin felsenfest davon überzeugt, dass »Wonne« »gutes Wetter« bedeutet. So blinzele ich in die Sonne und genieße den Klang unserer Stimmen, die hinter dem Wagen erschallen.

Auf dem Feld angekommen, verteilt die Marianne die Harken und Körbe und weist uns unsere Plätze zu. »Jeder an eine eigene Furche, und immer nebeneinanderbleiben, dann schafft sich's leichter«, fordert sie uns auf. Ich mag sie gern, sie hat etwas Mütterliches an sich und ist immer freundlich zu mir. Und so stelle ich mich neben die Rosmarie, die Harke mit den drei Zinken daran in der Hand, und beginne das Klauben. Staude für Staude lesen wir. Voller Früchte hängen die Pflanzen, die wir aus der Erde ziehen und im Knien mit den bloßen Händen abernten. Manchmal erwische ich eine riesengroße Kartoffel, die ich in den Korb lege, ab und zu auch eine in Herzform. Das ist dann etwas Besonderes, und ich überlege mir, was es bedeuten könnte. Dass ich jemanden mit einem guten Herzen treffe?

Der Vater jedenfalls wird mit dem Ertrag zufrieden sein, das kann selbst ich erkennen, und es beruhigt mich. Vielleicht wird er dann weniger trinken, denke ich. Tief atme ich den Geruch der Erde ein und erfreue mich an der Ruhe, die mich umgibt. Selbst der Adolf und die Johanna, die am Feldesrand spielen, sind ausnahmsweise mal still.

Einige Tage später komme ich aus der Schule und finde die Mutter mit stark geröteten Augen am Küchentisch vor.

»Musstest du weinen?«, frage ich sie überrascht.

»Der Vater muss nach Russland«, antwortet sie und sieht durch mich hindurch. »Am Samstag geht's los.«

Ich denke mir, dass Vaters Reise etwas mit dem Krieg zu tun haben muss, obwohl die Mutter es nicht ausspricht. Doch dass ich unglücklich darüber bin, kann ich nicht sagen. Vom Vater habe ich zeit meines Lebens nicht viel Gutes zu erwarten gehabt.

Und so bin ich sehr gefasst und kein bisschen traurig, als er sich zwei Tage später von uns verabschiedet. Auch die Eltern wirken vollkommen normal auf mich. Der Vater hat keine Uniform an, sondern seine ganz normale Kleidung, und in der Hand trägt er eine Aktentasche, als gehe er in ein Büro. Er gibt uns Kindern die Hand, und auch der Mutter. Dann geht er den Weg hinunter in die Stadt zur Sammelstelle. Wir wissen nicht, wann und ob wir ihn wiedersehen werden. Wir wissen nur, dass er in Russland eingesetzt wird.

Nach seiner Einberufung ist bei uns das Geld knapp. Wir leben von seinem Soldatensold, von zweihundert Reichsmark im Monat. Davon muss die Mutter sich selbst und uns vier Kinder, die wir noch zu Hause wohnen, ernähren. Daher ist es kein Wunder, dass unsere Tage in Herborn gezählt sind. Kurz nach meinem zehnten Geburtstag, im April 1942, verkauft die Mutter unser Haus und kauft von dem Geld ein Haus in ihrer Heimat, der Oberpfalz.

1. KAPITEL: RANSBACH

Der Zug nähert sich dampfend und fauchend. Wasser spritzt von seinen Achsen, weißer zischender Dampf steigt aus der schwarzen Lokomotive empor, an der etwa fünfzehn Abteile für Fahrgäste hängen. Auf den Trittbrettern vor den Türen hängen Leute. Der Zug scheint brechend voll zu sein, und ich kann mir nicht vorstellen, dass wir darin Platz finden sollen. Doch dann steigen etliche Menschen aus, Gepäck wird verladen, und unser gesamtes Hab und Gut, das mit einem Möbelwagen zum Herborner Bahnhof transportiert worden ist, verschwindet tatsächlich in einem der Waggons. Ich schlucke meine Trauer hinunter, die Gedanken an die Ruth und unser Zuhause und die Angst vor der Ungewissheit, die uns in der Fremde erwartet.

»Haltet euch an den Händen, dass niemand verloren geht«, befiehlt die Mutter. Helga und Hannelore befolgen ihre Anweisung, jede von ihnen greift sich zwei von uns jüngeren Kindern. Die Mutter sieht angespannt aus. Tiefe Falten liegen rechts und links um ihren Mund, und ihre Stirn ist gefurcht, während sie die Verladung unserer Gepäckteile überwacht. Darunter befinden sich die beiden großen braunen Koffer vom Dachboden, mit denen Rosmarie und ich vor Kurzem noch gespielt haben und in denen nun unsere gesamte Kleidung verstaut ist. Außerdem haben wir noch einige große Kartons dabei, in denen Mutters Küchenutensilien und unsere Spielsachen stecken: Martha, meine Schildkröt-Puppe, die ich zu Weihnachten bekommen habe, deren weißes Himmelbett mit weißen Volants, Mutters Einmachgläser, Rosmaries und Johannas Puppenküche und Adolfs Schaukelpferdchen. Viel ist es nicht, was wir haben.

Mit klopfenden Herzen steigen wir in den Zug, in dem wir mit Müh und Not Sitzplätze auf zwei hellen Holzbänken finden. Mit einem durchdringenden Pfiff setzt er sich in Bewegung, und wir fahren stampfend, ratternd und bebend aus der Stadt hinaus. Ich mustere unsere Mitreisenden, wie wir auch haben sie ihre Koffer auf die Bänke gelegt und sich obendrauf gesetzt, weil sonst angesichts der Enge kein Platz für das Gepäck wäre. Ich frage mich nicht, wo all die Leute hinwollen, denn ich bin viel zu beeindruckt von der Fülle neuer Sinneseindrücke, die auf mich einstürmen. Dies ist etwas vollkommen anderes als die Reisen, die wir vor dem Krieg mit dem Vater unternommen haben. Diese drangvolle Enge, die musternden Blicke, die uns gestreift haben, während wir nach einem Platz gesucht haben. An der Wand unseres Abteils hängt ein Schild mit der Aufschrift »Feind hört mit«.

»Was heißt das?«, frage ich die Mutter.

Sie legt den Finger auf den Mund und bedeutet mir, ruhig zu sein.

Eine alte Frau, die mit uns im Abteil sitzt und einen geflochtenen Korb auf dem Schoß hält, erklärt mir lächelnd, dass im Krieg überall Feinde sind. Dann erzählt sie, dass sie auf ihrer letzten Reise in einem Zug saß, der beschossen wurde. Beklommen höre ich zu. Auch Rosmarie hängt an ihren Lippen. Besorgt blicke ich aus dem Fenster, doch draußen zieht unter einem bleigrauen Himmel nur die Landschaft vorbei. Dörfer mit schmalen Kirchtürmen wechseln sich mit Wäldern und Feldern ab, und in mancher lang gezogenen Kurve kann ich vor mir die Lokomotive sehen, die uns fleißig wie ein wohlerzogenes Ross unserem Ziel immer näher bringt.

In Frankfurt, Nürnberg und Amberg müssen wir mit unserem Gepäck umsteigen, was jedes Mal eine große Aufregung ist. Und als wir nach acht Stunden mit donnernden Rädern den Güterbahnhof von Lauterach erreichen, wirkt der feste Boden unter meinen Füßen ganz ungewohnt. Auch die Lokomotive macht den Eindruck, als bleibe sie nur ungern stehen, störrisch wirkt sie auf mich, erhaben und stolz. Unser Gepäck wird auf zwei große Pferdefuhrwerke geladen, ich sehe kein einziges Auto, keinen Autobus. Die Abendsonne bricht mit hellen Streifen zwischen den Wolken hindurch. Die Mutter und wir sechs Kinder steigen auf eines der beiden Fuhrwerke, der Bauer knallt mit der Peitsche, und dann traben die Rösser los und aus der Stadt hinaus. Die Landschaft erstreckt sich wild und karg vor uns, steinige Massive und steile Hügel ragen auf; dazwischen windet sich die Lauterach in ihrem Bett. Schon bald endet die Straße, und wir holpern auf einen abschüssigen Feldweg, der sich in scharfen Kurven durch das Tal windet. Links von uns grenzen Wiesen, Kartoffel- und Kornfelder an den Fluss, rechts ragen die scharf gezackten Spitzen eines Felsens empor. Ich frage mich, ob unser neues Zuhause inmitten dieser bäuerlichen Landschaft liegen wird. Die Mutter hat uns den Namen des Ortes genannt, aber ich bin bisher nicht auf den Gedanken gekommen, dass er auf dem Lande liegen könnte. Wie selbstverständlich bin ich davon ausgegangen, dass wir wieder in eine Stadt ziehen würden.

Nach etwa zwei Stunden Fahrt taucht vor uns ein kleines Dorf auf, das aus geduckt erscheinenden, bunt verputzten Bauernhöfen besteht, in deren Mitte eine kleine gelb-weiß gestrichene Kirche ihren Zwiebelturm in den dunkler werdenden Himmel reckt. Die Hofstellen liegen wie hingestreut da, und im scheidenden Tageslicht erkenne ich nur wenige Lichtquellen in den Fenstern der Wohnstuben, an denen wir nun langsam vorbeiziehen. Straßenlaternen gibt es nicht, die Wege sind unbefestigt. Einige dürre Katzen lungern auf der Suche nach Mäusen herum. Wir passieren einen Gasthof und eine kleine Schule, dann verkündet die Mutter: »Da vorn ist es!«

Sie deutet auf ein dunkel und verlassen daliegendes Haus am Ortsausgang. Es ist aus grob behauenen, grauen Steinen gebaut, hat viele Fenster im Erdgeschoss und etwas weniger Fenster im Obergeschoss, das wirkt wie nachträglich hinzugefügt. Die Mutter erklärt uns, dass es ein ehemaliges Wirtshaus ist, was man ihm aber nicht mehr ansieht. Etwas zurück liegt eine Scheune, und ich erinnere mich, dass die Mutter erzählt hat, zu dem neuen Haus gehöre ein kleiner Acker und ein Stückchen Wald.

Entsetzt fragt die Hannelore die Mutter: »Wie konntest du bloß ein Haus in so einem Dorf kaufen?«

Die Mutter wirft ihr einen müden Blick zu und sagt: »Wir können froh sein, dass wir ein Dach überm Kopf haben. Hier sind wir sicherer als in Herborn.«

Dann kommt das Fuhrwerk mit einem Ruck zum Stehen, und wir Kinder steigen ab und betreten mit zögernden Schritten unser neues Zuhause.

Über einen kleinen Flur, der mit Pflastersteinen gepflastert ist, gelangen wir in ein großes Wohnzimmer, die ehemalige Gaststube, die von einem Kachelofen beheizt werden kann, an den sich eine Eckbank schmiegt. Der Boden des Raumes ist mit grauen Föhrendielen ausgelegt. Die benachbarte Küche ist dunkel und fensterlos, fast schwarz – ein abgerundetes Gewölbe, in dem sich ein riesiges Schürloch befindet. Sie hat einen Lehmboden, ich habe so etwas noch nie gesehen. Schaudernd wende ich mich ab und gehe die Holztreppe hinauf.

Im ersten Stock gibt es zwei Räume: ein großes Schlafzimmer und ein kleines. Nirgendwo erblicke ich ein Badezimmer, nirgendwo einen Wasserhahn, nirgends eine Steckdose. Rosmarie sieht sich unsicher um und greift nach meiner Hand.

Ich drücke sie und flüstere: »Schrecklich, oder?«

»Wären wir bloß in Herborn geblieben«, gibt sie leise zurück.

Ich nicke. Ein Leben in diesem Haus erscheint mir unvorstellbar.

In der Nacht kann ich nicht schlafen. Ich teile das Bett mit Rosmarie, im Nachbarbett liegen Johanna und Adolf. Auf den Kissen unter unseren Köpfen haben sich dunkle Schatten gebildet: Der Kohlenstaub von der Lokomotive, der sich auf der Reise in unseren Haaren festgesetzt hat, rieselt nun heraus. Den Atemzügen meiner Geschwister lauschend starre ich in das Dunkel, das mich umgibt. Durchs Fenster scheint ein schmaler weißer Mond, nicht stark genug, um mehr als einen blassen Schimmer hereinzuwerfen. Kein Laut ist zu hören. Ich bin diese Stille nicht gewohnt, sie kommt mir unheimlich vor. Ich vermisse mein altes Leben, das alte Haus, die Ruth und die Schule. Alles hier ist neu für mich, und mit leichtem Schaudern denke ich an das Plumpsklo, das in einem kleinen Häuschen neben dem Misthaufen liegt und dessen Tür ein herzförmiges Guckloch ziert. Als ich es vor dem Schlafengehen aufgesucht und durch das fliegenumschwirrte Loch in der Sitzbank geblickt habe, konnte ich sehen, was meine Vorgänger dort schon hinterlassen hatten. Statt Toilettenpapier hing Zeitungspapier an einem Nagel.

Ich schließe die Augen und nehme mir vor, alles zu tun, um dieser Armut zu entkommen. Was das allerdings genau sein könnte, kann ich mir nicht vorstellen. So falte ich die Hände und bete: »Lieber Gott, bitte mach, dass ich es später einmal besser habe.«

In den kommenden Wochen gewöhne ich mich nach und nach an mein neues Leben. Ich erkunde das Dorf, gehe in die neue Schule und helfe der Mutter nach Kräften, den Haushalt zu führen und etwas zu essen auf den Tisch zu bringen. Helga und Hannelore sind wieder im Reichsarbeitsdienst und ausgezogen, sodass es nur noch vier Kinder zu ernähren gilt, doch selbst das ist nicht leicht, denn das Essen ist inzwischen knapp. Rosmarie und ich müssen nach der Schule auf die Felder der Bauern, um die Kartoffeln aufzulesen, die bei der Ernte vergessen worden sind. Es sind rotblaue Knollen, ganz anders als jene, die wir in Herborn geerntet haben. Ihr Fleisch ist nahezu weiß, und sie schmecken köstlich, wenn sie gekocht sind. Wenn jede von uns es schafft, ein volles Körbchen nach Hause zu bringen, leuchten die Augen der Mutter.

Eines Mittags, als ich aus der Schule komme, steht sie mit der Högabäuerin auf der Straße und ratscht. Sie sehen mich nicht kommen, und als ich schon recht nah bin, höre ich, wie die Högabäuerin sagt, dass die Rote Armee unsere Soldaten in einem Kessel eingekreist hat und sie nur noch aus der Luft versorgt werden können. Wie gebannt bleibe ich stehen und hoffe, dass sie mich nicht bemerken. Doch plötzlich dreht die Mutter den Kopf ein wenig, und ich rutsche in ihr Blickfeld. Sie schimpft: »Wie oft habe ich dir gesagt, dass du nicht lauschen sollst, wenn es um den Krieg geht!«

Ich flitze davon und überlege, ob der Vater unter den Soldaten ist. Möglich wäre das, denn die Mutter hat uns Kindern erzählt, dass wegen des Kriegsverlaufs nicht damit zu rechnen ist, dass er bald zurückkommt. Deshalb möchte sie auch mit der Bewirtschaftung des Feldes beginnen, das zu unserem Haus gehört. Aber wir haben keine Kuh, geschweige denn ein Pferd, das die Egge ziehen könnte. So wird schon das Aussäen des Weizens zu einem schwierigen Unterfangen. Reihe um Reihe ziehen die Rosmarie, die Mutter und ich mit der Harke, aber wir kommen nur sehr langsam voran, und die Zeit läuft uns davon. Am dritten Tag sagt die Mutter: »Jetzt reicht es mir. Wenn wir den Weizen nicht bald in die Erde bringen, ist es zu spät. Rosmarie, Inge, jetzt zieht ihr die Egge.«

Entsetzt starren wir sie an: »Aber das können wir doch gar nicht. Dazu haben wir keine Kraft!«

»Wir versuchen es, ich helfe auch mit. Ein bisschen Arbeit hat noch niemandem geschadet«, beharrt die Mutter und bindet einen Strick an die Egge, denn wir haben nicht einmal ein Ledergeschirr, in das sie uns einspannen könnte. Die Rosmarie wirft mir einen unsicheren Blick zu, aber ich zucke nur die Achseln und ergreife den Strick, den die Mutter mir hinhält. Die Rosmarie tut es mir gleich, und dann setzt sich die Egge schwerfällig in Bewegung. Wir legen uns mit ganzer Kraft ins Zeug, während die Mutter uns folgt und von hinten dafür sorgt, dass wir in der Spur bleiben. Zwei Stunden lang eggen wir. Der Schweiß läuft uns in Strömen über das Gesicht, unendlich schwer lassen sich die Zinken durch den aufgebrochenen Boden führen, und der Strick auf unseren Schultern schneidet tief ins Fleisch. Was denkt sie sich nur dabei, die Mutter? Als wir die letzte Furche gezogen haben, sinken wir erschöpft zu Boden. Ein zweites Mal werden wir es nicht schaffen zu eggen, obwohl es nötig wäre. Mit schmerzenden Armen liege ich neben der Rosmarie, aber ich bin auch stolz.

*

»Nimm, lauf nach Hohenfels«, sagt die Mutter in der Früh und drückt mir eine gelbe und zwei rote Lebensmittelmarken in die Hand. Es sind Pfingstferien, ich muss nicht in die Schule, und so schultere ich den Rucksack und ziehe durchs Dorf, vorbei an den Hausgärten mit ihren Salatköpfen und den herumstromernden Hunden. Der Frühling drängt mit Macht herbei, die Natur ist in einem Rausch aus Farben und Düften erblüht. Die Lauterach ist zu einem stolzen Fluss angeschwollen, der sich glitzernd und leuchtend durch die satte grüne Ebene aus Wiesen und Feldern schlängelt. In der Ferne ruft ein Kuckuck. Die Marken trage ich wie einen Schatz in meiner Hand. Zwei Laibe Brot und ein Stück Butter werde ich mit etwas Glück dafür bekommen, und ich freue mich schon jetzt darauf. Denn normalerweise haben wir bloß Tafelmargarine, die in kleine Würfel verpackt und viel billiger ist. Sie schmeckt leicht salzig und bei Weitem nicht so gut, ist aber immer noch besser als trocken Brot.

Beim Königswirt treffe ich auf die Anneliese, meine Freundin. Sie steht auf der Treppe, die zum Haus hinaufführt, und unterhält sich mit dem Beh, dem Dorfdeppen, einem grauhaarigen, bärtigen alten Mann in schmutziger Kleidung, der dort jeden Tag sitzt und etwas zu essen bekommt. Als ich näher trete, höre ich, wie er sagt: »Meudl, bei euch gibt's das beste Essen.«

Dazu rollt er mit den Augen, sodass man nur noch das Weiße darin sieht. Irre sieht er aus, total irre.

Die Anneliese kichert und läuft zu mir herüber. Sie ist die Tochter des Wirtes, das drittjüngste von zehn Kindern, ein großes Mädchen mit Zöpfen, das sehr gut Schifferklavier spielen kann. Ebenso wie ich muss sie ihre Nase in alles stecken, was sie nichts angeht. Ich besuche sie oft, und dann singen wir gemeinsam mit ihrer jüngeren Schwester, dem Annerl, Lieder, die sie auf dem Schifferklavier begleitet. Ihr älterer Bruder Peter spielt Gitarre, und ihre älteste Schwester Eva, die ich wegen ihrer Schönheit sehr bewundere, singt dazu mit ihrer tiefen Stimme, wenn sie nicht gerade in der Gaststube oder auf dem Hof zu tun hat. Manchmal erzählt die Eva uns auch Geschichten vom Riesen, der den Leuten alles schmiedet, was sie ihm bringen. Man muss das Eisen nur an einen bestimmten Ort legen, dann liegt am nächsten Tag Werkzeug da, und das geht nie kaputt. Meine Lieblingsgeschichte geht so: Ein Edelmann hat vor Urzeiten einmal einen Knecht gehabt, der so gewaltig groß und stark war, dass er schneller als alle anderen das Korn hat mähen können. So gaben ihm alle anderen Knechte vor der Mahd je einen Schilling, auf dass er langsamer vorangehe. Nun hat zu jener Zeit auch der Riese einen Knecht gehabt, den er dem Edelmann zur Mahd hat entsenden müssen – einen starken und stämmigen Kerl. Als dieser Knecht zur Mahd gekommen ist und der Knecht des Edelmanns wie gewöhnlich seinen Hut vom Kopf genommen hat, um den Mahdschilling einzusammeln, hat ihm der Knecht des Riesen erklärt: »Von mir bekommst du nichts. Ich werde mit dir mithalten.«

Und so begann die Mahd: Der Knecht des Edelmanns ging

voraus, dahinter der Knecht des Riesen. So gewaltig aber der Erste voranging, der Zweite folgte ihm stets auf den Fersen. Blieb der Erste stehen, um seinen Wetzstein herauszuziehen und die Sense zu schärfen, lächelte der Zweite nur und sagte: »So etwas habe ich nicht nötig.«

Nach dem Frühstück ging die Mahd im gleichen Tempo weiter. Als endlich Mittag gemacht wurde, ging der Knecht des Edelmannes in einen nahen Busch. Jedermann glaubte, er wolle sich ausruhen. Als er aber nicht zurückkam und man ihn suchte, fand man ihn tot auf.

Wieder und wieder muss uns die Eva diese Geschichte erzählen, und das tut sie mit ernster Stimme, während wir beiden Mädchen ihr mit offenen Münden lauschen und uns recht grausam den Tod des Knechts ausmalen. Die Eva hat ihren Spaß mit uns, und wir den unseren mit ihr.

Die Anneliese hat noch einen älteren Bruder, den Sepp, der im Krieg ist. Ich kenne ihn nur aus Annelieses Erzählungen, denn jeden Morgen gehen wir beiden Mädchen zusammen zur Schule, und wir erzählen einander von unseren Familien und dem, was wir erlebt haben, als wir uns noch nicht kannten. Annelieses Eltern sind wohlhabend, denn sie sind nicht nur Bauern und Gastwirte, sondern auch Besitzer der einzigen Krämerei im Dorf. Dort kann man Zucker, Marmelade, Kraut oder große Essiggurken kaufen, die in Fässern schwimmen und mit einer Holzzange herausgeholt werden.

»Kommst du mit nach Hohenfels?«, frage ich sie.

»Ich frag nur schnell die Mutter«, ruft sie und rennt die Treppe hinauf, am immer noch kauenden Beh vorbei, ins Haus hinein.

Kurz darauf kommt sie zurück. Wie ich trägt sie nun einen olivgrünen Baumwollrucksack auf dem Rücken und einige Lebensmittelmarken in der Hand.

Mir wird ganz leicht ums Herz, denn der Weg nach Hohenfels führt über den Teufelsfelsen, und allein fürchte ich mich immer sehr, dort vorbeizugehen. Mit der Anneliese hingegen ist es wie ein kleiner Ausflug. Wir schreiten zügig aus dem Dorf hinaus und biegen dann rechts ab auf den Weg durch das Lauterachtal, der nach Hohenfels führt. Er verläuft etwas oberhalb der Lauterach und ist gesäumt von Himbeer- und Brombeerhecken, von Kopfweiden, wilden Birn- und Apfelbäumen und hohen Felsen. Links unter uns sehen wir den Fluss hurtig dahinfließen, daneben windet sich ein Feldweg, von dem aus jene Felder zugänglich sind, die sich rechts und links der Lauterach erstrecken. Vor uns kommt aus dem Gestrüpp am Fuß einer Hecke ein winziger Vogel hervor, setzt sich ein Stück höher auf einen Zweig, richtet den kleinen Schwanz auf und singt sein schallendes Lied. Als wir uns dem wild gezackten Teufelsfelsen nähern, nimmt die Anneliese meine Hand, und wir stimmen ein Lied an, um uns Mut zu machen: »Wer recht in Freuden wandern will, der geh' der Sonn' entgegen! Da ist der Wald so kirchenstill, kein Lüftchen mag sich regen.« Dennoch schlägt mein Herz bis zum Hals, als wir an dem Felsen vorbeirennen, denn ich halte es für ganz und gar nicht unmöglich, dass der Teufel höchstpersönlich dahinter hervorspringen könnte. Der Anneliese, dem Annerl und den anderen Mädchen im Dorf ergeht es ebenso, darüber haben wir schon oft gesprochen. Doch alles bleibt friedlich, und so können wir uns dem Thema widmen, das uns ohnehin die ganze Zeit beschäftigt: unserer Kommunion.

»Ich bin schrecklich aufgeregt«, sagt die Anneliese.

»Und ich erst. Der Pfarrer hat mich gefragt, ob ich die Fürbitten lesen mag«, platze ich heraus.

»Du?«

Ich nicke und hoffe vergebens, dass sie nicht den gleichen Gedanken äußern wird wie die Mutter.

»Aber du sprichst doch ganz anders als wir!«

»Das weiß der Pfarrer auch. Trotzdem hat er mich gefragt.«

Die Anneliese guckt mich neidisch an, und ich strecke das Kinn und erwidere ihren Blick. Da lächelt sie und sagt: »Ich freu mich für dich. Du schaffst das schon.«

Ihr Vertrauen in mich freut mich. Die Mutter war weniger zuversichtlich, und ich habe Angst vor diesem Tag, obgleich ich auch mächtig stolz darauf bin, dass der Pfarrer gerade mich aus den vielen Kommunionkindern auserwählt hat, obwohl ich doch hessischen Dialekt spreche. Es hilft mir bei der Bewältigung meiner Aufgabe, dass ich den Pfarrer mag. Er ist ein großer, kräftiger Mann mit einem freundlichen Gesicht, und er ist längst nicht so streng wie der Pfarrer in Herborn, der uns Kinder gleich bestraft hat, wenn wir mal etwas nicht wussten. Bevor unsere Kirchenglocken abgeholt und eingeschmolzen wurden, weil man Munition daraus machen wollte, ließ der hiesige Pfarrer die Ransbacher Kinder sogar beim Läuten helfen, das hat die Anneliese mir erzählt. Nun lässt er uns stattdessen manchmal den Blasebalg der Orgel treten: Es gibt einen großen und zwei kleine Bälge, mindestens einer muss immer im Spiel sein. Wir springen dabei von einem Balken zum anderen und fahren mit ihm in die Tiefe.

»Lies laut und deutlich vor, und nicht zu schnell«, hat er mir geraten, nachdem ich zugestimmt hatte, die Fürbitten zu lesen, und mir einen Zettel mit den Fürbitten in die Hand gedrückt. Wie einen Schatz hüte ich ihn, und jeden Abend vor dem Einschlafen übe ich es, sie vorzulesen. Mal schneller, mal langsamer, mal lauter, mal leiser, mal betone ich dieses Wort, dann wieder jenes, und manchmal übertreibe ich die Betonung so, dass ich lachen muss.

»Hoffentlich regnet es nicht«, spinnt die Anneliese nun ihre Gedanken an den großen Tag weiter, »sonst müssen wir den ganzen Weg bis nach Utzenhofen mit dem Schirm laufen, und dann sind wir ganz dreckig, wenn wir ankommen!«

Ich nicke besorgt. Nach Utzenhofen, in die große Pfarrkirche, läuft man ungefähr eine Stunde. Gar nicht auszudenken, wenn das Wetter schlecht wäre. Denn niemand außer den reichen Bauern und den Rosshändlern kann mit der Kutsche dorthin fahren. Selbst die Anneliese und ihre Eltern werden zu Fuß gehen, so wie alle aus Ransbach. Und wo sollte man sich dann vor dem Gottesdienst umziehen? Ich bete zu Gott, dass der Himmel trocken bleiben wird an diesem für uns so wichtigen Tag.

»Ich habe richtige schwarze Kommunionschuhe aus Lack bekommen«, erzählt die Anneliese nun.

Erstaunt blicke ich sie an, denn es gibt ja kein Leder und Lackleder mehr zu kaufen.

»Woher?«

»Die Mutter hat Eier und Schinken gegen neue Schuhe getauscht!«

Nun ist es an mir, sie neidvoll anzublicken. Ich habe zwar auch schwarze Lederschuhe, die alten von der Hannelore. Aber es sind die Schuhe, die ich auch anziehe, wenn ich in die Kirche gehe. Neue schwarze Lackschuhe – davon wage ich nicht einmal zu träumen.

Unter munterem Geplauder über das bevorstehende Ereignis erreichen wir nach einer guten halben Stunde den Marktflecken Hohenfels. Dort gibt es einen Bäcker, einen Metzger, einen Eisenwarenhändler und einen Milchladen, in dem es auch Butter, Quark, Butterschmalz und Käse gibt. Vor dem Bäckerladen hat sich eine lange Schlange gebildet, aber das kennen wir schon, und wir wissen auch, warum das so ist. Der Bäcker schuftet allein in der Backstube und kommt mit der Arbeit nicht nach, denn beide Söhne wurden eingezogen. Seine Frau aber steht im Laden und kann nur das verkaufen, was fertig wird. So stellen wir uns ohne zu murren an. Wir haben keine Eile, ist der Ausflug für uns doch eine angenehme Abwechslung. Als wir nach etwa einer Stunde an der Reihe sind, strecke ich ohne viel Hoffnung meine zwei roten Marken über die Theke und verlange zwei Laibe Brot. Doch wie erwartet schüttelt die Bäckersfrau den Kopf: »Es kriegt heut' jeder nur einen. Weil der Bäcker allein ist.«

Ich nicke und nehme den warmen Laib in Empfang, den sie gerade erst aus dem Ofen geholt hat. Weil das Mehl knapp ist, mischt der Bäcker immer noch Kartoffeln in den Teig – das Ergebnis ist köstlich. So gut riecht der Laib, so fein fühlt er sich an, dass ich versucht bin, mir ein Stück abzubrechen. Aber ich weiß, dass ich zu Hause Schläge mit dem Kochlöffel dafür bekommen würde, und so lasse ich es und stecke das Brot schnell in meinen Rucksack, nachdem ich nur kurz daran gerochen habe. Wie meine Geschwister bin ich an ständiges Magenknurren gewöhnt. Dieser Laib wird unser Abendessen und Frühstück sein, und weil es nur einer ist, wird beides knapp ausfallen. Doch ausreichend Essen gibt es bei uns zu Hause fast nie. Es kommt vor, dass wir nichts haben als ein Stückchen Brot und etwas Zucker. Dann machen wir das Brot nass und streuen Zucker darauf, oder wir rösten es auf den Ringen unseres Kohleherdes, bis es knusprig dunkelbraun ist. Beides gefällt der Mutter nicht, und wenn sie uns erwischt, gibt es Schläge. Aber wir sind sehr erfinderisch, wenn es darum geht, etwas Abwechslung in unseren Speiseplan zu bringen. Denn nur selten bekommt die Mutter vom Bauern ein Stück Speck, das sie auslassen kann und in das sie ein bisschen Mehl streut, um es mit Wasser, Essig, Salz und Pfeffer als Brühe über ein paar Kartoffeln zu gießen, damit ein sämiger Kartoffelsalat daraus wird. Viel öfter gibt es abends Pellkartoffeln mit Milch und morgens trockenes Brot, das wir in unseren schwarzen Malzkaffee einbrocken: in Linde's Kaffee aus der weiß-blau-getupften Verpackung und rot eingeschlagenen Feigenkaffee der Firma Frank, der zu großen Tabletten gepresst ist. Mutter rührt Linde's Kaffee zusammen mit dem Feigenkaffee und etwas Wasser in einen Topf und erhitzt das Ganze so lange, bis es eine schwarze Brühe ergibt. Wenn wir Süßstoff kaufen konnten, geben wir etwas davon hinein. Zucker allerdings bekommt man nur mit Marken. Wahre Festtage sind für uns die Schlachttage der Bauern. Es ist gute Sitte in Ransbach, dass ein jeder seinen Nachbarn frische Würste bringt, und so geht es reihum, nur wir selbst können leider nichts beisteuern. Wir freuen uns von Herzen über die Weißwürste, Blutwürste, Leberwürste oder den Presssack, den sie uns bringen. Doch anders als wir Kinder schämt die Mutter sich zugleich dafür, dass wir nichts zurückgeben können.

Die Buttermarke in meiner Hand gibt mir heute Anrecht auf ein halbes Pfund. Doch als ich sie der Verkäuferin im Milchladen reiche, erklärt sie mir: »Ein halbes Pfund kannst heut' nicht bekommen, nur ein Viertelpfund.«

Ich nicke. Ein Viertelpfund... Wenn wir unsere Brote heute Abend mit Butter essen, hat die Mutter morgen keine mehr, um Pfannkuchen aus dunklem Roggenmehl zu backen, aus dem sonst nur Brot gemacht wird. Sie werden dann schwer in der Pfanne liegen und nicht aufgehen, sondern schwarz werden. Und wir werden sie trotzdem aufwickeln und essen. Denn verbrannte Pfannkuchen sind besser als nichts.

Schweigend sehe ich zu, wie die Verkäuferin zu einem großen Messer greift und ein Stück vom Butterblock abschneidet, der auf der Anrichte hinter der Theke steht. Dann legt sie ein pergamentar-

tiges Butterpapier auf die Waage, wiegt die Butter hinein und reicht
sie mir.

Anneliese hat auch nicht viel mehr als ich, als wir uns auf den
Heimweg machen. Aber ihre Eltern haben Landwirtschaft und viele
Kühe, und so steht bei ihnen eigentlich immer ein gutes Essen auf
dem Tisch: Kartoffelnudeln, Schlangennudeln, Maultaschen, Kraut,
Röstkartoffeln, Kartoffelklöße oder Schweinebraten und Rinder-
braten aus eigener Schlachtung. Manchmal darf ich mitessen – das
sind dann Festtage für mich.

Als ich mit meinen Einkäufen nach Hause komme, schrubbt die
Mutter gerade den Boden in der Stube. Johanna hängt an ihrem
Rockzipfel, Adolf spielt vor dem Haus mit einem Stöckchen, das
er vor einigen Tagen gefunden hat und seitdem wie seinen Augap-
fel hütet. Das Licht fällt in hellen Streifen in die Stube, Fliegen surren in der Nachmittagshitze, die Luft ist getränkt von dem süßlichen Duft des Flieders, der durch die offene Tür hereinweht. Allein
der Blick, mit dem die Mutter mich ansieht, will nicht recht zu der
friedlichen Stimmung passen – er ist ernst und in sich gekehrt, und
dann legt sie auch noch den Schrubber aus der Hand und streckt die
Hand nach mir aus.

»Setz dich da her, Inge«, fordert sie mich auf und deutet in Richtung Esstisch.

Ich gehorche und überlege dabei, ob ich etwas ausgefressen habe,
für das sie mich bestrafen wird. Aber mir fällt nichts ein.

Sie setzt sich zu mir und sieht mich wieder mit diesem ernsten
Blick an.

»Inge, weißt schon, dass wir wenig Geld haben und kaum genug
zu essen.«

Ich nicke.

Die Mutter senkt nun den Blick und mustert die Tischplatte.
»Und ein Kindle ist auch wieder unterwegs. Es kommt im Winter.«

Ich mustere ihren Bauch, aber man sieht noch nichts. Noch eins,
denke ich. Wir werden jeder noch weniger zu essen haben als eh
schon.

Ich kann nicht sagen, dass ich mich freue, da höre ich die Mutter mit leiser Stimme sagen: »Die Geißlmutter hat gefragt, ob du zu ihr zum Hüten gehen magst.«

Erschrocken blicke ich sie an. Zum Hüten gehen? Ich? Warum ich? Ich bin doch noch viel zu klein. Aber mir kommt es gar nicht in den Sinn, nein zu sagen. Wenn die Mutter fragt, wird es schon richtig sein. Sie wird schon wissen, was gut für mich ist. Und ob ich nun zu Hause mithelfe oder bei der Geißlmutter – was macht das schon für einen Unterschied? Also nicke ich langsam, während ich die Mutter genau beobachte, um herauszufinden, ob ihre Stimmung sich aufhellt. Sie hebt nun den Kopf und sieht mich an. Ihr Blick ist immer noch traurig, aber ihr Mund lächelt, und das ist für mich das Zeichen, dass ich ein gutes Mädchen bin.

Noch am gleichen Abend packe ich meine Sachen. Die Rosmarie, die auf unserem Bett sitzt, sieht mir mit großen Augen zu.

»Weißt, dass die Mutter wieder ein Kindle bekommt?«, frage ich und lege eine der scheußlichen kratzigen Unterhosen in meinen Korb, die aus einer Mischung aus Wolle und Holzwolle bestehen.

»Wann?«, fragt sie nur, als sei es kein Geschwisterchen, das geboren wird, sondern ein Rind.

»Im Winter, hat sie gesagt.«

Die Rosmarie schweigt. »Sollst deswegen zur Geißlmutter?«, fragt sie schließlich.

Ich zucke die Achseln, und sie überlegt eine Weile.

»Die Geißlmutter hat einen schlimmen Fuß«, bemerkt sie schließlich.

»Ich weiß«, antworte ich einsilbig.

Jeder im Dorf kennt die Alte, eine kleine Frau, die stets eine schwarze Tracht mit schwarzem Kopftuch trägt und auf einen Stock gestützt geht, wobei sie das Bein nachzieht. Auf einem Ohr ist sie taub, was dazu führt, dass sie den Kopf fast immer zur Seite dreht, wenn jemand mit ihr spricht, damit ihr gutes Ohr zum Redner gewendet ist. Sie hat eine erwachsene Tochter, die beiden Söhne sind im Krieg, der Bauer, ihr Mann, ist gestorben. Ich fürchte mich nicht direkt vor ihr, aber sie ist mir unheimlich. Doch das würde ich um nichts in der Welt zugeben, zumal ich selbst nicht sagen könnte, warum es so ist. Und so lege ich nur sehr langsam mein bisschen Wäsche, meine Schürze und meine Hemdchen in meinen Korb und hoffe, dass sie mir nichts Böses antun wird.

2. KAPITEL: DIE GEISSLMUTTER

Ein makelloser Frühjahrstag, der nicht so recht zu meiner verhaltenen Stimmung passen will, zieht über Ransbach herauf, als ich mich am nächsten Morgen um kurz vor sechs Uhr auf den Weg zum Geißlhof mache. Ich schreite mit festen Schritten aus, meine Zöpfe wippen mit der Schürzenschleife um die Wette, und die nackten Füße reiben sich in den neuen Holzpantoffeln, die ich bekommen habe, weil meine alten Lederschuhe aus Herborn mir zu klein geworden sind und Leder inzwischen Mangelware ist, zumindest in Ransbach. Zwar könnte ich die alten Schuhe von der Helga und der Hannelore auftragen. Doch nicht beim Hüten – sie sind für Kirchen- und Arztbesuche in der Stadt vorgesehen. So ist die Mutter mit mir zum alten Dübabauern gegangen und hat mir maßgefertigte Holzschuhe machen lassen. Ich bin danach öfter zu ihm in seine Scheune gegangen und habe dabei zugesehen, wie er die Sohle mit einem Schnitzeisen auf einem Bock fertigte, wie er das Deckleder von den alten Schuhen seiner Kunden abschnitt und mit der Ahle Löcher hineinstach, bevor er es auf die neuen Holzsohlen setzte. Der Geruch nach Holz und Leder, der in seiner Werkstatt lag, gefiel mir, und ich liebte die Geschichten, die er mir mit leiser Stimme erzählte. Der Dübabauer war ein strenger alter Mann, und ich mochte es, wenn er nett zu mir war. Ich fühlte mich dann sehr besonders. Im Dorf erzählte man sich nämlich, dass die Vorfahren des Dübabauern rabiate Leute gewesen waren, und suchte dies mit immer neuen Geschichten zu beweisen. Eine davon ging so: Einer der Urgroßväter des Dübabauern hatte in der Kirche zwei Sitzplätze gekauft. Das war damals so üblich, und sie hatten fünfundzwanzig Taler gekostet. Wenn er nun mit seiner Frau in die Messe kam, saß fast immer jemand anderes auf seinem Platz. Irgendwann reichte es ihm, und er trennte seine beiden Plätze in der Kirchenbank durch eine genagelte Bretterwand ab.

Einmal habe ich den Dübabauern gebeten, mir diese Geschichte selbst zu erzählen. Ich hatte gehofft, er würde sie noch ein wenig ausschmücken. Doch er hat nur gelacht und gesagt: »Meudl, Meudl, lass gut sein. Lang ist's her, man sollt' die Toten ruhen lassen!«

Durchs ganze Dorf führt mich mein Weg zum Geißlhof, vorbei am mit großen Kieseln ummauerten Dorfbach, den Kirchberg hinunter, über die Brücke, bis einige Minuten später nach einer Rechtsbiegung des Weges mein Ziel vor mir auftaucht – ein sehr kleines blaues Gebäude mit weißen Ecken, das mit roten Biberschwanz-Dachziegeln gedeckt ist. Dazu gehören ein Stadel, ein Holzschuppen, der Hühnerstall und das Klohäuschen, und im Hof steht eine Linde. Es ist ein kleiner Hof, der zwischen seinen beiden größeren Nachbarn noch kleiner wirkt, als er ohnehin schon ist: Da ist zur Linken der Högabauer, ein alter, buckliger Mann, der das linke Bein nachzieht. Er ist zu krank für den Krieg, aber noch behände genug, um sich im ganzen Dorf nützlich zu machen. Er hat einen Volksempfänger, fünf Buben, die alle im Krieg sind, zwei Pferde und zwölf Kühe. Abends hört er immer mit einer Decke über dem Kopf Feindsender, so tuschelt man im Dorf, und dass darauf die Todesstrafe steht. Und die Eva hat der Anneliese und mir erzählt, dass er als Halbwüchsiger verbotenerweise auf den Kirchturm gestiegen ist. Als jemand gerufen hat: »Da kommt eine Sau mit sieben Ferkeln die Leiter rauf!«, bekam er es dermaßen mit der Angst, dass er durchs Fenster gesprungen ist. Da er aber einen Kittel anhatte, der oben zugeschnürt war, und der Wind darunterfuhr, ist er wie mit einem Fallschirm sicher auf dem Boden gelandet. Nur das Bein ist seitdem steif, sodass seine Frau, die Högabäuerin, einen Großteil der Arbeit auf dem Hof allein erledigen muss. Sie ist eine große, schön gekleidete und fromme Frau, die jeden Tag in die Kirche läuft, auch im Winter, und die abends mit den Hühnern zu Bett geht.

Zur Rechten wohnt die Meierbäuerin mit ihren zwei Kindern, von denen eins die Gertrud ist, meine Freundin. Im Gegensatz zum Högahof ist der Hof der Meierbäuerin, deren Mann im Krieg gefallen ist, sehr arm. Der ganze Hof ist zwar größer als der der Geißlmutter, doch besteht auch er im Grunde lediglich aus einer Stube, einer Kuchel, einem Schlafzimmer, das wie ein Gewölbe aussieht, und einer separaten Kammer, in der die Bäuerin schläft.

Mein Herz schlägt schneller, je näher ich dem Geißlhof komme. Was wird mich dort erwarten?

Ich muss an die Worte der Mutter denken, die mir beim Frühstück mehr Blicke als sonst zugeworfen hat, während sie den Adolf und die Johanna versorgt hat – als wolle sie sich vergewissern, dass ich es mir über Nacht nicht anders überlegt habe. Doch ich hatte ihren Blicken standgehalten, und als ich schließlich den Rucksack schulterte und mit gestrecktem Rücken zur Tür strebte, erhob sie sich und berührte meine Schulter. Ein wenig so, als könne ich jederzeit wieder heimkommen.

Die Haustür ist offen, und vier Kühe stürmen gerade kraftvoll wie junge Hunde aus dem Flur des Bauernhauses ins Freie, als ich auf den Geißlhof trete. Ich frage mich, was ich davon halten soll, denn ich kenne keinen Bauern, bei dem die Kühe im Haus wohnen. Hinter den Kühen erscheint die Geißlmutter, sie trägt heute nicht ihr schwarzes, sondern ein buntes Kopftuch. Ihr schlimmer Fuß ist dick verbunden, mit ihrem Stock schlägt sie auf die Flanke der Kuh, die vor ihr springt.

»Da schau her, Walburga, da ist die Inge«, sagt sie zur Begrüßung.

Schüchtern trete ich näher, und sie beäugt mich mit einem Blick, aus dem ich nicht schlau werde.

»Bist spät dran, Meudl, 's geht gleich zum Hüten, die Kühe dürfen heut' zum ersten Mal nach dem Winter wieder hinaus aus dem Stall, deswegen sind sie so wild. Die Walburga geht mit und zeigt dir, wo's hingeht. Und wenn du heimkommst, kannst noch zum Holzhacken«, sie deutet auf die Scheune.

Die Tochter tritt nun hinter der Mutter ins Freie. Ich habe sie schon einige Male im Dorf gesehen, aber nur von Weitem. Sie kommt näher und mustert mich kurz von oben bis unten, so als wolle sie prüfen, ob ich zur Arbeit zu gebrauchen sei. Ein strenger Geruch geht von ihr aus. Ihr rötliches, glattes Haar ist zu einem Zopf geflochten und zu einem Nest gesteckt. Sie trägt einen alten blauen Leinenrock und ein weißes Kopftuch. Unter ihrer Bluse zeichnen sich ein Unterhemd mit Knöpfen und darunter ihre Brüste ab, während sie mit ihrem Stock versucht, die wie junge Fohlen bockenden Kühe im Zaum zu halten, die nun auf dem Hof umherspringen. Ihre Schwänze haben sie erhoben, voller Freude darüber, dass sie nach dem langen Winter wieder hinausdürfen. Die beiden Frauen haben alle Hände voll zu tun, sie zu bändigen.

Ich wage nicht zu fragen, warum die vier Kühe über den Hausflur ins Freie treten, und so nehme ich wortlos den Stock, den die Geißlmutter mir reicht, nachdem sie damit auf den Feldweg gedeutet hat, der hinter dem Hof beginnt und sich den Kalvarienberg hinaufzieht: »Folg der Walburga, dann weißt morgen, was zu tun ist.«

Ich nicke und blicke dabei in die dunklen Augen dieser mir fremden Frau. Gern wäre ich jetzt daheim bei der Mutter. Dann folge ich gehorsam ihrer Tochter, die eine Sense auf dem Rücken trägt und wortlos vorangeht. Mit weiten Schritten treibt sie die Kühe, die nun am Berg schon weniger Eifer an den Tag legen, die leichte Steigung hinauf vor sich her. Als eine vom Weg abkommt, zieht die Walburga das Tempo an, damit die anderen keine Zeit haben, es ihr gleichzutun.

»Spring ins Feld und treib die Ausreißerin wieder zurück!«, ruft sie mir über die Schulter zu.

Mit Geißel und Stock tue ich, was sie mir geheißen hat. Meine Peitschenhiebe gefallen der Walburga allerdings gar nicht. Ungläubig blickt sie mich an. Ich schäme mich und murmele: »Die muss ich noch üben.«

Sie nickt, und ich nehme mir vor, mit der Geißel zu trainieren.

Wir passieren drei große, aus Baumstämmen gezimmerte Jesuskreuze. Der Weg ist steinig und von Schlehensträuchern und Brennnesseln gesäumt, er führt zwischen Kartoffel- und Rübenfeldern hindurch, die durch Steine oder Erdwälle voneinander abgegrenzt sind.

Erst als wir nach etwa zwanzig Minuten den Wald erreichen, bricht die Walburga ihr Schweigen.

»Da vorn ist die Weide.«

Sie deutet auf eine verwilderte Grünfläche, die am Waldrand liegt und auf einer Seite von einem Hügel begrenzt wird. Mit einer weit ausholenden Armbewegung auf die umliegenden Felder fügt sie hinzu: »Und davon gehören uns auch noch einige.«

Ich sehe mich um. Es sind Kartoffel-, Weizen-, Roggen- und Gerstenfelder, und auch ihr Rand ist übersät von Schlehen, die im Herbst dunkelblaue Knollen bilden werden, wie Heidelbeeren, nur viel größer.

Wir treiben die Kühe ins hohe Gras, und sofort beginnen sie zu weiden. Während ich sie beobachte, versuche ich, mir ihre Namen einzuprägen: die Liese, die Laura, die Lotte und die Leni. Alle vier sind hellbraun und weiß gescheckt, aber jede hat andere Flecken. Die Leni ist am leichtesten zu erkennen, denn sie hat einen markanten weißen Fleck am Maul. Doch da ich genug Zeit habe und mir ohnehin langweilig ist, lerne ich, auch die anderen drei voneinander zu unterscheiden. Die Liese, so finde ich heraus, hört sogar auf ihren Namen, wenn ich sie rufe. Und wenn eine der Kühe sich zu weit entfernt, treibe ich sie mit dem Stock zurück, während die Walburga mein Tun überwacht. Als ich ein wenig von ihr weg bin und zufällig zu ihr zurückblicke, sehe ich, wie sie ihren Rock hebt und es einfach laufen lässt. Einen Schlüpfer trägt sie nicht. Ob sie wohl schon jemals gebadet hat?

Gegen Mittag machen wir uns auf den Rückweg. Jeder Schritt in den neuen Schuhen tut mir inzwischen weh. Blasen haben sich an den Stellen gebildet, wo die Haut am Holz scheuert. Doch ich beklage mich nicht, und dann beginnt die Walburga sogar ein kleines Gespräch mit mir.

»Wie alt bist, Meudl?«

»Zehn.«

»Der Vater ist im Krieg?«

»Ja.«

»Meine Brüder auch. Der Wilhelm ist in Russland, und der Horst in Frankreich.«

»Und vom Högabauern sind die fünf Buben an der Front«, merke ich an.

»Wenn nur endlich einmal der Krieg aus wäre und ein Frieden und eine Ruh' wären, dass die Männer und die Söhne wieder heimkommen und ihre Arbeit tun können«, sagt die Walburga und versetzt der Leni, die sich für einen Kleeacker am Wegesrand interessiert, einen Hieb mit dem Stock.

Die Sonne steht schon hoch am Himmel, als wir den Geißlhof wieder erreichen. Ohne Widerstand lassen sich die Kühe an der Stube vorbei durch den mit roten Steinen gepflasterten Flur des Wohnhauses zurück in den Stall treiben. Wie ich nun sehe, ist er nur durch die Haustür zugänglich, weil er kein eigenes Stalltor hat. Deswegen sind auch nur die vier Kühe im Stall. Das Schwein lebt in der Scheune, ebenso wie die Hühner, und die Schafe im Garten.

»Seid's wieder da«, begrüßt uns die Geißlmutter, die in der Rußkuchel am offenen Feuer steht und kocht. Der Rauch zieht über sie hinweg in das Loch an der Decke und von dort in den Kamin und zum Haus hinaus. Die Wände der Kuchel sind, ebenso wie die in unserem neuen Haus, schwarz wie Pech und ganz glatt und fest vom Rauch, der hier im Laufe der Jahrzehnte unzählige Würste und Schinken geräuchert hat. Der ohnehin schon leicht gebeugte Körper der Geißlmutter krümmt sich noch mehr, als sie prüfend die Ziegelplatte von einem Eisentopf hebt. Dann greift sie zu einer Ofengabel, die vorne zwei Zinken hat, und zieht den Topf aus dem Feuer. Der kleine Raum liegt im Halbdunkel, und obwohl es gut nach Kraut riecht und mein Magen schmerzhaft leer ist, wird mein Herz ganz schwer bei dem Gedanken daran, dass ich fortan am Tisch in der Geißlstube essen werde. Die karge Kost daheim erscheint mir nun allemal erstrebenswerter als das anständige Essen, das ich hier bekommen werde.

Als wir schließlich zu dritt am Tisch in der Stube sitzen, spricht die Geißlmutter das Gebet: »Wir loben dich und sagen Dank, Gott Vater, dir für Speis und Trank.«

Sie nimmt eine Gabel voll Kraut aus der Blechschüssel, dann eine Kartoffel aus der anderen, und legt beides auf meinen Teller. Tief atme ich den Duft des Essens ein, und ich spüre, wie mein Magen vor Vorfreude einen Satz macht. Schweigend beginnen wir zu essen, bis nach einigen Bissen die Geißlmutter verkündet: »Habt's schon gehört? Köln ist bombardiert worden. Alles liegt in Schutt und Asche – Krankenhäuser, Kirchen, Schulen. Alles brennt. Und es gibt viele Tote.«

Ihr Gesicht ist unbewegt, nur ihr Kiefer mahlt, obwohl sie gar nichts im Mund hat.

»Dieser verdammte Krieg soll beim Teufel bleiben«, sagt die Walburga und blickt düster auf ihren Teller. »O Jesus, Maria und Josef und noch sechs Heilige, dieser Krieg soll beim Teufel bleiben, den braucht kein Mensch mehr.«

Ich schweige. Ich weiß nicht recht, was ich von der Mitteilung der Geißlmutter halten soll. Ich habe keine Ahnung, wo Köln liegt. Und ich traue mich nicht zu fragen, aus Angst, für dumm gehalten zu werden.

Eine Zeit lang ist nur das Klappern unserer Gabeln zu hören, während wir drei Frauen unseren Gedanken nachhängen. Dann sagt die Walburga plötzlich in die Stille hinein zur Geißlmutter gewandt: »Das Peitschen muss sie aber noch üben, sag ich dir.«

Die Geißlmutter dreht ihr gutes Ohr in ihre Richtung: »Was sagst?«

»Das Peitschen muss die Inge aber noch üben!«, ruft die Walburga.

Ich spüre, wie meine Wangen sich röten, und senke den Kopf. Die Geißlmutter wirft einen Blick in meine Richtung und erwidert, während mein Löffel auf dem Weg zum Mund in der Luft verharrt: »Sie wird es schon noch lernen, oft genug wird sie ja künftig zum Hüten gehen. Und wenn nicht …«

Sie lässt den Rest des Satzes in der Luft hängen und weicht meinem Blick aus.

»Im Garten kannst mir gleich zeigen, ob du mehr kannst. Die Bohnen müssen heut' in die Erde«, sagt die Walburga, nun zu mir gewandt.

Ich nicke und wage es nicht, sie anzusehen. Nervös reibe ich meine Füße an den kugelförmigen Verdickungen, mit denen die vier Beine des Esstischs verziert sind und an die ich gerade so heranreiche, wenn ich auf der Eckbank sitze.

Auf dem Heimweg war die Walburga doch recht freundlich zu mir. Was ist nun bloß in sie gefahren?

Nach dem Essen schickt mich die Geißlmutter zur Quelle, damit ich neues Wasser hole. Ich knie mich auf den Steg und schöpfe es mit einer Kelle in meinen Eimer. Dabei achte ich darauf, möglichst sauberes Wasser zu erwischen. Das ist nicht einfach, denn etwa zehn Meter oberhalb baden die Gänse des alten Brückenbauern im Bach, eines steifen Mannes, der die Zigarren mehr isst als raucht, sodass ihm ein Raucherbein amputiert werden musste, und der beim Singen in der Kirche durch alle Dur- und Molltonleitern rutscht, sosehr er sich auch bemüht. Auch sein Vieh hat er in den Bach getrieben, um es zu tränken. Das Wasser, das bei mir ankommt, ist an manchen Stellen trüb, und auch das eine oder andere Geschäft, das die Tiere gemacht haben, schwimmt darin. »Das Wasser läuft über zehn Stein, dann ist es wieder rein«, wiederhole ich im Geiste den Spruch, den mir die Mutter beigebracht hat, und schöpfe nur an den klaren Stellen. Zurück im Haus, gieße ich es in eine große Blechschüssel, die die Geißlmutter zum Erhitzen ins Feuer stellt. Als das Wasser warm ist, gibt sie einen Brocken Soda hinein, dann stellt sie die Schüssel auf die Ofenbank und spült darin das schmutzige Geschirr. Dabei murmelt sie: »A Haferl und a Schüssel, isch all mei Kuchel-Geschirr, des schreib i auf mei Taferl, da werd i gar net irr.«

Es klingt freundlich, und ich weiß nicht recht, ob sie eine Antwort von mir erwartet. Um nichts falsch zu machen, schweige ich und hänge bloß gehorsam die sauberen Schüsseln, Teller und Haferln, die sie mir reicht, wieder in den Schüsselrehm an der Wand. Unser Besteck verstaue ich unter dem Esstisch, wo jede von uns eine eigene Schublade dafür hat. Drei weitere Schubladen bleiben verschlossen. Zwei gehören den Geißlsöhnen, die im Krieg sind. Die dritte gehörte dem Geißlvater, den der Herrgott schon zu sich genommen hat. Mit einem komischen Gefühl im Bauch betrachte ich sie. Werden all die Männer des Dorfes den Krieg überleben?

Schweigend lausche ich dem Gemurmel der Geißlmutter, und mein ungutes Gefühl ihr gegenüber lässt ein wenig nach. Es ist eine friedliche Stimmung, während wir Hand in Hand schaffen, und es tut gut, einen vollen Magen zu haben. Da dringt auf einmal der Ruf der Walburga in die Stube: »Wo bleibst denn, Meudl?«

Ich fahre hoch und laufe hinaus in den Garten, wo sie bereits mit einem Rechen in einem Beet steht, den Ellbogen in die Hüfte gestützt, und mich tadelnd ansieht. Auf der Erde vor ihr liegen auf einem Tuch viele Dutzend helle Bohnensamen, die jeweils eine bräunliche Stelle haben.

»Ich mach' Kreise in den Boden, und du bringst sie in die Erde. Und dass du mir gleichmäßig schaffst«, sagt sie und beginnt, mit der Rückseite der Harke Rinnen zu ziehen.

Auf den Knien hockend drücke ich Samen um Samen in den Boden, während die schon kräftige Maisonne auf uns herabbrennt. Nachdem sie alle Kreise gezogen hat, errichtet die Walburga über den fertig bestückten Kreisen ein Gerüst aus hohen Bohnenstangen, das dem jungen Gemüse als Rankhilfe dienen wird. Ganz oben bindet sie die Stangen zusammen, sodass sie nicht umfallen können. Während wir schaffen, werfe ich ihr immer wieder Blicke zu. Aber sie erwidert sie nie.

Am Abend schlägt aus dem Giebelfenster des Högabauern der Schall der Kirchenglocken zum Gebetläuten. Er hat den Klang aufgenommen, bevor unsere echten Glocken beschlagnahmt und eingeschmolzen wurden, und spielt ihn nun ersatzweise ab. Es hört sich fast so an, als seien die echten Glocken noch da. Ich mag gar nicht daran denken, dass sie nun zu Kanonenkugeln geworden sind.

Wir nehmen in der Stube neben der Geißlmutter Aufstellung. Dort hängt ein großes Kreuz zwischen zwei Bildnissen von Maria und Josef – bunte Gemälde auf Pappe hinter Glas, die in dunkelbraunen, verschnörkelten Rahmen stecken. Davor befindet sich ein kleiner Marienaltar, und darauf stehen zwei Vasen mit Schlüsselblumen.

»Der Engel des Herrn brachte Maria die Botschaft, und sie empfing vom Heiligen Geist«, beginnt die Geißlmutter, und die Walburga und ich ergänzen das Gebet nach jedem Absatz um das »Gegrüßet seist du, Maria«.

Es ist ein mechanisches Gebet, das ich ohne tiefere Regung aufsage. Viel zu müde bin ich nach diesem Arbeitstag, der nun endlich zu Ende ist. In Gedanken bin ich während des darauffolgenden Essens schon bei meinem Bett, in das ich mich gleich legen werde. Fast wollen mir die Augen zufallen, da höre ich die Geißlmutter wie aus einer fernen Welt zur Walburga sagen: »Das Holz hat sie freilich nicht gehackt, die Inge.«

Erschrocken fahre ich hoch. Ich bin nun wieder hellwach, ein eisiges Gefühl durchströmt meinen Körper. Das Holz! Das habe ich ganz vergessen. Aber wann hätte ich es auch hacken sollen?

Die beiden Frauen mustern mich nun, und vor lauter Angst weiß ich gar nicht, was ich antworten soll.

»Sollt' sie gar faul sein?«, fragt die Walburga.

»Dann bekäme sie den Kochlöffel zu spüren«, entgegnet die Geißlmutter.

»Das möchte sie bestimmt nicht«, sagt die Walburga und sieht mich fragend an.

Ich sitze ganz starr da und schüttele den Kopf. Mein Herz schlägt zum Zerspringen.

»Sie wird es bestimmt vor dem Zubettgehen noch tun, oder?«, wendet sich die Geißlmutter nun wieder an die Walburga, als sei ich gar nicht da.

»Das wäre klug«, antwortet diese.

Dann setzen die beiden ihre Mahlzeit schweigend fort, während ich wie gelähmt am Tisch sitze und keinen Bissen mehr hinunterbringe.

Nach dem Essen laufe ich hinaus in die Scheune und hacke Holz, bis die Sonne hinter dem Horizont versinkt. Mit meiner Stallkleidung krieche ich danach ins Bett. Ich habe keine Kraft mehr, mich auszuziehen.

Am nächsten Morgen sind die beiden Frauen wie ausgewechselt. So als hätte ich die ganze Unterhaltung am gestrigen Abend nur geträumt. Auch in den folgenden Wochen sind sie recht freundlich zu mir, sodass ich mich nach und nach an das Leben bei den Geißls gewöhne, auch wenn es wahrlich kein Zuckerschlecken ist. Mein ganzes Leben scheint nur noch aus Schaffen, Schule und Schlafen zu bestehen.

Selten habe ich Zeit, nach dem Abendbrot nach Hause zu laufen und der Mutter und den Geschwistern von meinem neuen Leben zu erzählen: Dass die Walburga und ich den Kuhmist durch den Hausflur zum Miststand im Hof tragen müssen und wie sonderbar ich es finde, wenn wir mit unserer hölzernen Misttrage an der Stube vor-

48

beilaufen. Wir überlegen, ob der Geißlbauer vielleicht einfach vergessen hat, an den Stall eine Stalltür zu bauen?

Ab und zu, wenn die Mutter meine Wäsche wäscht, schlafe ich sogar noch daheim. Aber das sieht die Geißlmutter nicht gern, denn morgens muss ich um sechs Uhr mit den Kühen gehen, und sie hat mich lieber schon abends im Haus, damit sie sicher sein kann, dass ich morgens auch pünktlich zur Stelle bin. Ich schlafe allerdings viel lieber zu Hause, neben der Rosmarie, umgeben von den vertrauten Gerüchen und auf den weichen Karber-Matratzen. Mit großen Augen lauschen mir die Geschwister, als ich ihnen berichte, wie die Geißlmutter mir am ersten Tag meinen neuen Schlafplatz gezeigt hat – eine kleine Kammer mit Dachschräge und Fenster, in der ein Schrank, zwei Betten und zwei kleine Nachttische standen.

»Da schläft die Walburga«, sagte sie und deutete erst auf das rechte Bett und dann auf das linke, »und da du.«

Ich nickte gehorsam und stellte meinen Rucksack ab. Mein Bett war noch nicht bezogen, und so fiel mir auf, dass sich unter dem Unterbett, das mit minderen Federn gefüllt war, ein brauner Strohsack befand, in dessen Mitte ein großer, gesäumter Schlitz war. Da wir zu Hause eben jene dreigeteilten Karber-Matratzen hatten, sah ich dies zum ersten Mal. Die Geißlmutter bemerkte meinen Blick und sagte: »Da holt man später das alte, verbrauchte Stroh raus und füllt den Sack wieder frisch auf.«

Dann deutete sie auf ein weißes Leintuch, das auf dem Nachttisch lag, und mir wurde klar, dass es keine andere Matratze für mich geben würde.

Ich erzähle auch, dass ich seit dem ersten Abend nie wieder Zeit hatte, mir über mein karges Lager Gedanken zu machen. »Zu müde bin ich, und meine Füße sind oft blutig gescheuert von den neuen Holzpantoffeln«, erkläre ich den ungläubig dreinblickenden Geschwistern. Was ich ihnen allerdings nicht sage, ist, dass ich trotz meiner Erschöpfung meist lange brauche, um einzuschlafen. Ich habe Heimweh. Auch den Vorfall am ersten Abend erwähne ich nicht. Ich möchte nicht, dass sie denken, ich sei faul. Es war ein Versehen, dass ich das Holz an jenem Tag nicht gleich gehackt habe.

49

Seitdem habe ich stets alle Pflichten erledigt, die die Geißlmutter mir aufgetragen hat.

*

Am Tag meiner Kommunion bin ich schon früh wach. Mein erster Blick gilt dem Morgenhimmel, der sich hoch und blau über dem Kirchberg wölbt. Die Sonne scheint! Erleichtert schwinge ich die Beine aus dem Bett, in dem die Rosmarie noch friedlich schläft, und trete ans offene Fenster: Die Zwiebelturmspitze der Kirche leuchtet in hellem Licht, der Bach reflektiert das Blau des Firmaments. Löwenzahn und Butterblumen stehen am Wegesrand und leuchten um die Wette. Ein Rotkehlchen sitzt in der Linde im Hof und jubiliert mit einem Buchfinken um die Wette, der sich auf dem Scheunendach niedergelassen hat. Ich streiche über mein weißes Kleid, das vor mir schon die Hannelore und die Helga getragen haben und das nun frisch gewaschen auf einem Bügel am Schrank hängt, auf dass ich es am heutigen Tag tragen werde. Dann fahre ich mir mit den Fingern durchs Haar. Gestern Abend habe ich mir nach dem Haarewaschen Lockenwickler hineingedreht, sodass ich nun eine Art Schillerlocken habe. Versonnen lächelnd stehe ich vor dem Spiegel und freue mich auf meinen großen Tag. Da steckt auch schon die Mutter den Kopf zur Tür herein. »Es ist Zeit, Meudl.«

Auch die Rosmarie steht nun auf, während die Mutter meine Haare zu zwei kleinen Zöpfen flicht, die sie mir um den Kopf herum steckt. Sodann zupft sie mir einige Schillerlocken heraus, und ich bin mit dem Ergebnis mehr als zufrieden. Wie ein Engel sehe ich aus, nachdem ich in mein weißes Kleid mit der Schleife um die Taille geschlüpft bin und auch noch die weiße Strumpfhose angezogen habe. Es fehlen nur noch die goldenen Flügel. Da kommt die Mutter mit einem weißen Margeritenkranz zurück und drückt ihn mir vorsichtig aufs Haar. Mit zwei kleinen Spangen befestigt sie ihn, während die Rosmarie mit großen Augen zuschaut. Die mit goldenen Blumen und einem Kreuz verzierte Kommunionkerze in der Hand, mache ich mich mit der Mutter und den Geschwistern auf den Weg zur Ransbacher Kirche, von wo aus sich die Familien der vier Kommunionkinder – außer der Anneliese und mir sind das noch die Edith und die Gertrud – und viele andere Mitglieder der Gemeinde auf den Weg nach Utzenhofen machen, wo die Hauptpfarrei ist. Staunend betrachte ich die Eva, die neben Annelieses Mutter steht und mit ihrem glatten schwarzen Haar und ihren strahlend blauen Augen so schön aussieht wie eine Madonna. Sie hat ein hellblaues Kleid an und unterhält sich mit ihrem Bruder Peter, der einen hellen Anzug und dazu einen strengen Seitenscheitel trägt. So würdevoll sehen wir alle aus, dass ich die Aufregung bis in meinen Magen hinab spüren kann.

Durch Getreidefelder, durch den Wald und den Berg hinunter, vorbei an dem Weiler Weihermühle führt uns unser Weg. Nach einer knappen Stunde erreichen wir die große, gelb-weiße Pfarrkirche mit ihrem Zwiebelturm, wo schon ein enormer Andrang herrscht. Etwa zwanzig Kommunionkinder stehen mit ihren Eltern auf dem Platz, und alle schnattern wild durcheinander. Während die Mädchen weiße Kleider tragen, haben die Buben dunkle Anzüge an und sehen wie kleine Herren aus. Ganz fremd wirken sie auf mich.

Ab und zu fährt eine glänzende Pferdekutsche vor, heraus steigen dann reiche Bauernfamilien mit ihren Kindern, die prächtig aussehen, noch viel prächtiger als wir, mit ihrem Schmuck und ihren kleinen seidenen Beutelchen, in denen sie vielleicht ihr Taschentuch aufbewahren mögen. Selbst die Anneliese steht mit offenem Mund da und bestaunt den Reichtum dieser Menschen, denen der Krieg nichts anzuhaben scheint.

Der Pfarrer tritt nun würdigen Schrittes hinzu, in eine schwarze Stola gehüllt, nur am Hals blitzt ein weißer Stehkragen heraus. Nervös betaste ich den Zettel mit den Fürbitten, der in der kleinen Tasche steckt, die ich über der Schulter trage. Gut auswendig habe ich sie gelernt, aber der Gedanke daran, sie nun vor der ganzen Gemeinde vorzutragen, beunruhigt mich doch. Mit klopfendem Herzen lasse ich mich von der Mutter in die mit reichem Stuck verzierte Kirche führen. Noch immer kann ich nicht glauben, dass der Pfarrer aus all diesen Kindern gerade mich ausgewählt hat.

Der Gottesdienst beginnt mit Gesang, und die Orgel erklingt schön und majestätisch durch die hohe Kirche, als sich die Gemeinde erhebt. Es ist ein festlicher Anblick, all diese Menschen in ihren besten Kleidern, und doch fällt mir auf, dass es kaum Männer unter uns gibt. Auch mein Vater ist ja im Krieg, fährt es mir durch den Kopf, und als ich die Hände zum Gebet falte, denke ich an die Besteckschubladen im Esstisch der Geißlmutter, die vielleicht auf immer verschlossen bleiben werden.

Schneller als mir lieb ist – von der Predigt habe ich so gut wie nichts mitbekommen –, naht mein großer Einsatz. Ich trete aus unserer Bank und gehe nach vorne, steige die Treppen zum Pult hinauf und lege meinen Zettel vor mich hin. Ich hoffe sehr, dass ich alles richtig mache. Und so beginne ich: »Herr Jesus Christus. Im Heiligen Brot dürfen wir dich heute empfangen – zum ersten Mal! Lass uns diesen Tag nie vergessen und immer daran denken: Du bist unser Freund im Heiligen Brot!«

Die Gemeinde antwortet: »Wir bitten dich, erhöre uns.«

Mehrere Fürbitten trage ich vor, und als ich geendet habe, blicke ich erleichtert in die Kirche hinab auf die vielen Menschen, die mich ansehen. Ihre Gesichter sehen völlig normal aus, sodass ich das Gefühl habe, ich hätte meine Sache gut gemacht. Ein Stein fällt mir vom Herzen. Schweigend gehe ich wieder zurück in unsere Bank, wo die Mutter mich lächelnd empfängt.

Nun steht unsere erste heilige Kommunion unmittelbar bevor. Nach einigen weiteren Gebeten dürfen wir paarweise nach vorne gehen und in den Altarraum treten, der normalerweise durch zwei Türen abgesperrt ist. Als die Anneliese und ich an der Reihe sind, knien wir nebeneinander auf der Kommunionbank nieder und strecken die Zunge aus. Schrecklich aufgeregt bin ich, mein Herz klopft mir bis zum Hals. Jetzt treten der Pfarrer und der Ministrant hinzu, und während der Ministrant ein Tablett unter mein Kinn hält, legt der Pfarrer mir das heilige Brot auf die Zunge. So ist das also! So fühlt sich das an!

Während wir in unsere Bank zurückgehen, befühlen wir die Oblate mit der Zunge. Ich drücke sie an den Gaumen, rolle sie hin und her, und dann löst sie sich ganz langsam auf. Ich knie in meiner Bank nieder und beginne zu beten: »Lieber Gott, bitte mach, dass die Walburga gut zu mir ist, dass sie mich nicht schimpft, weil ich mit der Peitsche trotz Üben immer noch nicht knallen kann, dass

52

ich nie wieder vergesse, eine Arbeit zu erledigen, die mir aufgetragen wurde, dass es mir immer gelingt, die Geißlmutter zufriedenzustellen, und ich nicht die Kraft verliere und geschlagen werde, und dass ich es später einmal besser habe. Ich wünsche mir immer genug zu essen, schöne Kleider, ein schönes Haus und dass die Mutter und die Geschwister es auch einmal gut haben.«

Den Vater schließe ich nicht ein in mein Gebet. Ein kleines bisschen zwickt mich das schlechte Gewissen deswegen. Aber dann beruhige ich mich: Niemand außer dem Herrgott wird es bemerken. Und der wird schon verstehen, warum.

Gegen Ende des Gottesdienstes gibt mir der Pfarrer ein kleines gerahmtes Abbild der Muttergottes, auf dem mein Name steht. Die anderen Kinder bekommen ebenfalls eins. Und dann laufen wir mit angezündeten Kerzen hinter ihm her, aus der Kirche hinaus.

Draußen im Kirchhof höre ich die Menschen fragen: »Wer hat denn die Fürbitten so schön vorgelesen, was war das für ein Kind?«

Sie kennen mich nicht, weil wir erst vor Kurzem nach Ransbach gezogen sind, und ich bin unendlich stolz. Annelieses Mutter tritt zu uns. Sie schüttelt der Mutter die Hand und wendet sich dann an mich: »Ich gratuliere dir zu deinem Ehrentag. Gut hast deine Sache gemacht, Meudl.«

Meine Wangen glühen, artig bedanke ich mich. Auch die Eva tritt lächelnd hinzu und möchte mir etwas sagen, doch in diesem Moment erscheint der Pfarrer höchstpersönlich. In der Hand hält er ein kleines Geschenk.

»Inge, ich bin sehr zufrieden mit dir, hast's sehr schön gemacht in deiner Sprache, die Mutter kann stolz auf dich sein.«

Er reicht mir das Geschenk und streicht mir über den Kopf, wobei er den Blumenkranz berührt.

»Und jetzt kommst du mit den anderen Kindern zu mir zum Essen, ja?«

Das Mittagessen im Pfarrhof ist ein weiterer Höhepunkt dieses Tages, auf den wir alle uns schon lange gefreut haben. Uns vier Mädchen aus Ransbach hat der Pfarrer zu sich eingeladen, denn der Weg zurück ins Dorf ist weit, und wir würden, äßen wir zu Hause,

53

nicht pünktlich zum nächsten Gottesdienst kommen, der schon um zwei Uhr beginnen soll. So hat er seine Haushälterin beauftragt, für uns zu kochen.

Als er uns zusammengerufen hat, verabschieden wir unsere Familien, die wir am Nachmittag in der Mariengrotte wiedertreffen werden. Und dann folgen wir ihm gespannt.

»Ich hab' gar keinen Hunger«, flüstere ich Anneliese zu, die neben mir läuft.

»Ich auch nicht, ich bin viel zu aufgeregt.«

Noch nie habe ich in der Gegenwart eines Pfarrers gegessen, und als ich erst sein Haus erblicke, wird mir klar, dass dies wirklich etwas ganz Besonderes sein wird. Der Pfarrhof ist das schönste Anwesen des Ortes. Er hat grün-weiße Fensterläden und Sprossenfenster mit Doppelglas. So etwas Fortschrittliches gibt es in ganz Ransbach nicht. Wir treten ein, und er führt uns in die Wohnstube, in der ein langer Tisch steht, der, wie es scheint, extra für diesen Tag dort aufgebaut worden ist. Sein eines Ende nähert sich dem Herrgottswinkel so weit, dass man praktisch unter dem Jesuskreuz zu sitzen kommt. Schnell wähle ich einen Platz an der gegenüberliegenden Seite der Tafel – da sitzt zwar auch der Pfarrer, aber vor ihm fürchte ich mich ja nicht, und neben ihm zu sitzen ist mir viel lieber, als dass der Jesus mir auf den Teller guckt, während ich esse.

Eine dunkelhaarige Köchin mit einem prächtigen Haarknoten kommt nun herein und stellt eine große Suppenterrine auf den Tisch. Sofort durchzieht ein köstlicher Duft den ganzen Raum, und als sie den Teller des Pfarrers füllt, sehe ich, dass es Leberknödelsuppe ist. Seit Jahren habe ich keine mehr gegessen!

In ihrem dunkelblauen Kleid mit der weißen Schürze geht die Köchin nun um den Tisch herum und schöpft jedem Kind ebenfalls eine Kelle voll auf den Teller. Die Gertrud, die mir gegenübersitzt, wirft mir einen glücklichen Blick quer über den Tisch hinweg zu. Was für ein Unterschied zum Essen daheim, wo alle aus einer Schüssel essen!

Stumm und steif sitzen wir da und trauen uns nicht, auch nur einen Ton zu sagen. Der Pfarrer bricht das Schweigen, indem er ein Gebet spricht. Danach wünscht er uns einen guten Appetit.

»Schmeckt's euch?«, fragt die Köchin, die uns zusieht und sich zu freuen scheint, dass sie so viele dankbare Abnehmer für ihr Essen hat.

Wir nicken, weil wir die Münder voll haben, aber dann denke ich, dass ich ja nun auch antworten kann, wo ich doch schon auserwählt worden bin, die Fürbitten zu lesen: »Es schmeckt sehr gut, und wir freuen uns sehr, dass wir hier essen können.«

Dabei drücke ich den Rücken steif durch, damit ich auch ja schön aufrecht dasitze.

Das Eis ist nun gebrochen, und die Anneliese ergänzt: »Zu Hause wäre es uns nicht so gut gegangen.«

Die Edith fügt hinzu: »So gut haben wir lange nicht mehr gegessen.«

Die Köchin lächelt. »Mögt's noch mehr?«

Sie geht noch einmal herum und füllt unsere Teller abermals. Dann eilt sie mit schnellen Schritten hinaus, nur um kurz darauf mit Kartoffelklößen, Sauerbraten und Salat zurückzukommen. Uns gehen die Augen fast über, so wunderbar ist dies für uns, und unter den wohlwollenden Augen des Pfarrers und seiner Köchin verdrücken wir alles bis auf den letzten Krümel.

Und dann gibt es auch noch eine Nachspeise: eine Himmelstorte mit Erdbeeren und viel Sahne!

In meinem ganzen Leben habe ich noch nicht so viel Gutes bei einer einzigen Mahlzeit zu essen bekommen, und ich bin fast ein bisschen benommen vor Glück.

Nach dem Essen gehen wir gemeinsam mit dem Pfarrer und den anderen Utzenhofener Kommunionkindern von der Pfarrkirche aus zur Mariengrotte, die sich etwa fünfzehn Fußminuten entfernt im Wald befindet. Mein Bauch wölbt sich unter dem weißen Kleid, so viel habe ich gegessen. Aber nun werde ich die Mutter und die Leute aus dem Dorf wiedertreffen, die zum Essen nach Hause gegangen sind und mit einem geschnitzten Kreuz, das von einigen Männern des Dorfes getragen wird, dorthin pilgern. Ehrfürchtig halten wir die Kerzen vor uns, und als Einzige halte ich in meiner anderen freien Hand auch noch das kleine Geschenk, das der Pfarrer mir überreicht hat. So laufen wir in den Wald hinein und folgen dem Weg, der von Kastanienbäumen gesäumt zu der versteckt liegenden Höhle hinaufführt. Als wir ankommen, sind unsere Leute schon da und sitzen auf den Bänken, die vor der Grotte zum Ausruhen einladen. Geschwind renne ich zur Mutter und nehme dabei gern in Kauf, dass Kerzenwachs auf mein Kleid tropft. So viel habe ich ihr zu erzählen! Doch ist kaum Zeit dazu, denn betend und nur mit Kerzen die Dunkelheit erleuchtend geht die Gemeinde hinter dem Pfarrer her in die Grotte hinein, an deren felsigen Wänden sich ihr monotoner Singsang bricht und als leichtes Echo durch die feuchte und modrige Luft zu uns zurückfindet. Wie ich so dahinschreite, bin ich Jesus ganz nah. In diesem Augenblick bin ich sehr zuversichtlich, dass die Geißlmutter keinen Grund mehr finden wird, unzufrieden mit mir zu sein, und dass sie vielleicht doch noch eine gute Herrin werden wird. Vor der Muttergottesstatue auf ihrem reich mit Blumen geschmückten Altar findet die Andacht statt, an der ich voller Stolz und Dankbarkeit teilnehme, bin ich doch nun ein vollwertiges Mitglied der Gemeinde. Zur Mutter Maria bete ich inbrünstig, sie möge mir Schutz geben vor der Walburga, die so unberechenbar auf mich wirkt wie ein im Wind tanzendes Blatt.

Am Abend packe ich das Geschenk aus. Es ist ein kleines Gebetbüchlein mit bunten Illustrationen. Vorsichtig blättere ich die Seiten um. Ich habe nicht viele Bücher, und dieses ist das kostbarste, das ich besitze. Ich lege es auf den Nachttisch neben meinem Bett und falle in einen tiefen Schlaf. In der Nacht träume ich, dass der Vater aus dem Krieg zurückkommt und mir zuruft: »Ich weiß genau, dass du nicht für mich gebetet hast! Zur Strafe musst du nun immer bei der Geißlmutter bleiben! Zu Hause will ich dich nicht mehr sehen!«

Als ich erwache, bin ich schweißgebadet, und das Herz schlägt mir bis zum Hals. Ich nehme mir vor, eine Kerze für den Vater anzuzünden, wenn ich das nächste Mal in der Kirche bin. Doch vorerst ist daran nicht zu denken.

Die Tage werden nun immer länger. Es ist sehr warm für Anfang Juni, und auf dem Geißlhof steht viel Arbeit ins Haus. Da die Pfingstferien vorbei sind, muss ich nun wieder wie vor meinem Umzug zur Geißlmutter jeden Morgen in die Schule, und eines Mittags, als ich zurückkomme, steht nur ein Teller mit Essen im Ofen, und ein Zettel liegt auf dem Tisch: Inge, komm bald nach, wir sind schon zum Steinen auf dem Feld.

So greife ich mir nach dem Essen einen alten Kübel, der schon ein paar kleinere Löcher hat, aber immer noch gut genug ist, um seine Dienste zu leisten.

Als ich den Acker erreicht habe, schaffe ich ein Stück entfernt von der Walburga und der Geißlmutter und mache mich daran, alle großen Steine in den Kübel zu lesen. Wieder und wieder bücke ich mich, und wenn mein Kübel voll ist, trage ich ihn zum Wegesrand und leere ihn aus. Doch umso mehr Steine ich aufhebe, so kommt es mir vor, umso mehr Steine finde ich auf dem Feld. Glaube ich, eine Stelle leer gesammelt zu haben, so sehe ich dort doch wieder Steine, wenn ich das nächste Mal daran vorbeilaufe. Steine, Steine, immer nur Steine! Nach zwei Stunden hat sich ein ansehnlicher Haufen gebildet, und mein Kleid ist nass vom Schweiß. Es fühlt sich an, als seien meine Arme von der Last ein ganzes Stück länger geworden. Wenigstens sind die Steine zu etwas nütze: Die Walburga wird später den Wagen holen und sie abholen, und im Frühjahr werden wir die Steine, die uns bei der anstehenden Mahd im Weg wären, dringend brauchen, um die Löcher im Weg damit aufzufüllen, die der Frost hineingefressen hat. So hat die Arbeit einen Sinn, und ich kann stolz auf mich sein, dass ich einen ansehnlichen Teil beigetragen habe. Zufrieden dehne und strecke ich mich. Es tut gut zu wissen, dass ich etwas geleistet habe und ein vollwertiges Mitglied unserer kleinen Truppe bin. Doch die Walburga belehrt mich eines Besseren, als sie zu mir tritt und jäh meine Gedanken unterbricht. Sie zeigt mit dem Finger auf den Haufen neben mir.

»Ist das alles?«, fragt sie ungläubig.

Ich nicke ängstlich, denn ich weiß, was nun kommen wird.

»So brauchst nicht heimzukommen, Inge. Wer essen will, muss auch arbeiten. Noch mal die Hälfte dazu solltest schon sammeln, bevor du zum Melken gehst. Nur zum In-die-Luft-Gucken können wir dich nicht brauchen.«

Verzweifelt blicke ich hinüber zum Haufen, den sie und die Geißlmutter aufgetürmt haben. Gerade einmal etwas mehr als doppelt so groß wie meiner ist er, dabei hatten die beiden im Gegensatz zu mir den ganzen Tag Zeit.

»Aber ich bin doch erst mittags dazugekommen«, verteidige ich mich mit klopfendem Herzen.

Doch da hat sie sich schon abgewendet und tut so, als habe sie meine Worte nicht mehr gehört. Eisige Kälte breitet sich in meinem schweißbedeckten Körper aus. Ich kann nicht glauben, dass die beiden nun heimgehen und mich hier weiterarbeiten lassen. Doch genau das tun sie, und ich blicke ihnen mit einem Gefühl von Ohnmacht und Verlassenheit hinterher, während die Sonne auf mich herabbrennt. Noch zwei Stunden lang lese ich Steine, und als neben meinem ersten Haufen endlich ein zweiter liegt, der in etwa halb so hoch aussieht, arbeite ich wie in Trance und weiß gar nicht mehr richtig, was ich tue.

Auf dem Rückweg hole ich mir oft eine weiße Rübe von einem Feld und beiße hinein wie in einen Rettich. Köstlich schmeckt sie mir sonst immer, und den Durst stillt sie auch. Doch heute nehme ich all dies nur noch wie durch einen Schleier wahr.

Als ich den Geißlhof erreiche, sitzen die beiden Frauen in der Stube und spielen Karten. Im Ofen steht ein Teller mit Kartoffeln und Kraut für mich bereit.

»Melken brauchst nicht mehr, das hab ich dir schon abgenommen, so lange hätten die Kühe nicht warten können«, sagt die Walburga zur Begrüßung und lächelt mich sogar an.

Ich blicke durch sie hindurch wie durch einen Geist. Mit meinem Teller setze ich mich auf die Ofenbank und schlucke mehr mechanisch als mit Genuss das erste Essen herunter, das ich seit dem Mittag bekomme. Mein Magen fühlt sich an wie ein Loch, in das Steine hineinfallen. Alles tut mir weh, vom Kopf bis zu den Füßen. Ich kann nicht mehr richtig denken, die Erschöpfung ist zu groß. Als ich aufgegessen habe, murmele ich in Richtung der beiden Frauen: »Ich geh ins Bett.«

»Gute Nacht«, sagt die Geißlmutter.

»Schlaf gut«, setzt die Walburga hinzu.

Ich versuche erst gar nicht, mir einen Reim darauf zu machen. Kaum liege ich im Bett, übermannt mich ein tiefer Schlaf.

Ein paar Tage später, als ich aus der Schule komme, sehe ich die Geißlmutter auf der Eckbank in der Stube sitzen und an ihrem schlimmen Fuß herumwerkeln. Fasziniert bleibe ich stehen. Ich weiß nicht, ob ich hereinkommen darf, und auch nicht, ob ich hereinkommen möchte. Doch da hat sie mich schon erspäht: »Komm rein, Inge, ich bin gleich so weit.«

Zaghaft trete ich näher, und da sehe ich, dass sie den Verband geöffnet und die Wunde, die sich seitlich an ihrem Fuß befindet, freigelegt hat. Eine gelbliche Flüssigkeit tritt heraus, das rohe Fleisch schimmert rötlich.

»Ich muss alles rausholen, hat der Arzt gesagt«, erklärt sie, während sie die Flüssigkeit mit einem Stück feuchtem Stoff, das von einem zerschnittenen Leintuch stammt, abtupft. Dann streut sie Puder auf die offene Stelle.

»Wenn etwas drinbleibt, sterbe ich«, fügt sie hinzu.

Schaudernd beobachte ich sie. Ich verstehe nicht, was genau sie aus der Wunde herausholen will. Aber ich bin fasziniert von dem, was ich sehe. Vielleicht macht diese Krankheit sie ja manchmal so böse? Nach einigen Minuten ist die Geißlmutter fertig mit ihrer Arbeit und bindet ein frisches Leinentüchlein um ihren Fuß. Darüber legt sie weitere Tücher, bis der Verband wieder so aussieht, wie ich ihn kenne. Aber nun weiß ich endlich, was sich darunter befindet. Ich kann es gar nicht erwarten, der Anneliese davon zu erzählen. Und wenn sie stirbt, darf ich wieder nach Hause und brauche keine Angst mehr vor ihr zu haben! Ach, wie schön wäre es, wenn ich wie die Anneliese noch daheim wohnen könnte!

Aber es hilft nichts. Meine Dienste auf dem Geißlhof sind gefragt, kein Tag vergeht, ohne dass ich mit neuen Aufgaben konfrontiert werde. Nun, da es so heiß ist, dass die Sonne jeden Morgen milchig-weiß am Himmel aufzieht und die Eidechsen schon in der Früh, wenn ich in die Schule gehe, flink von Schattenplatz zu Schattenplatz huschen, sagt die Walburga: »Kannst gleich helfen, die Schafe in den Bach zu treiben. Wir müssen sie scheren, die armen Viecher. So heiß, wie's geworden ist.«

Ich schlüpfe auf die Bank in der Stube und nicke dabei. Ich habe mich inzwischen an die wechselhafte Art der Walburga gewöhnt.

59

Mal ist sie barsch, dann wieder ganz normal zu mir, und manchmal ist sie sogar richtig nett. Ich kann mir das nicht erklären, aber ich habe es aufgegeben, mir den Kopf darüber zu zerbrechen, woran es liegt.

»Der Meier Franz musste heute auf dem Holzscheit knien«, erzähle ich, während die Geißlmutter mir mit der Gabel eins der warmen Röhrenküchle, die sie gebacken hat, aus der Schüssel angelt – einen großen Teigfladen, auf den ich Butter und Zucker gebe.

»War er frech?«

»Nein, er ist zu spät gekommen.«

Ich nehme mir von dem Birnenkompott, köstlich ist das, wenngleich mir das Essen im Pfarrhof nicht mehr aus dem Kopf geht. Aber das hier, das kommt dem doch schon ziemlich nahe.

»Mit dem Krieg geht's jetzt voran. Unsere Männer haben den Don überschritten, sie marschieren auf Stalingrad«, informiert mich die Walburga.

Ich nicke wissend. Stalingrad, das ist in Russland. Ob der Vater wohl unter ihnen ist?

»Heut' kam ein Brief«, sagt die Geißlmutter. »Wir sollen jetzt Rohstoffe liefern für die Wehrmacht. Wir Bauern.«

Überrascht hebt die Walburga den Kopf.

»Wir?«

Die Geißlmutter nickt, zieht einen Umschlag aus ihrer Schürzentasche und schiebt ihn der Walburga hin.

»Frau Maria Geßl in Ransbach«, liest sie, »die Vergrößerung unserer Wehrmacht und die Umstellung ihres Bedarfes auf rein deutsche Rohstoffe hat es erforderlich gemacht, daß jeder Betrieb zum Anbau von Flachs herangezogen wird. Sie haben dieses Jahr 150 qm Flachs anzubauen. Ich hoffe, daß jeder gern noch einige qm mehr, als er muß, anbauen wird, schon allein aus Dankbarkeit dem Führer gegenüber, der uns wieder stark und frei gemacht hat und in erster Linie der Landwirtschaft geholfen hat. Ich verhehle aber nicht, daß gegen denjenigen, der sich seiner Pflicht entzieht, vorgegangen wird.
Heil Hitler!
Der Bürgermeister«

Einen Moment lang herrscht entrüstetes Schweigen am Tisch.

»Und das, obwohl wir kaum selbst genug haben und der Vater im Krieg geblieben ist«, sagt die Walburga und schüttelt den Kopf.

»Der Bürgermeister ist doch gar kein Nazi«, wundert sich die Geißlmutter.

»Wahrscheinlich haben sie ihn dazu gezwungen, so ein Schreiben zu verschicken«, mutmaßt die Walburga.

Den Rest unserer Mahlzeit nehmen wir in düsterem Schweigen ein. Danach treiben wir Mecki und Blocki aus dem Dorf hinaus ein Stück weit den Weg entlang. Bei der Schmiede ist der Einlass in den Bach. Seicht geht es hinein, ganz langsam führen wir die Schafe in die kalte Lauterach. Sie folgen uns unwillig und mit viel Gespritze, obgleich ihre dicke Wolle sie doch mehr wärmen müsste, als ihnen lieb sein dürfte. Schnell sind die Walburga und ich komplett durchnässt, und auch die Schafe versinken bis zum Hals im Wasser, was nicht eben dazu beiträgt, dass sie sich beruhigen. Ihr Fell saugt sich voll und würde sie unter Wasser ziehen, wenn sie keinen Boden mehr unter den Füßen hätten, und so achten wir sorgsam darauf, dass sie sich nicht zu weit vom Ufer entfernen. Wir kneten die Wolle, bis sich Staub, Stöckchen und Dreck daraus lösen und davontreiben. Das geht recht schnell, da die Geißlmutter Mecki und Blocki im Garten gehalten hat und sie daher nicht so schmutzig sind, als hätten sie im Stall gestanden und sich in ihren Kot gelegt. Wir sind fast fertig, als wie aus dem Nichts die Gertrud und ihre beiden Schwestern auftauchen – sie müssen uns beobachtet haben, wie wir mit den Schafen ins Wasser gestiegen sind.

»Braucht's noch ein wenig Hilfe?«, ruft die Gertrud, und bevor die Walburga etwas sagen kann, rufe ich: »Selbstverständlich!«

Und schon steigen die drei ebenfalls ins Wasser, um uns zu helfen. Es ist eine Riesenspritzerei, sodass die Walburga sich ans Ufer rettet und gar nicht zufrieden aussieht.

Als wir wieder auf dem Geißlhof sind, müssen wir uns als Erstes etwas Trockenes anziehen, während die Schafe sich einfach nur schütteln, sodass glänzende Funken aus ihrem nassen Fell spritzen. Doch auch sie werden noch länger etwas von dem Bad haben. Mehrere Tage wird es dauern, bis ihr Fell gänzlich durchgetrocknet ist.

Als ich am Abend mit den Kühen vom Hüten zurückkomme, sitzt ein kleines Kätzchen auf dem Hof, das ich noch nie gesehen habe. Es läuft zu mir und reibt sich an meinen Beinen. Ich blicke mich suchend um, aber seine Mutter sehe ich nirgends. Sein schwarzes Fell fühlt sich warm und weich an, als ich mit der Hand darüber streichle. So dünn ist es, dass ich die Wirbel an seiner Wirbelsäule ertasten kann. Aus großen, grünen Augen blickt es mich an. Auf der Nase hat es einen weißen Fleck.

»Miezi«, flüstere ich und nehme es auf den Arm, »kleine Miezi.«

Mit der Wange berühre ich sein Fell, und es beginnt zu schnurren. Ich halte ihm die Hand vors Mäulchen, und es leckt darüber. Sicher ist es hungrig, überlege ich. Ob die Geißlmutter wohl eine Schale Milch erübrigen kann? Es gibt mehrere Katzen auf dem Hof, aber ich habe noch nie gesehen, dass sie gefüttert wurden. Ich sperre das Kätzchen in den Stall, denn ich weiß, dass man sie erst angewöhnen muss. Da ich um nichts in der Welt möchte, dass es wieder wegläuft, scheint mir dies die beste Lösung, solange ich keine Milch habe.

Ich frage die Geißlmutter beim Abendessen, das aus einem Wurstbrot und einem Glas Milch besteht.

»Bist narrisch, Inge? Weißt doch genau, dass wir unsere Milch abgeben müssen und den Rest selbst brauchen. Oder magst dein Brot künftig ohne Butter essen? Und nur noch Wasser trinken?«

»Du machst dir kein Bild, auf was für Ideen das Meudl kommt«, setzt die Walburga hinzu und rollt mit den Augen.

Ich senke den Kopf und werde innerlich ganz kalt. Da schaffe ich den ganzen Tag für die Geißlmutter und die Walburga, schöpfe von der Milch den Rahm, bevor ich sie an die Straße zur Abholung stelle, schlage sie zu Butter und tue auch sonst alles, was von mir verlangt wird! Und dann verwehren sie mir ein bisschen Milch für mein Kätzchen! Ganz davon abgesehen, dass ich keinen Lohn für meine Arbeit bekomme. Ich spüre eine tiefe Unzufriedenheit in mir aufsteigen. Nach dem Essen lege ich wortlos meinen Blechteller in die Schüssel mit warmem Wasser, die auf der Ofenbank steht und der Geißlmutter als Spüle dient, und schleiche mich in den Stall.

Schnell nehme ich die Schöpfkelle und fülle in der Kuchel etwas heißes Wasser hinein, laufe damit zurück in den Stall und wasche mir das Gesicht an der Waschschüssel. Als ich allen Staub abgewaschen habe, schüttele ich die Tropfen ab und streiche mir die Haare zurück. Dann lausche ich. Alles ist still. Nur die Kühe stehen an ihren Barren angekettet träge da und gucken mich aus gleichgültigen Augen an, während sie wiederkäuen. Suchend blicke ich mich um, doch das Kätzchen hat sich gut versteckt.

»Miezi!«, rufe ich leise. »Miezi!«

Mit dem Schöpfer, der neben der Waschschüssel liegt, gehe ich hinüber zu der Milchkanne, die am nächsten Morgen von der Molkerei abgeholt werden wird, und öffne sie. Sie ist zu drei Vierteln voll, es wird nicht auffallen, wenn ich einen weiteren Schöpfer entnehme. Der Rahm fehlt ja ohnehin schon. Dann verschließe ich die Kanne wieder und hocke mich mit dem Schöpfer auf den Boden.

»Miezi! Miiieeezi!«

Nach einer Ewigkeit regt sich in einer Ecke etwas Schwarzes. Ich schnalze mit der Zunge: »Komm, Miezi, komm, ich habe Milch für dich!«

Ich tauche meinen Finger in die Milch und versuche, das Kätzchen damit anzulocken. Und tatsächlich scheint es zu klappen. Schritt für Schritt nähert sich die Miezi, wobei sie mich mit ihren großen, grünen Augen fixiert, so als wolle sie sagen: »Du hast mich so lange warten lassen, glaub nur nicht, dass ich jetzt gleich komme, wenn du mich rufst.«

Mit ihrer kleinen rosa Zunge leckt sie die Milch auf, während ich ihr zusehe und ihren mageren Körper streichle. Nur zu gut weiß ich, wie sich Hunger anfühlt. Wo sie herkommen mag? Wo ihre Mutter sein mag? Aber nun hat sie ja mich. Ich werde für sie sorgen und sie nie mehr wegschicken. Als sie fertig getrunken hat, nehme ich sie auf den Arm und trage sie hinüber in die Scheune, zum Schwein und zu den Hühnern. Dort kann sie sich besser vor der Geißlmutter und der Walburga verstecken, allerdings kann sie von dort auch weglaufen. Aber das muss ich riskieren.

»Bleib schön hier, und morgen bringe ich dir wieder was«, schärfe ich ihr ein und vergrabe ein letztes Mal die Nase in ihrem schwarzen

Fell. Dann setze ich sie ab und gehe zurück ins Haus. Ich bin todmüde, und morgen wartet wieder ein anstrengender Tag auf mich.

*

Ein klarer blauer Himmel liegt über dem Tal, als ich mich morgens um sieben in meinem mit bunten Blümchen bedruckten Cretonne-Kleid auf den Weg in die Schule mache. In der Ferne zieht die Lauterach ihre Bahn durch die Getreidefelder und die grünen Wiesen, und ich genieße die Sonne auf meiner Haut, die alle Gerüche und Düfte der Erde weckt. Als ich beim Messbauern vorbeikomme, dessen Kinder Karl und Christa mit uns zur Schule gehen, kriecht eine grüne, behaarte Raupe vor mir über den Weg. Ich frage mich, was aus ihr einmal werden wird. Vielleicht ein wunderschöner Schmetterling?

An der nächsten Ecke wartet wie immer die Anneliese auf mich, und auch das Annerl und die anderen Kinder aus dem Dorf streben mit ihren Ranzen zum Schulhaus. Wir werden alle gemeinsam unterrichtet, von der ersten bis zur achten Klasse. Es gibt nur diese eine Schule, denn wir sind nur etwa fünfunddreißig Kinder in Ransbach. Im Frühjahr und Sommer haben wir nur vier Stunden Unterricht am Tag, weil wir viel in der Landwirtschaft helfen müssen. Die versäumten Stunden müssen wir aber im Herbst und Winter nachholen. Die Schule dauert dann bis vier Uhr nachmittags und wird nur von einer Mittagspause unterbrochen, in der wir schnell heimlaufen dürfen.

Nicht immer aber lernen wir in der Schule auch etwas.

»Heute geht's zum Blütensammeln«, verkündet die Lehrerin gleich zu Beginn des Unterrichts. Das bedeutet, dass wir uns auf den Weg in den Wald machen müssen, um Gänseblümchen, Schlüsselblumen, Taubnesseln, Pfefferminze, Himbeer- und Brombeerblätter zu sammeln, die wir dann mit nach Hause nehmen und auf dem Dachboden auf Zeitungspapier trocknen sollen. In kleine Säckchen gefüllt müssen wir sie anschließend wieder in der Schule abliefern, von wo aus sie ins Lazarett gebracht werden, damit sich die Soldaten Tee daraus kochen können oder man sie als Arznei verarbeiten kann. Die Lehrerin gibt uns Weidenkörbe und schärft uns ein: »Die Blüten von den Taubnesseln dürfen nicht zerdrückt werden!«

Dann machen wir uns auf den Weg.

»Mir ist ein Kätzchen zugelaufen«, erzähle ich der Anneliese.

»Das wird auch wieder weglaufen«, sagt sie mir voraus.

»Ich habe ihm Milch gegeben.«

»Weiß das die Geißlmutter?«

Ich schüttele den Kopf.

»Lass dich bloß nicht erwischen.«

»Ich schaffe die ganze Zeit ohne Geld, da werd ich wohl mal ein bisschen Milch nehmen dürfen«, erkläre ich ihr.

»Ich schaffe auch die ganze Zeit ohne Geld«, wendet sie ein.

»Aber für deine Eltern!«

»Na und?«

»Das ist doch was anderes!«

»Ist es nicht!«

»Ist es doch!«

»Nur weil deine Eltern arm sind und der Vater im Krieg ist, ist deine Arbeit nicht mehr wert als meine«, sagt sie streng.

»Nur weil deine Eltern reich sind, musst du mir nicht erklären, was meine Arbeit wert ist!«, rufe ich. Ich bin gekränkt und wütend, weil meine beste Freundin nicht zu mir hält.

Die Anneliese schüttelt den Kopf. »Du bist ja verrückt, dass du dich so aufregst.«

Ich senke den Kopf. Mir ist plötzlich zum Weinen, und so soll sie mich nicht sehen. Ich fühle mich, als hätte ich nur noch meine Miezi, die zu mir hält. Und ich kann mir noch nicht einmal sicher sein, dass sie noch da ist, wenn ich nach Hause komme. So gern würde ich mich daheim geborgen und behütet fühlen wie die Anneliese. So gern hätte ich einen Vater, der gut zu mir ist. So gern immer genug zu essen, ohne fortzumüssen von daheim. So gern würde ich tauschen mit der Anneliese, so gern hätt' ich ein besseres Leben. Doch ich weiß, dass ich das nur mit meiner eigenen Hände Arbeit erreichen kann. Nur wenn ich fleißig bin und niemals aufgebe, kann es mir gelingen, ein schöneres Leben zu führen als das, in das ich hineingeboren bin. Und so schlucke ich meine Trauer hinunter und erkläre der verdutzten Anneliese: »Ich rege mich ja gar nicht auf. Aber du könntest mal eine Woche lang mit mir tauschen. Und dann reden wir noch mal, wer von uns beiden es besser hat.«

Darauf weiß sie nichts zu erwidern. Schweigend laufen wir nebeneinanderher, und schweigend sammeln wir unsere Blüten, bis wir uns schließlich aus den Augen verlieren. Nach Hause gehen wir auch getrennt. Mal sehen, wie lange die Anneliese das durchhält, denke ich. Sie wird wohl wissen, dass sie mir Unrecht getan hat.

Auf dem Weg zurück zum Geißlhof begegnet mir ein Hausierer, der bunte Kopftücher feilhält. Sehnsüchtig werfe ich einen Blick darauf. Die Walburga kehrt eben vom Hüten zurück, als ich mit meinem gut gefüllten Korb auf den Hof trete. Unter dem Arm trägt sie eine grünbraune Soldatendecke, die sie offensichtlich gefunden hat. Manchmal übernachten Truppen in den umliegenden Scheunen und lassen dort Dinge zurück, die sie nicht mehr brauchen.

»Zieh dich schnell um«, ruft sie mir zu. »Wir scheren noch die Schafe vor dem Essen!«

»Ich muss aber meine Blüten auf den Dachboden bringen«, wende ich ein. Ich bin immer noch ungehalten darüber, dass die beiden Frauen mir gestern Abend die Milch für Miezi vorenthalten haben. Und nun auch noch die Sache mit der Anneliese!

Die Walburga schüttelt den Kopf: »Das kannst danach machen.«

Widerwillig stelle ich meinen Korb in den Hausflur, eile in unsere Schlafstube und schlüpfe aus meinem Schulkleid mit den schönen Puffärmeln, lege die Schürze ab und ziehe meinen Kittelschurz an. Nur der Gedanke daran, dass ich dem Kätzchen gestern dennoch Milch geben konnte, besänftigt mich ein wenig und lässt mich tun, was die Walburga verlangt.

Als ich zurück in den Hof trete, hat die Walburga Mecki und Blocki schon die Füße zusammengebunden. Gerade legt sie die Schafe auf die Seite. Sie reicht mir eine Zwickschere: »Fang unten am Bauch an. Einfach abzwicken.«

Ich knie mich neben das zuckende Schaf und streiche ihm über das Maul, um es zu beruhigen. Mit in die Hüfte gestemmten Händen bleibt die Walburga neben mir stehen und sieht mir zu.

Der Mecki ist gänzlich unbeeindruckt von meiner Liebkosung. Er windet sich am Boden und versucht, wieder auf die Füße zu kommen.

»Schhhht, Mecki, stillhalten, sonst tue ich dir weh«, ermahne ich ihn leise, während ich mich vorsichtig mit der Schere an seinem Bauch zu schaffen mache. Er zappelt weiter. Ich tue einige Schnitte, doch dann erwische ich seine Haut, und es fließt Blut. Mecki gibt einen klagenden Ton von sich. Erschrocken blicke ich auf, doch die Walburga sagt nur: »Das kann schon mal passieren. Halt's halt mit der anderen Hand fest.«

Zögernd schere ich weiter. Die Walburga beobachtet mich noch eine Weile wortlos, dann greift sie sich Blocki und macht sich selbst an die Arbeit. Bei ihr sieht es behände und routiniert aus, wie ich widerwillig feststellen muss.

Als wir fertig sind, sehen die ehemals braunen und weißen Schafe ganz kahl aus. Mecki hat noch dazu einige blutige Schnitte: Zu dem am Bauch gesellen sich noch weitere am Hals und am Oberschenkel des rechten Hinterbeins hinzu. Mir tut es aufrichtig leid, doch Mecki scheint nicht weiter darunter zu leiden. Sobald ich ihn losgebunden habe, läuft er munter hinter Blocki her zurück in den Garten. Wahrscheinlich ist er froh, dass er nun nicht mehr schwitzen muss.

Die Walburga und ich geben die duftende, fettige Wolle in einen Jutesack, den ich in die Scheune trage, da das Verarbeiten der Wolle Winterarbeit ist. Als ich den Sack abgestellt habe, sehe ich mich nach der Miezi um. Aber ich finde sie nicht. Wahrscheinlich ist sie auf Mäusejagd. Ich werde am Abend noch einmal nach ihr suchen. Mir kommen die bunten Kopftücher wieder in den Sinn, die ich bei dem Hausierer gesehen habe. Blau mit rotem Klatschmohn war eines von ihnen, das ist für mich etwas ganz Unbekanntes und wunderschön. Zu gern würde ich so eines zur Feldarbeit aufsetzen. Aber daran ist nicht zu denken. Ich bin so arm, dass ich mir nichts kaufen kann. Rein gar nichts. Und ich habe keine Hoffnung darauf, dass ich das bald ändern könnte.

3. KAPITEL: HÜTEMEUDL

Die Anneliese und ich pirschen uns durch das hohe Getreide vorwärts. Mit dem Kleid bleibe ich immer wieder hängen. Ich hoffe nur, dass ich mir kein Loch hineinreiße.

»Ich glaub, da vorn ist's«, flüstert sie.

Angestrengt suchen wir den Boden mit den Augen ab und lauschen auf ein Geräusch, das uns den Weg weisen könnte. Hier drinnen ist es schattig, die Roggenähren überragen uns um ein gutes Stück, und die Sonne dringt nicht bis auf den Ackerboden vor. Plötzlich dreht sich die Anneliese, die vorangeht, zu mir um.

»Ich seh's!«

Sie deutet mit dem Finger auf eine Stelle am Boden, etwa drei Meter vor uns. Und tatsächlich: In einer mit Blättern und kleinen Ästchen ausgelegten Vertiefung sitzt mit aufgerissenen Schnäbeln etwa ein Dutzend gelbbrauner junger Rebhühner, kläglich piepsend und darauf wartend, dass Mutter oder Vater mit fetter Beute kommen und den Hunger lindern mögen.

Wir legen uns flach auf den Boden und bestaunen die feinen Köpfchen mit den dunklen Punkten, ohne uns zu bewegen. Nach einigen Minuten kommen die Eltern heran, jeder mit einem dicken, glatten Wurm im Schnabel. Zielsicher versorgen sie zwei ihrer Nachkömmlinge, dann machen sie sich wieder davon, nur um kurz darauf wieder zurückzukehren und zwei andere Küken zu beglücken. Sie scheinen genau zu wissen, wer als Nächstes an der Reihe ist, obgleich die Vögelein doch alle ganz gleich aussehen.

»Wie sie das wohl machen?«, frage ich die Anneliese.

Doch sie weiß es auch nicht, und so verharren wir still und genießen es, dass wir nicht entdeckt werden und dem kleinen Familienglück so nah sein dürfen. Wie arglos die Tiere sind! Ich muss an die Gluckhenne bei der Geißlmutter denken, die sich aufplustert und auf mich losgeht, wenn ich ihr zu nahe komme, weil sie denkt, dass ich ihr eins ihrer Jungen wegnehmen will. Zu süß sind auch ihre seidigen, kleinen Küken, deren Gefieder golden schimmert und deren winzige Schnäbel gar zu harmlos wirken. Sie purzeln umeinander und schlüpfen mal unter das Gefieder ihrer Mutter, mal ihren Rücken hinauf. Doch anders als die misstrauische Gluckhenne, die zu Recht um ihre Jungen fürchtet, weil diese früher oder später allesamt im Kochtopf landen, sind die Rebhuhneltern ganz arglos. Wahrscheinlich können sie sich schlichtweg nicht vorstellen, dass sich zwei Schulkinder so nah an ihren gut versteckten Nachwuchs heranschleichen.

Ich kann mich kaum sattsehen, doch ich ahne, dass die Walburga schon auf mich wartet. Seit anderthalb Jahren bin ich nun schon im Dienst bei der Geißlmutter, und ich weiß nur zu gut, was von mir erwartet wird und wann ich auf dem Hof zu sein habe. Sicher hat die Walburga jetzt schon den Rahm von der Milch geschöpft und in den Bottich gegossen, den wir zum heimlichen Buttern benutzen. Lang genug wird er nun gestanden haben. Bestimmt ist er schon zu Buttermilch geworden, so warm, wie es ist. Und so flüstere ich der Anneliese ins Ohr: »Ich muss zum Geißlhof, die Arbeit wartet. Aber heut Abend lauf' ich heim zur Mutter, und wenn noch Zeit ist, schau ich bei dir vorbei.«

Sie nickt und rappelt sich auf. Seit unserem Streit, in dem es darum ging, wer von uns beiden härter schafft, ist sie sehr viel vorsichtiger mit ihren Äußerungen. Gemeinsam machen wir uns auf den Rückweg ins Dorf. Unsere Schwämmchen und Schwammdosen hängen baumelnd aus unseren Ranzen heraus, und mein Kleid hat einige hässliche Erdflecken, aber immerhin kein Loch. Ich werde mich gleich umziehen, damit die Walburga keine Bemerkung macht.

Zurück auf dem Hof, hole ich mir mein Essen aus dem Rohr, danach mache ich mich auf in den Keller und leere den Rahm ins Butterfass. Mit dem Stampfer stampfe ich ihn. Wieder und wieder stoße ich die löchrige Scheibe an ihrem langen Holzstiel in das Fass hinunter, und ab und zu mache ich eine kleine Pause und luge hinein, ob ich schon das erste Butterklümpchen entdecke. Doch nichts ist zu sehen, nichts und wieder nichts, bis mir die Arme ganz schwer werden. Nach einer guten Stunde erst wird der Widerstand langsam stärker, und als ich die Scheibe abermals lüfte, erspähe ich das erste Flöckchen! Ich begrüße es mit einem zufriedenen Lächeln, und auf einmal geht mir die Arbeit ganz leicht von der Hand. Immer fester wird meine Masse, bis ich nach und nach die fast fertige Butter aus dem Butterfass hinausschöpfen kann, um sie durch ein feines Sieb zu drücken, damit die restliche Buttermilch herausläuft. Dann kommt der schönste Moment an dieser eintönigen Arbeit: Ich wiege die Butter in dem Sieb hin und her, bis sie schön gleichmäßig rund ist, und schlage sie dann pfundweise in ein grünes Blatt ein. Stolz steige ich mit ihr hinunter in den Keller, wo es am kühlsten ist, so-dass sie fest werden kann. Morgen wird die Walburga mit der Rollenbutter auf den Markt gehen, die wir der Milch abgetrotzt haben, die für die Nazis reserviert ist. Auch die Eier, die man uns gelassen hat, wird sie mitnehmen, Buschbohnen und anderes Gemüse und vielleicht sogar ein Hähnchen. Meine Aufgabe ist es, alles bereitzulegen. Ich muss den Stall nach Eiern durchsuchen und mit Körbchen und Messer im Garten ernten, was reif ist, außerdem muss ich, wie jeden Tag, zum Hüten gehen, und so ist es schon nach sieben Uhr, als ich mich schließlich auf den Weg zur Mutter machen kann. Bei der Anneliese brauche ich nun nicht mehr vorbeizuschauen, denn morgen muss ich um sechs wieder aufstehen, und allzu lang kann ich deshalb nicht wegbleiben.

Ich bin erschöpft von dem langen Arbeitstag, und dennoch sind die Besuchstage zu Hause für mich Festtage, denn dort bin ich nicht Hütemeudl, sondern Tochter, und das fühlt sich besser an, selbst wenn die Mutter auch streng ist und uns mit dem Kochlöffel auf den Rücken schlägt, wenn wir nicht gehorchen.

Doch als ich in die heimische Stube trete, wartet eine Überraschung auf mich: Der Vater sitzt mit der Mutter und den Geschwistern am Tisch. Ich habe ihn nicht gesehen, seit er in den Krieg gezogen ist. Mehr als ein Jahr ist das schon her, und so blicke ich ihn sekundenlang einfach nur wortlos an und suche in seinem Gesicht nach Spuren der Veränderung. Doch ich sehe keine.

»Grüß dich«, sagt der Vater.

»Grüß dich.«

Ich schlüpfe auf die Bank und weiß nicht recht, was ich nun tun soll. Fast verlegen nestele ich an meinen Zöpfen herum. Der Vater ist mir fremd geworden, er hat zwar immer mal wieder Feldpostbriefe geschickt, und die Mutter hat geantwortet, hat Zigaretten und auch mal ein Feuerzeug mit in das kleine, braune Feldpostpäckchen gelegt. Aber den Vater hier nun so vor mir sitzen zu sehen, ist doch sehr überraschend für mich. So richtig von Herzen freuen kann ich mich nicht.

»Der Vater hat uns Sonnenblumenöl mitgebracht«, sagt die Mutter und deutet auf einen blechernen Kanister, der neben dem Tisch steht und gegen den mein jüngster Bruder Gerhard, der auf einer Decke am Boden liegt, unermüdlich mit einer Rassel schlägt.

»Wo er war, gibt es viele Sonnenblumenfelder, und er ist einmal in ein Haus gekommen, wo es eine Ölmühle gab«, fährt sie fort, als wolle sie die Stille zwischen uns überbrücken.

Ich nicke langsam. Der Vater kratzt sich schwerfällig am Kopf. Müde sieht er aus. Aber er wirkt nicht so, als sei er besonders froh, wieder daheim zu sein. Teilnahmslos blickt er in der Stube herum, und ich frage mich, wann er wieder mit dem Trinken anfangen wird.

»Wie lange wirst bleiben?«, erkundige ich mich.

»Zwei Wochen.«

»Wie war es im Krieg?«

Wir sehen uns einen Augenblick lang an, dann gibt die Mutter noch einen Schwung Kartoffeln in seinen Teller, und er senkt den Blick auf sein Essen.

»Hamburg brennt«, sagt naseweis die Rosmarie, »das hat der Karl in der Schule erzählt.«

Als niemand reagiert, setzt sie hinzu: »Und die Kinder werden verschickt, damit sie nicht getötet werden. Fort von den Eltern.«

»Da seht's, wie gut ihr's habt«, sagt die Mutter und sieht mich dabei nicht an.

Ich widerspreche nicht. Es hätte sowieso keinen Sinn.

Erst als die Johanna, der Gerhard und der Adolf im Bett sind, erzählt der Vater der Rosmarie und mir ein paar Geschichten. Ich erfahre, dass er auf der Krim ist, »in der Kornkammer Russlands«, bei der Artillerie. Er fährt mit Planwagen und Pferden und bringt alles an die Front, was dort gebraucht wird.

»Einmal bin ich mit meinem Regiment in einen Ort gekommen, in dem es einen Marktbrunnen gegeben hat. Wir haben die Rösser saufen lassen wollen, doch sie sind zurückgeschreckt, obwohl sie durstig waren. Da hat sich herausgestellt, dass der ganze Brunnen voller Wein gewesen ist!«

Atemlos hängen wir an seinen Lippen.

»Ein anderes Mal habe ich einen Russen in einem See gesehen«, fährt er fort, »der kurz vor dem Ertrinken gewesen ist. ›Hilfe, Hilfe!‹, hat er geschrien. Eigentlich hätte ich ihn erschießen müssen.«

Er schüttelt den Kopf, als er daran denkt.

»Stattdessen habe ich ihn herausgezogen und ihm das Leben gerettet. Zum Dank hat er mir diesen Ring geschenkt.«

Er deutet auf den Ringfinger seiner rechten Hand, an dem ein breiter, silberner Ring mit einem grünen Stein steckt. Es ist der erste Ring, den ich am Vater sehe. Seinen Ehering hat er nie getragen. Ich frage mich, ob der Krieg ihn nicht doch verändert hat, aber ich komme nicht auf die Idee, ihn danach zu fragen. Ich fühle mich dem Vater nicht nah. Wenn ich meine Nase in Miezis Fell drücke, empfinde ich ein größeres Glück, als wenn ich den Vater ansehe.

Die Miezi ist im zurückliegenden Jahr zu einer stolzen Katze herangewachsen. Nur der weiße Fleck auf ihrer Nase erinnert noch an das kleine Katzenjunge, das sie einmal war. Und ihre grünen Augen, aus denen sie mich immer noch aufmerksam ansieht, wenn ich mit ihr spreche. Sie ist nicht wirklich zutraulich, aber dennoch wartet sie jeden Abend in der Scheune auf mich und schreitet mit majestätisch erhobenem Schwanz herbei, wenn ich ihr ein Schälchen mit Milch bringe. Wenn sie es ausgeschleckt hat, streicht sie noch ein wenig um meine Beine und lässt sich kraulen. In diesen Momenten fühle ich eine große Wärme in mir, ähnlich dem Gefühl, das ich in jenen seltenen Momenten habe, in denen ich mit meinen Freundinnen zusammen sein kann. Keine von ihnen hat so wenig Zeit zum Spielen wie ich. Die meisten müssen zwar zum Hüten gehen, darüber hinaus aber nicht noch wie eine Magd schaffen, sondern der Mutter lediglich bei der Hausarbeit helfen. In Ransbach gibt es nicht viele Hütemeudl wie mich.

Und so genieße ich es ganz besonders, dass die Geißlmutter am Tag vor Fronleichnam die Walburga zum Hüten schickt und mich zum Blütenholen. Zusammen mit der Anneliese, der Edith und der Gertrud mache ich mich auf den Weg aus dem Dorf hinaus. Unsere Holzpantoffeln klappern über den Weg, die Röcke flattern um unsere nackten Beine, und die Zöpfe tanzen auf unserem Rücken, während wir singend voranschreiten: »Hoch auf dem gelben Wagen, sitz ich beim Schwager vorn. Vorwärts die Rosse traben, lustig schmettert das Horn!«

Wir sind in diesem Jahr ausgewählt worden, das Jesuskind zu tragen, vier ältere Mädchen tragen die Muttergottes. Es ist unsere Aufgabe, für den Blumenschmuck der Trage zu sorgen. Bald schon hält eine jede von uns einen dicken Blumenstrauß im Arm. Wir pflücken Margeriten, Gänseblümchen, Schafgarbe, rosaroten Wiesenklee, lilafarbenen Wiesensalbei, gelbe Butterblumen, Wilde Möhre und Kornblumen.

»Wisst ihr, was meine große Schwester getan hat?«, fragt plötzlich die Anneliese in einer Gesangspause.

»Die schöne Eva?«, fragt die Edith. Es klingt gar nicht spöttisch.

Die Anneliese lässt sich nicht ablenken und verlangt: »Aber ihr müsst schwören, dass ihr niemandem etwas sagt. Auch der Eva nicht. Es ist ein Geheimnis!«

Wir drei Mädchen sehen uns an, und dann zuckt die Edith mit den Schultern und hebt die Hand zum Schwur. Die Gertrud und ich tun es ihr gleich.

Die Anneliese mustert uns mit einem ernsten Gesichtsausdruck, und als sie sich sicher ist, dass sie unsere ungeteilte Aufmerksamkeit hat, lässt sie die Bombe platzen: »Die Eva hat beim Frauenwerk nach einem unbekannten Soldaten gefragt!«

Sprachlos starren wir sie an.

»Das glaub ich nicht«, sagt schließlich die Gertrud. Sie ist ein wenig größer als wir, ihr Wort hat in unserer Gruppe Gewicht.

»Ich auch nicht«, ergänze ich, obwohl ich nicht viel über unbekannte Soldaten weiß. Im »Wunschkonzert« im Radio habe ich

73

einige Male gehört, dass Frontsoldaten um Brieffreundschaften mit jungen Frauen nachgesucht haben. Aber ich habe mir nie Gedanken darüber gemacht, was das für Frauen sein könnten, die auf diese Aufrufe reagieren.

»So, das glaubt ihr also nicht«, erwidert die Anneliese, reicht mir ihren Strauß zum Halten und zieht plötzlich einen weißen Brief aus ihrer Schürzentasche, der ganz unzweifelhaft an ihre Schwester adressiert ist. »Dann lest mal das hier.«

Sie reicht uns das Schreiben mit einem siegessicheren Lächeln.

Die Gertrud schnappt es sich und liest laut vor, was in schwarzer Schreibmaschinenschrift auf weißem Grund steht:

Deutsches Frauenwerk, Reichsstelle, Derfflinger Straße 21, Berlin W 35

22. März 1943

Betrifft: Feldpost!

In Erledigung Ihres Schreibens teilen wir Ihnen wunschgemäß nachstehend die Anschrift eines Frontsoldaten mit, der Post aus der Heimat haben möchte. Damit geben wir die Betreuung des Soldaten an Sie ab!

Heil Hitler!

Deutsches Frauenwerk

Handschriftlich in blauer Tinte finden sich darunter Name und Dienstgrad eines Soldaten namens Fritz Beck sowie dessen Feldpostnummer. Die Gertrud lässt den Brief sinken, und die Anneliese blickt uns stolz an.

»Was sagt ihr jetzt?«

Die Gertrud, die Edith und ich gucken uns ratlos an. Schließlich gibt die Gertrud ihrer Neugierde den Vorrang vor ihrem Stolz und fragt: »Das Schreiben ist ja schon zwei Monate alt. Hat sie ihm schon geschrieben?«

»Das weiß ich natürlich nicht«, sagt die Anneliese mit einem Gesichtsausdruck, der keinen Zweifel daran lässt, dass sie dies für eine dumme Frage hält. »Oder glaubst du, dass die Eva mich um Rat fragt, wenn sie ihm schreiben möchte?«

»Und eine Antwort hat sie noch nicht?«, hakt die Gertrud nach.

Die Anneliese rollt die Augen, schüttelt den Kopf und fordert mit einer Handbewegung den Brief zurück. Sie verstaut ihn wieder in ihrer Schürzentasche, und dann machen wir uns auf den Heimweg, wobei wir die Frage diskutieren, ob die Eva dem Fritz schon geschrieben haben könnte, wie er aussehen könnte und was geschehen würde, wenn er ihr antworten würde.

Unter solchem Geschnatter erreichen wir das Dorf, wo die Bäuerinnen schon auf uns warten. Nun gilt es, zurück auf Gottes Weg zu kehren und die Tragen zu schmücken, auf denen das Jesuskind und die Muttergottes durchs Dorf getragen werden sollen. Und so machen wir uns gemeinsam mit den älteren Mädchen daran, sie mit Blumen einzubinden. Auch das Gestänge, an dem die Figuren befestigt sind, umwickeln wir, ebenso die Tragefläche selbst. Bis nachts um zwölf schaffen wir, sodass der Heiland in einem wunderschönen Blütenmeer steht, als wir zu Bett gehen.

Am nächsten Morgen tragen wir unsere Kommunionkleidchen und die dazugehörigen Kränze, ein wenig kurz ist mir der Rock, doch das stört mich gar nicht. Herrlich fühlt es sich an, nach der Messe neben der Anneliese voranzuschreiten und den Griff der wundervoll geschmückten Trage, auf der die Herz-Jesu-Figur steht, in meiner Hand zu spüren. Aus dem Giebelfenster des Högabauern klingt wieder der Schall der Kirchenglocken. Direkt hinter uns an der Trage gehen die Gertrud und die Edith, dahinter laufen die anderen Kommunionkinder mit ihren Blumenkörbchen, und dann folgt, begleitet von einer Schar Ministranten, der Pfarrer unter seinem Baldachin, der von vier Kirchenräten getragen wird. Ganz vorsichtig setzen wir unsere Schritte auf die Straßen, die schon frühmorgens mit geschnittenem Gras bestreut worden sind, und werfen unsere Blütenblätter. Von Altar zu Altar schreiten wir, und an jedem der vier Ransbacher Altäre streuen wir ein wahres Blütenblättermeer aus. Ich entdecke eine leuchtend rote Pfingstrose, die noch ganz unversehrt ist. Schnell bücke ich mich, um sie aufzuheben. Dann reiße ich Blütenblatt um Blütenblatt von ihr ab und lasse sie zu Boden gleiten.

In der Mitte des Zuges folgt die Trage der größeren Mädchen mit der Muttergottes, und zuletzt laufen die Erwachsenen mit ihren Fahnen an den langen Stangen, unter ihnen die Eva, die ich mit neugierigen Blicken streife. Das ganze Dorf ist auf den Beinen: Die Brückenbäuerin schiebt einen schönen, neuen Kinderwagen vor sich her, mit großen Rädern und großen Speichen. Eine ganze Kinderschar ist um sie herum, festlich gekleidet. Ich muss daran denken, was die Anneliese mir über sie erzählt hat: »Die ist so geizig, Inge, das kannst du dir nicht vorstellen. Mit einem Eimer Wasser schrubbt sie das ganze Haus, und wenn dann noch was übrig bleibt, kocht sie Kaffee daraus.« Doch das scheint mir in diesem Moment ganz und gar unmöglich, so ein erhabener Anblick ist das alles um mich herum. Auch die anderen Prozessionsteilnehmer erscheinen mir in einem anderen Licht als sonst. Die Wiesenbäuerin, die Krankheiten mit getrockneten Pflanzen heilen kann und der eine Kuh das Kopftuch weggefressen hat, als sie es bei der Ernte auf den Boden gelegt hatte. Der Wiesenbauer, der im Winter Schneehäuser mit Türen und Fenstern baut und über den die Anneliese mir erzählt hat, dass er einmal in einen Frischling hineingefahren ist mit seinem Mofa und ihn mit nach Hause genommen und zu den Sauen in den Saustall gebracht hat. Auch die Vergessenen des Dorfes sind heute dabei: Der Beh geht gemessenen Schrittes einher. Er hat einen alten Anzug an, wirft hin und wieder einen Blick in den Himmel und sieht ganz ehrfürchtig aus. Der Mosthans, ein alter Zimmermann, von dem es heißt, dass er alles Mögliche reparieren kann, schreitet hinter ihm. Man sagt über ihn, dass er nur säuft und eigentlich nichts isst, höchstens mal eine Suppe, aber auch nur, wenn man ihn dazu zwingt.

Doch auch diese beiden Männer sind heute Teil unserer Gemeinschaft, und so ziehen wir würdevoll ausschreitend, singend und betend von Altar zu Altar. Mein Herz ist ganz voll von all der Ehre und Feierlichkeit.

Viel zu früh endet unsere Prozession, und als ich schließlich nach der Andacht in den Stall schaue, sind die Kühe schon unruhig. Schnell ziehe ich mein weißes Kleid aus, schlüpfe in meine Arbeitskleidung und lasse die Tiere hinaus. Willig machen sie sich mit mir auf den Weg zur Weide, vorbei an den Feldern, auf denen das Korn schon hoch steht und der Flachs seine lila-weiße Pracht trägt. Schön sieht es aus, wie der Wind darüber hinwegstreicht und die Halme biegt, sodass die Blüten tanzen. Als wir den Waldrand erreicht haben, beginnen die Kühe zu grasen, und nachdem ich eine Zeit lang die Wolken beobachtet habe, wird mir langweilig. Ich gehe in den Wald und suche nach Beeren, doch allzu weit darf ich mich nicht entfernen, damit mir die Kühe nicht weglaufen. So kehre ich zurück, nachdem ich einige Blaubeeren genascht habe, und spanne das Blatt eines Grashalmes zwischen beide ausgestreckten Daumen. An der Stelle, an der ein kleiner Spalt zu sehen ist, blase ich mit den Lippen hinein. Pfeiftöne kann ich schon länger, nun versuche ich, ein kleines Liedchen zu pfeifen – mit mäßigem Erfolg. Nach einer Weile lege ich den Halm beiseite und untersuche das Fell der Kühe. Eine dicke Zecke ziehe ich der Liese heraus, die ihren Hals zum Fressen ganz herunterstreckt. Vollgesogen und dick ist das Tier, es graust mir vor ihm, und ich werfe es in hohem Bogen hinter mich. Doch sein Kopf steckt immer noch in Lieses Hals, und ich schaffe es nicht, ihn zu entfernen. Zum Trost streichle ich sie: »Brave Liese, schöne Kuh, liebe Kuh, findest genug zum Fressen?«

Doch natürlich reagiert die Liesl nicht. Gleichmütig weidet sie weiter, sie scheint gar nicht bemerkt zu haben, dass ich so lieb zu ihr war. Ich setze mich wieder in den Schatten und sinne darüber nach, wie schön es ist, dass ich meine Miezi habe. Sie dankt es mir, dass ich mich um sie kümmere, auch wenn sie tagsüber im ganzen Dorf herumstrolcht und sicher so allerlei Mäusen den Garaus macht. Aber am Abend kommt sie zu mir, und manchmal habe ich das Gefühl, sie braucht mich ebenso sehr wie ich sie. Sie spendet mir Trost, wenn die Geißlmutter kalt und abweisend zu mir ist und die Walburga mich schlecht behandelt und mir zu viel Arbeit aufbürdet. Ich bin ganz in Gedanken, als ich auf einmal bemerke, dass die Leni erschrickt. Zuerst denke ich mir nicht viel dabei, denn sie ist die wildeste und schreckhafteste von allen. Sie ist es meist, die voranstürmt, wenn die Kühe vom Weg abkommen, und beim Melken teilt sie auch kräftig mit ihrem Schwanz aus. Nun aber macht sie einen Bocksprung, neigt den Kopf, schüttelt die Hörner. Ihre Augen bli-

77

cken wirr, sie schnaubt und schlägt sich mit dem Schwanz auf die
Flanken. Auch die anderen Kühe beginnen, sich so wild aufzuführen. Sie schlagen aus, ihr Geifer verteilt sich in langen Fäden über
ihr zuckendes Fell, sie legen die Ohren an, die Schwänze schwirren durch die Luft. Und eh ich mich versehe, rasen sie mit weiten
Sprüngen und aufgerissenen Augen in den Wald hinein und sind
verschwunden.

Schimpfend laufe ich hinterdrein. Die Bremsen haben meine
Kühe gestochen und verjagt, das ist mir klar. Doch nun muss ich
sie wiederfinden, und das ist keine leichte Aufgabe, denn sie tragen keine Glocken um den Hals. Auf gut Glück suche ich mir einen
Weg durch die Bäume, halte nach allen Seiten Ausschau und rufe
dabei laut: »Liesl, Laura, Leni, Lotte!«

Eine ganze Stunde irre ich herum, ohne sie zu finden, bis ich
schließlich vor lauter Verzweiflung mit den Tränen kämpfe. Kaum
spüre ich, dass die Holzschuhe mir die Knöchel beim Rennen so
weit aufgeschlagen haben, dass das Fleisch zu sehen ist. Ich weiß,
dass ich nicht ohne die Kühe zurückkommen darf, aber was soll ich
tun, wenn sie weitergelaufen sind, immer weiter, in den Wald eines
mir fremden Bauern hinein? Meine Hoffnung schwindet, und ich
überlege schon, was ich der Geißlmutter sagen soll, da entdecke ich
die vier plötzlich mit hängender Zunge auf einer kleinen Lichtung.
Schweißgebadet sinke ich neben ihnen zu Boden und schimpfe, was
das Zeug hält.

Auf dem Heimweg trotten sie brav hinter mir her, denn sie wollen so schnell wie möglich zurück in den sicheren Stall. Tatsächlich
liegt nun wieder eine seltsame Ruhe über dem Tal, als hielten auch
die Tiere den hohen Feiertag in Ehren. Vergessen scheint die Aufregung von vorhin, und als wir den mir vertrauten Weg zurück ins
Dorf erreichen, beruhigt sich mein Herzschlag wieder. Zu friedlich
ist dieser Abend. Ich höre kaum Vogelgezwitscher, kaum Grillen,
und vor mir bahnt sich plötzlich ein mächtiger Hirschkäfer seinen
Weg über die braune Erde. Mit seinen großen Zangen tastet er sich
voran. Ich blicke mich nach einem Stöckchen um, das ich ihm vorhalten könnte, denn die Finger traue ich mich nicht, ihm hinzuhalten – aus Angst, er könne sie abzwicken.

78

»Na, wohin willst?«, versuche ich, ihn zu necken. Doch er schreitet nur unbeirrbar seines Weges, als wisse er genau, wo er hinwolle.

Auf einmal aber, als wir den Geißlhof fast erreicht haben, trifft mich fast der Schlag. »Put put put pumm! Put put put pumm! Put put put pumm! Hier ist England! Hier ist England! Hier ist England!«, tönt es in voller Lautstärke durch das ganze Dorf aus dem Giebelfenster des Högabauern. Die Kühe heben erstaunt die Köpfe, und mir wird ganz flau. Ist der Högabauer denn von allen guten Geistern verlassen? Will er die Todesstrafe riskieren? Warum nur hört er den Feindsender nicht unter seiner Decke, wie immer?

Im nächsten Augenblick stürzt die Walburga aus dem Haus und hämmert gegen seine Tür. Als er öffnet, brüllt sie: »Bist du total verrückt geworden? Stell sofort das Radiogerät ab, du riskierst ja Kopf und Kragen!«

Verwirrt blickt er sie an, dann ruft er: »Ich Depp, ich hab' vergessen, den Verstärker auf dem Heuboden vom Lichtnetz abzuklemmen!«

Er macht auf dem Absatz kehrt, und kurze Zeit später verstummt der Feindsender. Kopfschüttelnd geht die Walburga zurück ins Haus. Ich führe die Kühe in den Stall und lege frische Streu aus.

Am Abend kommt der Högabauer mit einer Flasche Selbstgebranntem vorbei, um sich zu bedanken, dass die Walburga seinen Kopf gerettet hat.

»Vergelt's dir Gott«, sagt er und gießt drei Gläser voll, denn auch die Geißlmutter lässt es sich nicht nehmen, mit von der Partie zu sein.

Sie prosten einander zu.

»Habt's schon gehört, was man über den Lammwirt spricht?«, fragt er.

Ich spitze die Ohren. Der Lammwirt, das ist der Vater von der Anneliese. Und der Högabauer kennt immer die besten Geschichten. Ich bin mir sicher, dass er uns auch diesmal nicht enttäuschen wird. Und ich soll Recht behalten. Der Högabauer blickt in unsere neugierigen Gesichter und fährt mit leiser Stimme fort: »Der Lammwirt hat sich mit einem amerikanischen Lieutenant angefreundet.«

79

Die Walburga und die Geißlmutter fallen fast in Ohnmacht vor Schreck, das sehe ich an ihren Gesichtern.

»Wie denn das?«, bringt schließlich die Walburga heraus.

»Wie, das kann ich euch nicht sagen. Aber soweit ich gehört habe, hat der Lieutenant den Lammwirt gefragt, ob er sein Bataillon zum Nachtessen bringen kann. Der Lammwirt wollte ihm das nicht abschlagen. Und als sie übereingekommen waren und einen Termin gefunden hatten, hat der Lieutenant zum Lammwirt gesagt: ›Wichtig wär' noch eins: Alle Frauen außer der Großmutter müssen weg sein, ganz leise müssen sie sein. Sonst kann ich nicht garantieren, dass nichts passiert.‹«

Die Walburga und die Geißlmutter sind wie erstarrt. Der Högabauer hingegen scheint zu genießen, dass er sie so sehr beeindruckt hat. Er nimmt noch einen tiefen Schluck aus seinem Glas, dann sieht er mich und setzt hinzu: »Inge, wenn du jemals einen Amerikaner siehst, sorg dafür, dass er dich nur von hinten sieht!«

Ich nicke beklommen. So ganz verstehe ich nicht, was die Amerikaner den Frauen und der Anneliese hätten antun können. Aber die Anneliese wird es mir sagen können. Ich darf nur nicht vergessen, sie danach zu fragen.

Anderntags geht es zum Flachsrupfen. Büschelweise drehen die Walburga und ich die Pflanzen mitsamt ihren Wurzeln aus dem Boden, denn würden wir sie schneiden, brächen ihre Fasern, und man könnte den Flachs nicht spinnen.

»Und alles für den Krieg«, seufzt die Walburga, nachdem wir eine Weile schweigend geschafft haben. »Nichts können wir behalten, dabei täten wir's doch auch gut brauchen.«

Ich weiß nicht, was ich darauf entgegnen soll. Recht hat sie, aber ich habe mich so an den allgegenwärtigen Mangel gewöhnt, dass ich gar nicht mehr darüber nachdenke. Und schon gar nicht über die Ungerechtigkeiten, die damit einhergehen.

Am Nachmittag binden wir den Flachs zu Garben und stellen sie zu Kapellen auf, damit sie trocknen können.

»Fürs Vaterland!«, schimpft die Walburga und schnaubt unwillig. Sie ist heute ganz offensichtlich in einer düsteren Stimmung. »Sogar die Hennen haben sie neulich bei der Kontrolle gezählt, als du in der Schule warst. Dass ihnen auch ja kein Ei entgeht. Man sollt' sie unter der Bettdecke verstecken, damit sie sie nicht finden.«

Ich nicke. Auch mir scheint es nicht recht, dass wir Eier, Fleisch und Kartoffeln beim Bürgermeister abgeben müssen, obwohl wir selbst kaum genug zu essen haben. Aber das Kontrollsystem ist unbarmherzig. Ganz genau haben die Nazis errechnet, wie viel wir ihnen bringen müssen, und wenn ich mit meinem Körbchen dort auftauche, wiegen und zählen sie stets alles und tragen das Ergebnis mit spitzem Bleistift in eine Liste ein. An diesen Abenden essen wir meist nur eingebrannte Grießsuppe, und die Gesichter der Geißlmutter und der Walburga sehen grau aus.

»Etwas behalten wir«, sagt die Walburga nun trotzig. »Wenn der Flachs zu Stroh geworden ist, nehmen wir ein paar Büschel und bringen sie in die Scheune. Und dann ziehen wir sie durch den Riffler, dass die Mutter die Samen auf dem Markt verkaufen kann.«

»Ich helfe dir dabei«, biete ich an und denke an das kleine Säcklein mit Leinsamen, das die Geißlmutter in ihrer Schlafkammer aufbewahrt. Wenn ich Verstopfung habe, gibt sie mir einen Esslöffel davon, und das gefällt mir sehr, denn in solchen Momenten kann ich spüren, dass sie sich um mich sorgt. Ich wünsche mir sehr, dass auch die Walburga zufrieden mit mir ist und mir vielleicht sogar einmal sagt, dass ich ein fleißiges Mädchen bin. Doch sie akzeptiert meine Hilfe schweigend, als sei es ihr egal, ob ich da bin oder nicht.

Auch in der Schule steht nun – kurz vor dem Beginn der Sommerferien – Feldarbeit an, der Bürgermeister hat sie angeordnet. Die Kartoffelfelder müssen Furche für Furche nach Käfern abgesucht werden, und so schickt uns die Lehrerin einmal in der Woche in den ersten beiden Schulstunden hinaus auf die Äcker und bleibt selbst im kühlen Schulhaus. Alle Schüler von der ersten bis zur achten Klasse schwärmen aus. Wir haben uns jeder einen Honigkübel mit einer Schnur um den Bauch gebunden, und als der Boden meines Kübels schon bedeckt ist mit etlichen der gelb-schwarz gestreiften Käfer, ist auf einmal der Peter neben mir und lacht mich an. Er sieht verschwitzt aus, sein blondes Haar leuchtet in der Sonne.

»Na, wie viele hast schon gefangen?«

Ich schiele auf seinen Kübel, der viel voller ist als meiner.

»Nicht viele.«

Wir halten unsere Kübel nebeneinander.

»Bist ja auch ein Meudl«, sagt er und lacht mich immer noch an.

»Ja, aber schaffen kann ich wie ein Junge«, gebe ich zurück.

»Ich weiß.«

Er steckt einen weiteren Käfer in seinen Kübel und schraubt dann den Deckel geschwind wieder zu.

»Der Amerikaner hat sie uns abgeworfen«, sagt er fachmännisch, und ich nicke wissend dazu, obwohl ich das zum ersten Mal höre. Aber ich glaube ihm sofort, denn er ist viel älter als ich, schon fünfzehn. Noch in diesem Sommer wird er die Schule verlassen. Ob er dann auch in den Krieg ziehen wird? Ein Käfer entwischt mir, als ich ihn gerade greifen will. Der Peter schnappt ihn, bevor er sich verstecken kann, und reicht ihn mir. Ich stecke ihn zu seinen Genossen und betrachte das Gekrabbel. Lang werden sie nicht mehr leben.

Auf dem Weg zurück in die Schule klettert der Karl auf einen Baum und holt drei junge Krähen aus ihrem Nest. Er dreht ihnen den Hals um und sagt: »Gebraten schmecken die köstlich.«

Entsetzt blicken die Anneliese und ich ihn an.

»Die Mutter sagt immer, wenn wir den Vögeln etwas tun, bekommen die Kühe eine blutige Milch, die nicht mehr zu trinken ist«, flüstert die Anneliese.

Doch der Karl lacht uns nur aus. Bevor wir der Lehrerin unter die Augen treten, läuft er schnell nach Hause und bringt die Tiere seiner Mutter, der Messbäuerin. Ich stelle mir vor, was ich von der Geißlmutter zu hören bekommen würde, wenn ich so etwas täte. Doch vielleicht, so überlege ich mir, gibt es bei ihm zu Hause ebenso wenig zu essen wie bei meiner Mutter, und seine Mutter freut sich sogar über den unverhofften Braten.

Zurück im Schulhaus leeren wir die Käfer in einen großen Eimer und verschließen ihn schnell mit einem Deckel. Einer der größeren Schüler bringt ihn zum Bürgermeister. Dort werden die Käfer mit kochendem Wasser übergossen. Das muss sein, sonst würden sie die ganze Ernte vernichten, und wir hätten noch weniger zu essen.

Am Abend entdecke ich beim Eiersuchen in der hintersten Ecke des Heubodens ein Gelege mit zwölf Eiern. Ich schüttele sie, um zu schauen, ob sie noch gut sind. Doch ich höre kein Glucksen, und so schlage ich eins nach dem anderen auf. Faul und schwarz sind sie von innen, ganz eingetrocknet, weil sie zu lange dort gelegen haben. Als ich sie auf den Misthaufen werfen will, kommt die Miezi angeschossen.

»Jetzt wart halt noch, gleich kriegst deine Milch«, erkläre ich ihr. Sie ist inzwischen ein Gast, den die Geißlmutter und die Walburga dulden, auch wenn wir nicht darüber gesprochen haben und sie nicht ahnen, dass ich ihr täglich ein Schälchen Milch gebe. Ich fahre durch ihr schwarzes Fell und überlege, wie schön es wäre, wenn ich mehr Zeit hätte, um mit ihr zu spielen. Doch ich bin am Abend immer so müde, dass ich froh bin, mit einer Kerze hinauf in meine Kammer zu gehen und in einen traumlosen Schlaf fallen zu können. Die Miezi schnurrt und sieht mich aus ihren großen, grünen Augen an. Ich nehme sie hoch, sie wirkt fülliger auf mich als sonst.

»Hast viele Mäuse erwischt in letzter Zeit, Miezi? Brauchst meine Milch gar nicht mehr, bist jetzt selbst schon groß?«

Ich streichle ihren dicken Bauch, und auf einmal verstehe ich: Die Miezi bekommt Junge!

Das wird die Geißlmutter nicht freuen, da bin ich mir sicher.

»Versteck sie nur gut, wenn es so weit ist«, schärfe ich ihr ein. Dann setze ich sie wieder ab, und sie läuft davon. Besorgt blicke ich ihr nach. Ich weiß, was mit Katzenjungen passieren kann, wenn ein Bauer sie nicht will.

Als ich ins Haus trete, liegt ein feiner Duft nach Kaiserschmarrn in der Luft. Tief atme ich ein, während ich mich frage, was das zu bedeuten hat. Ein Kaiserschmarrn, einfach so? Das kann ich mir nicht vorstellen. Ich laufe in die Stube und decke den Tisch. Das Wasser läuft mir im Mund zusammen, ich freue mich über diese liebe Geste der Geißlmutter und überlege, ob sie vielleicht doch nicht so böse ist, wie ich geglaubt habe. Doch als wir schließlich am Tisch sitzen und gebetet haben, werde ich auf den Boden der Tatsachen zurückgeholt. Die Geißlmutter gibt der Walburga und sich selbst auf, aber mein Teller bleibt leer. Mit großen Augen sitze ich da, sehe den beiden dabei zu, wie sie Zucker auf ihren Kaiserschmarrn streuen, und weiß nicht, wie mir geschieht. Schmerzhaft zieht sich mein leerer Magen zusammen, während die beiden Frauen so tun, als sei ich gar nicht da. Tränen steigen in mir auf, ich verstehe die Welt nicht mehr. Unsagbar verlassen fühle ich mich, unsagbar traurig und verloren. Nach einer Ewigkeit, als beide Teller schon fast leer sind und nur noch ein kleiner Rest in der Pfanne ist, wage ich mit leiser Stimme zu fragen: »Kann ich auch etwas bekommen?«

Die Geißlmutter streift mich mit einem kalten Blick und schweigt. Die Walburga aber sagt mit vollem Mund: »Wer Eier übersieht, kann auch keine essen.«

Ich stürze hinaus, laufe auf die Straße, weg, nur weg. Als ich außer Sichtweite bin, lasse ich meinen Tränen freien Lauf. Was soll ich nur tun? Wo soll ich bloß hin? Wird mein Leid denn niemals ein Ende haben? Nicht einmal Hunger habe ich mehr, so tief ist meine Verzweiflung und so abgründig.

Erst als die Dunkelheit hereinbricht, laufe ich zurück auf den Hof. Ich schlüpfe in unsere Schlafstube, wo die Walburga gottlob noch nicht ist, wasche mich und lege mich ins Bett. Die Decke ziehe ich über den Kopf, sodass nur ein ganz kleines Loch zum Atmen bleibt, das ich mir mit dem Arm schaffe. Niemanden will ich sehen oder hören. Alles ist mir zu viel. Meine Traurigkeit ist so groß, dass sie all meine Gedanken ausfüllt. Und dann kommt auch der Hunger zurück, mit einer Wucht, die mich selbst überrascht.

Als ich endlich vom Schlaf übermannt werde, hat die Erschöpfung Verzweiflung und Hunger besiegt.

Und dann kommt der letzte Schultag. Ohne Angst nehme ich mein Zeugnis in Empfang, weiß ich doch den Vater weit weg in Russland. Und es ist nicht einmal schlecht, sodass ich es der Mutter stolz präsentiere, als ich am Abend kurz nach Hause laufe.

»Meins ist aber besser!«, ruft die Rosmarie, die auf der Ofenbank sitzt und mit ihrem wedelt.

»Du musst auch nicht so viel schaffen wie ich«, gebe ich zurück. Insgeheim frage ich mich, wann sie als Hütemeudl gehen wird. Aber die Mutter, der ich einen schnellen Blick zuwerfe, reagiert nicht.

84

»Die Lehrerin hat mich ausgewählt, in den Ferien die Blumen zu gießen«, berichte ich stolz.

»Und wenn du's vergisst, kriegst eine Tatze«, sagt die Rosmarie voraus.

»Kannst mal den Mund halten«, fahre ich sie an. Am liebsten würde ich hinzufügen: »Weißt gar nicht, wie gut du es hast.«

»Kinder, hört auf zu streiten«, mahnt die Mutter. Aber mehr sagt sie nicht. Vergeblich hoffe ich, sie möge mich gegen die Rosmarie verteidigen, und der Kummer darüber, dass sie es nicht tut, liegt noch immer wie ein Schatten auf meinen Gedanken, als ich mich am Mittag auf den Weg zur Anneliese mache. Auf ihrem Haus befindet sich seit Neuestem eine Sirene, die angeht, wenn es Fliegeralarm gibt. Die Anneliese hat mir erzählt, dass der ganze Hof ein großes Durcheinander war und eine wahnsinnige Aufregung geherrscht hat, als die Sirene ausprobiert wurde. Die Rinder haben im Stall randaliert, und die Hühner haben ihre Eier verloren.

Und oben, unterm Dach, wohnen nun fünf Kriegsgefangene, die ihrem Vater auf dem Hof helfen müssen. Der Paul, der Marcel und der August aus Frankreich und der Jean und der Luc aus Belgien. Ich habe sie noch nicht gesehen, aber sie sollen sehr nett sein. Der Paul hat der Anneliese ein Segelboot in einer Flasche geschenkt, das man mit Fäden aufklappen kann. Zu gern würde ich diese Männer einmal sehen, aber dann kommt mir meine Freundin schon mit zwei Kübeln voller Wasser entgegen, und wir machen uns auf den Weg, um die jungen Gänse, die im Mai geschlüpft sind und in einem Drahtgitter auf der Wiese leben, vor uns her aus dem Dorf zu treiben.

Als die Anneliese die ersten Zeilen von der »Lieben, kleinen Müllerin« anstimmt, werde ich langsam wieder fröhlicher. Wie sie auch nasche ich von den Haselnussstauden, die unseren Weg säumen, ich freue mich über die bunten Schmetterlinge, die vorbeiflattern, und über das Eichhörnchen, das vor uns über den Weg läuft und dann einen Baum hinaufklettert, wo es behände von Ast zu Ast springt. Der Krämerbauer hat sein Korn gemäht, dorthin gehen wir, und unterwegs sage ich recht beiläufig: »Du hast mir gar nicht erzählt, dass ihr euch neulich alle verstecken musstet, als der amerikanische Lieutenant mit seinem Bataillon zum Abendessen bei euch war.«

85

Überrascht blickt sie mich an. »Woher weißt du das?«

»Vom Högabauern. Und nicht etwa von dir.«

»Ich durfte es niemandem sagen«, rechtfertigt sie sich und sieht schuldbewusst aus. »Es war ein Geheimnis, niemand sollte es wissen. Sonst hätte ich es dir bestimmt gesagt.«

»Und wo habt ihr euch versteckt?«, hake ich nach.

»Wir mussten alle auf die Bühne, und die Männer haben einen Schrank von außen vor die Tür geschoben. Und dann haben sie die Treppe von der Falltür weggemacht, und keiner konnte mehr hinauf. Wir mussten dort schlafen: Mägde, Kinder, Frauen, alle.«

»Und unten haben die Soldaten gegessen?«

»Es sollte ein Fest für die Kompanie sein. Ein hausgemachtes Essen, zwanzig Leute, der Lieutenant wollte seinen Männern was Gutes tun. Im Nebenzimmer hatten sie Musik. Wir haben sie hören können, wenn wir unser Ohr auf den Fußboden gedrückt haben.«

»Und wovor genau hat man euch in Sicherheit bringen wollen?«

»Das weiß ich auch nicht«, sagt die Anneliese und sieht ganz ratlos aus.

»Und wer hat dann gekocht?«

Sie kichert: »Die Großmutter und der Vater!«

Gackernd und lachend erreichen wir das Feld, und sofort picken die Gänse die letzten Körner auf, die nach dem Mähen vergessen worden sind. Zwischendurch watscheln sie zu den Kübeln, um ihren Durst zu stillen. Sie haben immer Durst, man kann kaum so viel Wasser mitnehmen, wie sie trinken wollen. Deswegen verbringen die großen Gänse auch die meiste Zeit im Fluss und watscheln erst am Abend gemächlich wieder heim.

»Willst wissen, was es Neues von der Eva gibt?«, fragt die Anneliese, als wir schließlich auf einem großen Stein sitzen und sie den Horizont mustert, wobei sie ihre Augen mit der Hand vor der Sonne schützt.

»Hat sie eine Antwort erhalten?«, frage ich, und obwohl ich es nicht will, klingt meine Stimme auf einmal ganz hoch vor Aufregung.

Die Anneliese nickt und zieht abermals einen Umschlag aus ihrer Schürzentasche: »Sie hat endlich einen Brief bekommen. Es scheint

nicht sein erster zu sein, aber ich weiß nicht, wo sie die anderen aufbewahrt. Dieser lag in ihrem Nachtschränkchen, aber ich weiß gar
nicht, ob das für dein Alter schon etwas ist.«

»Du bist doch auch nicht älter als ich!«

»Drei Monate«, gibt sie zurück, und wir müssen beide lachen.
Dann aber wird die Anneliese wieder ernst und sagt: »Ich wünschte,
ich bekäme auch einen solchen Brief.«

Mit leiser Stimme beginnt sie, mir vorzulesen:

Meine liebe Eva!

*Noch ganz im Banne Deiner Zeilen empfing ich vorhin den von
Dir mit viel Liebe und großer Zärtlichkeit geschriebenen Brief. Ich
möchte Dir dafür recht herzlich danken.*

*Offen gesagt, es hat mich sehr gewundert, jedoch noch mehr ge-
freut, so schnell Antwort von Dir zu bekommen. Für die lieben Bilder meinen innigsten Dank. Da ich gerade Dienst hatte, konnte ich
vor versammelter Abteilung keine Luftsprünge riskieren. Es freut
mich aufrichtig, dass ich, wie Du Dich auszudrücken pflegst, an die
richtige Adresse geraten bin. Ich bin zwar von Beruf kein Humorist,
jedoch herrscht an Frohsinn nicht der geringste Mangel.*

*Du schreibst von einer holzgeschnitzten Stube. Unsere Stube ist
ebenfalls aus Holz, doch lebt in dieser Stube ein zünftiger Trupp in
Stärke von 11 Mann.*

*Es freut mich innigst, daß Du mir für meinen »Streich« nicht böse
bist. Den möchte ich sehen, der einem so netten Mädel wie Dir so etwas wie diesen herzhaften Kuß nicht gestatten würde.*

Ich schließe fürs Erste mit den herzlichsten Grüßen
Fritz

Als sie geendet hat, schweigen wir beide eine Weile und hängen unseren Gedanken nach.

Dann frage ich: »Was für einen Kuss?«

»Ich weiß auch nicht«, erwidert die Anneliese.

»Meinst du, sie haben sich geküsst?«

»Wie denn? Die Eva muss doch auch tagein, tagaus schaffen. Ich
wette mit dir, die beiden haben sich noch nie gesehen.«

87

»Hat sie dir von diesem Fritz erzählt?«

»Wo denkst du hin? Wenn sie wüsste, dass ich weiß, wo sie den Brief versteckt hat, würde sie mich umbringen.«

»Das kann ich mir denken.«

Noch bevor ich ihr sagen kann, dass sie sich ja nicht erwischen lassen soll, fliegt ein Falke im Tiefflug schreiend an den Bäumen am Rande der Wiese vorbei und scheucht die kleinen Vögel hoch. Wir ziehen die Köpfe ein und sehen nur aus den Augenwinkeln, wie die Gänse auf einen Schlag auf und davon fliegen. Wie dunkle Flecke heben sie sich vom blauen Himmel ab.

»Auf geht's«, sagt Anneliese, als der Falke verschwunden ist, und greift nach ihrem Kübel. »'s ist eh Zeit.«

Ich tue es ihr gleich, und wir machen uns auf den Weg zum Bach. Immer wenn die Gänse wegfliegen, finden wir sie dort. Sie haben ein sicheres Gespür dafür, wo sich der nächste Wasserlauf befindet – egal, wohin wir sie zum Weiden führen. Und tatsächlich: Als wir nach etwa zwanzig Minuten dort ankommen, baden sie im kühlen Wasser. Mit lauten Rufen und energischen Gesten treiben wir sie wieder heraus und machen uns auf den Weg zurück zum Hof.

»Wie gut die Gänse es haben im Vergleich zu uns«, sagt die Anneliese und lacht.

Ich weiß sofort, was sie meint. Wir Mädchen dürfen nämlich nicht baden. Das ist streng verboten. Wenn wir sonntags um die Mittagszeit, nach dem Kirchgang und vor dem Viehhüten, eine Abkühlung im Dorfbach nehmen wollen, müssen wir uns etwas einfallen lassen, denn der bloße Gedanke daran erregt die Geißlmutter und auch die Eltern der anderen Mädchen sehr.

»Was fällt dir ein? Das ist doch eine Schweinerei, so was gibt es bei uns nicht. Niemand geht zum Baden«, hat mir die Geißlmutter erklärt, als ich sie einmal danach gefragt habe. Denn ich habe keinen Badeanzug, und die anderen Mädchen auch nicht. Seit diesem Tag gehen wir heimlich: Wir lassen die Unterhosen und die Kleiderschürzen an und steigen am Ende des Dorfes in den Bach, bis uns das Wasser bis zur Brust geht. Dann waten wir mit viel Geschrei und Gespritze umher, suchen bunte Kieselsteine und planschen herum, wobei wir peinlich darauf achten, nicht zu weit in die

Mitte des Baches zu geraten, denn dort gibt es Strudel, und wir können nicht schwimmen. Bevor wir uns auf den Heimweg machen, ziehen wir wieder die Kleider über unsere nassen Sachen. Bisher hat die Geißlmutter noch nie etwas bemerkt. Dennoch beneiden wir Mädchen die Gänse, die so ganz unverhohlen jeden Tag in den Bach steigen können und nun schön abgekühlt vor uns her zurück nach Ransbach watscheln.

»Weißt du noch, wie der Pfarrer zur Edith gesagt hat, sie muss das Baden beichten?« Die Anneliese kichert.

»Weil es unzüchtig ist«, lache ich, und dann gackern wir beide wie die Hühner.

Plötzlich jedoch, als wir auf die Straße treffen, die nach Hersbruck führt, bleibt uns das Lachen im Halse stecken. Direkt vor uns zieht ein Zug von Kriegsgefangenen vorbei, die in Richtung Hohenfels laufen. In grau-weiß gestreiften Sträflingsanzügen, mit Kappen und Holzgaloschen schleppen sie sich den Weg entlang. Sie sehen unendlich erschöpft aus, und es scheint, als sei jeder Schritt ihr letzter. Und bei einigen ist es auch so. SSler mit scharfen Hunden säumen den Zug der Menschen. Sie führen einen Leiterwagen mit, auf dem diejenigen wie Vieh übereinanderliegen, die schon zu Boden gesunken waren. »Leben die noch?«, fragt die Anneliese leise, und mir jagt ein eiskalter Schauder über den Rücken.

»Ich glaube, noch ein bisschen«, flüstere ich und beobachte, wie sich einer der Männer, die noch laufen können, an den Straßenrand hockt, um seine Notdurft zu verrichten, bewacht von einem SSler mit Maschinenpistole. Wie ein Hund sieht er aus, wie ein ängstlicher Hund.

»Sie werden Durst haben«, vermutet die Anneliese.

»Wir könnten voraus in den Ort zur Edith laufen und Wasser holen«, schlage ich vor, und dann rennen wir, als ginge es um unser Leben.

Die Gänse aber – die vergessen wir einfach.

Als die Gefangenen nach Ransbach kommen, erwarten die Edith, die Anneliese und ich sie am Straßenrand hockend, mit Krügen voller Wasser. Langsam kommen die Männer heran, quälend langsam, und als sie uns erblicken, nähern sich einige von ihnen mit kleinen

Töpfen, die wie Kochgeschirr aussehen. Ihre ausgemergelten Köpfe erinnern an Totenschädel, ihre Körper an Skelette, und sie haben keine Augen für uns Kinder, sondern nur für das Wasser. Doch bevor auch nur einer von ihnen sein Gefäß füllen kann, kommen zwei SSler herbei und verjagen sie mit viel Gebrüll und den Läufen ihrer Gewehre, um sich sodann selbst zu bedienen. Ohne Gegenwehr überlassen wir ihnen unser gesamtes Wasser, und als sie es genommen haben, zischt uns der eine an: »Und jetzt haut ab, und lasst euch nicht mehr blicken!«

Vor Angst lassen wir alles stehen und liegen und laufen davon. Auf dem Geißlhof aber erwartet mich die Geißlmutter mit einer bitterbösen Miene. Mir schwant nichts Gutes, und genau in diesem Moment fällt mir wieder ein, dass ich die Gänse vergessen habe. Einfach komplett vergessen!

Wortlos stehen wir einander gegenüber, und dann kommt mir ein schrecklicher Gedanke: Was, wenn der Habicht die jungen Gänse geholt hat? Oder der Falke? Starr vor Schreck bleibe ich mitten auf dem Hof stehen.

»Wo kommst her?«, fährt mich die Geißlmutter an.

Ich durchforste mein Gehirn in wilder Panik nach irgendetwas, was meinen Kopf retten könnte. Doch mir fällt nichts ein.

»Es fehlen zwei Gänse«, sagt die Geißlmutter mit leiser Stimme, »und zwei andere haben blutige Köpfe. Nicht einmal aufpassen kannst, das ist ja zum Lachen!«

Und dann zieht sie mich ohne ein weiteres Wort in die Kuchl und versohlt mir den Hintern mit dem Kochlöffel.

Schweigend lasse ich die Schläge über mich ergehen, ich bin es ja vom Vater gewohnt, und sie hat längst nicht so viel Kraft wie er. Dennoch ist es etwas anderes, von einem Fremden geschlagen zu werden. Mir kommt es so vor, als habe sie noch weniger Recht dazu als der Vater.

Als ich humpelnd davonlaufe, ohne sie noch eines Blickes zu würdigen, nehme ich mir vor, ihre Schläge nicht in mein Herz hineinzulassen. Sie kann mir zwar wehtun. Aber mich, mein Innerstes – das erreicht sie nicht.

Und so verdränge ich den Vorfall und mache mich am späten

Abend mit schmerzendem Gesäß noch einmal auf den Weg, um unsere Wasserkübel zu holen. Bei der Anneliese mache ich halt, damit sie mich begleitet.

»Was läufst denn so komisch?«, fragt sie mich, als wir einige Schritte gegangen sind.

»Zwei Gänse fehlen, und zwei andere haben blutige Köpfe«, sage ich.

Sie sieht mich an, als sei das nicht Erklärung genug, doch dann versteht sie und fragt nicht weiter nach. Gemeinsam holen wir die Edith ab, und dann treffen wir drei Meudl auf den Bürgermeister und den Beh. Sie ziehen einen Leiterwagen hinter sich her, auf dem ein leerer Sack liegt. Ich finde es komisch, diese beiden Männer so vereint zu sehen: den Beh, der nicht mehr alle Tassen im Schrank hat, und den stolzen, hoch aufgerichteten Bürgermeister in seinem schwarzen Mantel, den jeder im Dorf respektiert und der sich bisher nicht mit den Nazis gemeingemacht hat.

»Wo geht ihr hin?«, traut sich die Anneliese zu fragen.

»Zum Kartoffelacker vom Dübabauern«, entgegnet der Bürgermeister.

»Da haben sie einen Gefangenen reingeschmissen«, ergänzt der Beh.

Er trägt einen schwarzen Hut und ein kleines Bärtchen und sieht damit ein wenig unheimlich aus, wie ein Totengräber.

Uns ist klar, dass wir das sehen müssen, ohne dass die beiden uns dabei erwischen. Und so tauschen die Anneliese, die Edith und ich einen stummen Blick und machen ganz einvernehmlich kehrt, nur um ihnen in gebührendem Abstand und mit klopfendem Herzen zu folgen. Aus der Ferne beobachten wir, wie sie, am Kartoffelacker angekommen, einen Körper aus der Ackerfurche heben und in den Sack rutschen lassen, bevor sie ihn mit ihrem Leiterwagen zurück ins Dorf ziehen.

»Wo sie ihn wohl hinbringen?«, fragt die Edith.

Die Anneliese zuckt die Achseln. Mich fröstelt trotz der Wärme, die immer noch in der Luft liegt.

»Lasst uns heimgehen«, schlägt die Edith vor.

Doch daran ist nicht zu denken. Wie von einem Magneten angezogen folgen wir den beiden Männern. Sie gehen den Kirchberg hinauf auf den Gottesacker bei der Kirche. Und nun sehen wir, dass dort bereits ein Loch für den Toten gegraben worden ist. Denn als die beiden Männer dort ankommen, brauchen sie ihn mitsamt dem Sack bloß noch in eine schmale Öffnung gleiten zu lassen, die der Beh wieder zuschaufelt.

Als die beiden Männer gegangen sind, kommen wir drei Mädchen näher und beugen uns über das Grab. Die Anneliese bekreuzigt sich, und die Edith und ich tun es ihr gleich. Dann laufen wir wortlos zurück.

Abends im Bett kommen die Tränen. Ich weine über die Schläge, die ich bekommen habe, und über die Gefangenen und den Toten, über den Krieg und darüber, dass ich nicht daheim sein kann. Über den Vater und die Mutter weine ich auch, selbst wenn ich zu müde bin, um an sie zu denken.

Am nächsten Tag – ich beuge mich gerade über das Milchbüchlein der Familie Geißl und sehe erstaunt, wie gut es ihnen ging, bevor der Krieg kam – zieht ein weiterer Tross Gefangener durch das Dorf. Mehrere Dutzend Männer, alle ausgemergelt und mit stumpfem Blick, als wüssten sie genau, dass vor ihnen nur noch der Tod liegt. Anders als die, die wir tags zuvor gesehen haben, tragen sie keine Sträflingsanzüge, sondern immer noch ihre zerrissenen Uniformen. Einige von ihnen sind ganz braun oder sogar schwarz. Sie sehen aus wie das Negerlein, das an Weihnachten immer in der Krippe in der Kirche steht und zum Dank nickt, wenn man Geld in den Schlitz auf seinem Rücken wirft. Wie schmutzig sie sein müssen!

Zwei der Männer scheren nun aus dem Pulk aus und laufen direkt auf uns zu. Noch bevor ich weglaufen kann, haben sie uns erreicht, und der eine ruft: »Karduff, Karduffl«

Die Geißlmutter nickt und fordert mich auf: »Lauf ins Haus, Inge, und hol ihnen ein paar gekochte Kartoffeln und Salz.«

Ich gehorche, ohne sie anzusehen, denn zwischen uns herrscht eine ungute Stimmung, seit sie mich geschlagen hat. Als ich mit einer Schale voll Kartoffeln wieder in den Hof trete, haben sich noch mehr Gefangene dort eingefunden. Schnell greifen die beiden Män-

92

ner nach den Kartoffeln und schieben sie sich mitsamt der Schale in den Mund. Andere stehen etwas weiter entfernt um den Bottich mit braunem Wasser herum, das wir normalerweise den Kühen geben, und waschen sich. Unter ihnen ist auch einer der Männer mit dunkler Haut. Obwohl er sich wäscht, wird er nicht heller.

»Dann ist er wohl wirklich ein schwarzer Mann«, murmelt die Geißlmutter. Doch so richtig überzeugt klingt sie nicht.

*

Eine hellgelbe Sonne steht morgens um halb sechs über dem Horizont. Noch ruht die Natur, nur Amsel, Singdrosseln und Finken zwitschern schon ihr frühes Lied. Leichter Dunst liegt über den Feldern, als ich aus dem Fenster der Schlafkammer blicke, und glitzernder Tau bedeckt die Wiesen, auf denen Malve, Gänseblümchen und Wiesenklee blühen. Es wird ein heißer Tag werden, und an Arbeit wird es nicht mangeln. Nie gibt es mehr für uns zu tun als in den Sommerferien. Die Weizenernte steht bevor. Gestern hat die Walburga die Sicheln und Sensen auf dem Dengelstock gedengelt, einem Holzbock, in dessen Oberseite ein viereckiger Eisenpflock steckt. Mit dem Dengelhammer hat sie auf die Schneiden geklopft, bis sie wieder dünn und scharf waren, und anschließend hat sie sie mit dem Wetzstein gewetzt. Es ist nur noch eine Frage des Wetters, wann wir die Ernte einholen. Eines Tages sitzt dann plötzlich Walburgas Bruder, der Horst, am Tisch in der Stube – ein großer Mann mit gegerbter Haut und tief liegenden, dunklen Augen, die mich aus ihren Höhlen heraus anstarren. Ich kenne ihn nur vom Sehen, und auch das nicht besonders gut. So bin ich ein wenig schüchtern, als ich ihn begrüße.

Er mustert mich von oben bis unten und sagt: »Da schau an, hat die Mutter sich noch einen kleinen Fresser dazugeholt.«

Ich starre ihn an und weiß nicht, was ich sagen soll. Zu schockiert bin ich von seinen rüden Worten. Da kommt auch schon die Geißlmutter herein. Sie trägt eine große Pfanne mit zwei Henkeln in der Hand, in der sich Kartoffelpuffer und gebratenes Fleisch befinden. Zu Ehren vom Horst, denke ich, und fast sehne ich mich nach dem trockenen Brot von früher, könnte ich es doch nur daheim bei der

Mutter essen. Nach dem Abendgebet wünsche ich geschwind eine gute Nacht und laufe hinaus, zur Miezi.

»Morgen geht's zum Ernten!«, ruft mir die Geißlmutter nach. Doch da bin ich schon im Stall und fülle die Milch für mein Kätzchen ab. Mit dem Schälchen laufe ich hinüber in die Scheune. Ich stelle es vor der Ecke, in der das Schwein haust und mich mit flinken Augen beäugt, auf den Boden und rufe, und da kommt sie auch schon angelaufen, als habe sie nur darauf gewartet, von mir bedient zu werden. Ich knie mich neben sie, während sie trinkt, und betrachte sie voller Zuneigung. Ihr Bauch ist nun so dick, dass es nur noch eine Frage von wenigen Tagen sein kann, bis sie ihre Jungen gebiert.

»Miezi, dann wirst eine Katzenmutter sein«, flüstere ich ihr zu. »Du bist doch hoffentlich zu all deinen Kätzchen lieb?«

Sie spitzt ihre Ohren, als verstehe sie jedes Wort.

Als sie fertig ist, hebe ich sie hoch und drücke ihren warmen Körper an meine Wange. Sie zappelt mit den Beinen, und so lasse ich sie wieder herunter und kraule ihren Nacken, bis sie schnurrt. Nur widerstrebend lasse ich sie ziehen, als sie schließlich genug hat, und mache mich mit einer Petroleumlampe auf den Weg ins Bett. Warum können nicht alle Menschen so lieb sein wie die Miezi?

In der Früh geht die Sonne wie ein blassgelber Ball am milchigblauen Himmel auf. Zum Frühstücken ist keine Zeit. Nach dem Melken stelle ich schnell die Milchkannen auf den Ständer an der Straße, während die Geißlmutter einen Krug mit Wasser füllt und vier große, dicke Scheiben Brot hineinschneidet. Derweil spannt der Horst die Lotte und die Leni vor. Er trägt ein gestreiftes Hemd, Holzschuhe mit Fristriemen und einen Strohhut. Und die Walburga und ich, in unseren Kittelschürzen und mit weißen Kopftüchern, beladen den Wagen mit Sensen, Harken und Garbenbändern.

Die Liesl und die Laura binden wir hinten an der Sitzbank an, damit sie hinter dem Gespann hertrotten und sich die vier Kühe beim Ackern abwechseln können, sodass sie nicht zu erschöpft sind, um weiterhin Milch zu geben. Und dann geht es ab aufs Feld, vorbei an noch dunstigen Wiesen, in der angenehmen Kühle des Morgens, die schon bald der brütenden Hitze des Tages weichen wird.

Mit gleichmäßigen Schwüngen mähen die Walburga und der Horst, der ein Tuch um die rechte Hand gebunden hat, damit er keine Blasen bekommt, das Korn. Nebeneinander gehen sie und schwingen die Sensen in weiten Bögen. Die Ähren fallen in Büscheln herab, die die beiden achtlos hinter sich fallen lassen wie etwas, was sie nicht mehr brauchen. Die Geißlmutter und ich aber kommen sodann herbei mit unseren frisch gewetzten Sicheln, wir gehen hinterdrein und nehmen jedes Büschel auf, um es auf ein Strohband zu legen und zusammenzubinden.

»Eine Handvoll Ähren gibt schon ein Stück Brot«, sagt sie.

Da schreie ich auf, weil ich in einen plustrigen Distelstrauch gegriffen habe.

»So, jetzt hab' ich aber genug von dem Mist!«, rufe ich und betrachte die feinen Stacheln, mit denen meine Handinnenfläche übersät ist. Die Disteln, aber auch die Dorneisel mit ihren braunen Kugeln und spitzen Stacheln, sind mir ein Graus, weil sie beim Zubinden der Garben unweigerlich im Weg sind und unbarmherzig in die Finger stechen. Eine rechte Plage sind sie, und je wärmer es wird, desto mehr spreizen sie ihre Stacheln, sodass ich die Hand so manches Mal schnell von der Garbe zurückziehe – aber eben nicht immer schnell genug.

»Meudl, musst besser aufpassen, zieh halt die großen Disteln vor dem Zubinden raus«, belehrt mich die Geißlmutter. Als ob ich das nicht selbst wüsste, nur dass es eben nicht immer gelingt.

Ich schweige verärgert, und die Empörung über die Schläge der Geißlmutter steigt wieder in mir auf, während der Horst den Kopf über mich schüttelt und die Kühe uns mit großen, ruhigen Augen beobachten und nur ab und zu mit dem Schwanz die frühen Bremsen des Tages verscheuchen. Erst ganz langsam erwacht die Natur um uns herum zum Leben.

Die erste Pause machen wir gegen zehn Uhr, als die aufziehende Wärme des Tages schon spürbar wird und der Hunger sich mit aller Macht bemerkbar macht. Wir gehen zum Rand des Feldes, wo die Geißlmutter den Krug im Schatten der Sträucher abgestellt hat. Sie lüftet das Tuch, das sie zum Schutz vor Ungeziefer darübergelegt hat, und wir fischen unsere Scheiben mit den Händen heraus.

Sie sind aufgeweicht, einige Brocken lösen sich und gesellen sich zu denen, die bereits abgefallen sind und im Wasser schwimmen. Wir trinken aus dem Krug. Das Wasser ist angenehm kühl, und ich würde gern ein wenig auf meine schmerzende Hand schütten. Aber ich wage es nicht, denn ich will nicht noch mehr überflüssige Ratschläge hören.

Am Nachmittag ist es dann allerdings der Horst, der von der Walburga belehrt wird, als er plötzlich im Mähen innehält und mit der Sense in der Luft wie versteinert stehen bleibt.

»Mei, ein kleines Häsle«, sagt er.

Neugierig kommen wir herbei und sehen das kleine Häschen, das sich vor ihm in den Boden drückt und offensichtlich meint, nun habe sein letztes Stündlein geschlagen.

»Das müssen wir beiseiteschaffen«, verkündet die Walburga.

Der Horst will sich bücken und es hochheben, da hält sie ihn zurück: »Wenn du's jetzt anfasst, nimmt sie's nimmer.«

»Soll's wegfliegen?«

»Nimmst halt ein wenig Korn und greifst es damit an.«

Der Horst verharrt einige Sekunden und schaut seine Schwester an, dann senkt er leicht den Kopf und greift sich zwei Büschel Korn, mit denen er das Häschen greift und an den Rand des Feldes trägt, damit es die Alte holen kann. Ich wundere mich, dass er nicht von selbst auf den Gedanken gekommen ist. Er muss das doch wissen, er ist doch auf dem Bauernhof groß geworden. Aber vielleicht hat er es ja im Krieg vergessen. Vielleicht macht der Krieg Dinge mit den Männern, die sie zu anderen Menschen machen.

Vielleicht war er ja früher gar nicht so ein böser Mensch, denke ich.

Am Abend stellen wir den gemähten Weizen zu Mandeln auf. Dazu stellen wir ein Büschel in die Mitte und vier weitere drumherum, sodass das Ganze einen Halt hat. Regen kann den Weizenähren so nichts anhaben, vielmehr reift das Getreide noch weiter. Die Geißlmutter heißt mich, die Mandeln oben mit einem Strohband zusammenzubinden. Das ist nicht leicht, denn man muss hoch hinaufgreifen. Mehrmals falle ich gegen die Büschel, sodass alles wieder umfällt.

»Geht das auch ein wenig schneller«, fährt mich der Horst an.
»So langsam, wie du schaffst, bist du zur Brotzeit noch nicht fertig.«

Ich schlucke und möchte entgegnen, dass er es selbst machen soll, weil er größer ist. Aber ich traue mich nicht, sondern senke nur den Blick und bleibe mit hängenden Armen vor ihm stehen.

»Dumm und faul bist du«, erklärt er mir und sieht mich aus kalten Augen an. Ich komme mir vor wie eine lästige Fliege, die er gleich zerquetschen wird. Dabei habe ich den ganzen Tag Büschel gemacht und Garben gebunden, der Rücken tut mir weh und auch die Hände von den Dornen. Mein Nacken brennt wie Feuer, weil ich dort einen Sonnenbrand habe, der durch das Herabziehen der Garbenstricke, die ich mir um den Hals gelegt hatte, zusätzlich gereizt worden ist.

»Ich hab' den ganzen Tag schwer geschafft«, verteidige ich mich.

»Und frech noch dazu«, sagt er verächtlich und wendet sich ab, als könne er meinen Anblick nicht mehr ertragen.

Ich fühle, wie mir die Tränen in die Augen steigen, und versuche, sie zurückzuhalten. Aber es gelingt mir nicht, heiß spüre ich sie die Wangen hinablaufen.

Acht Tage später fahren wir den Weizen ein. Der Horst gabelt die Garben auf und gibt sie der Walburga hinauf, die oben auf dem Leiterwagen steht, vor den die Liesl und die Lotte gespannt sind. Hüben und drüben, vorne und hinten und dann in der Mitte bindet sie die Garben an. Und immer wieder läuft sie vor und zurück, um alles ein wenig herunterzustampfen. Hin und her und wieder von vorne. Meine Aufgabe ist es, die Bremsen mit Haselzweigen zu verscheuchen. Es sind Massen von Bremsen. Sie umschwirren die Kühe, die mit ihren Schwänzen schlagen und mit den Ohren zucken und der Plage doch nur unzureichend Herr werden. Und so stehe und wedele ich, während die Sonne brennt und der Horst und die Walburga ihrer schweren Arbeit nachgehen und der Wagen sich immer mehr zur Seite neigt, weil er an einem leichten Abhang steht. Die zweite Lage liegt schon oben, als die Lotte plötzlich bockt, weil sie gestochen wurde, und der Wagen umkippt. Ganz langsam geschieht das, ich kann es kommen sehen. Doch reicht mir die Zeit nicht, um auf die andere Seite zu springen, und dann fällt das Korn auf mich, bedeckt mich, bis nur noch mein Kopf herausschaut.

Was ist das nun für ein Geschrei! Der Horst schlägt die Kühe, die Walburga schimpft mit ihm, dass er aufhören und nach mir schauen soll. Aber darauf bin ich gar nicht scharf, sodass ich mich beeile, wieder herauszukrabbeln, bevor er mir zu nahe kommt. Wehgetan habe ich mir nicht, und besonders mitgenommen bin ich auch nicht. Das Korn ist nicht allzu hart, und eine Distel hat mich auch nicht gestochen. So krieche ich auf allen vieren heraus aus dem Haufen und sehe zu, dass ich dem Horst aus dem Weg gehe, indem ich auf die andere Seite des Wagens laufe. Ich kann mir schon denken, dass er mir die Schuld an dem Unglück geben wird, sobald er die Gelegenheit dazu bekommt.

Und genau das tut er: »Bist sogar zu blöd, um ein paar Bremsen von den Kühen abzuwehren!«, ruft er mir zornig zu, sobald er mich erblickt.

Ich versuche, seine Worte nicht an mich heranzulassen, aber irgendwie finden sie doch ihren Weg in meinen Körper und machen ihn kalt und hart.

Als wir die Garben schließlich erneut aufgeladen haben, dämmert es schon. Dreimal fahren wir hin und her, bis wir die letzte Fuhre in völliger Dunkelheit in den Stadel einbringen. Ich sehe die Hand vor den Augen nicht, als ich das Korn in Empfang nehme, das mir der Horst und die Walburga mit den Gabeln vom Wagen hinauf unters Dach reichen, und so lässt der Horst sich die Gelegenheit nicht nehmen, mich abermals anzufahren: »Die Ähren müssen zusammenschauen, Meudl, sonst fallen sie nach der Seite heraus!«

Zu müde bin ich, um mich noch über ihn zu ärgern. Und zu müde, um nach getaner Arbeit noch nach der Miezi zu sehen. Nur notdürftig wasche ich mir an der Waschschüssel im Stall den Staub von der Haut, dann steige ich hinauf in unser Zimmer und falle in einen tiefen, unglücklichen Schlaf.

Am nächsten Morgen hängt ein grauer Regen über dem Tal.

»Recht haben wir's gemacht, dass wir das Korn gestern eingebracht haben«, sagt der Horst, der mit vom Kopfe abstehendem

Haar in der Stube sitzt und gerade erst von einem Schwätzchen mit dem immer gut informierten Högabauer zurückgekehrt ist, während die Walburga und ich schon um halb sechs auf den Beinen waren und wie jeden Morgen das Vieh versorgt haben. Ich verspüre ein tiefes Unbehagen, wie ich so mit ihm an einem Tisch sitze.

»Der Feind hat schwere Verluste erlitten«, verkündet er mit einer Miene, als habe er selbst höchstpersönlich dazu beigetragen. »Er hat Regensburg und Schweinfurt angegriffen, konnte aber dann geschlagen werden!«

Sein Blick ist funkelnd, und ich stelle mir vor, dass er einer ist, der Spaß am Töten hat. Ich bin froh, als ich nach dem Frühstück zum Schulhaus laufen kann, um die Blumen zu gießen. Es ist mir eine besondere Ehre, dass die Lehrerin gerade mich ausgewählt hat. Scheint es mir doch, dass sie mir mehr als allen anderen Kindern zutraut, dass ich meine Sache gut mache. Und so laufe ich mit schnellen Schritten den Berg hinauf zur Schule, schließe die große Tür auf und schlüpfe ins Klassenzimmer, das so still und leer daliegt, wie ich es zu Schulzeiten noch nie gesehen habe. Ein Geruch nach Kreide liegt in der Luft, und zum ersten Mal, seit die Geißlmutter mich geschlagen hat, ist mir so friedlich zumute, dass ich mich gar nicht regen mag. Ich stehe eine Weile still da und blicke auf das große Holzkreuz an der weiß getünchten Wand, auf die Standtafel, die alten Bänke mit den hochgeklappten Sitzflächen, die in die Tische eingelassenen Tintenfässer, den großen Kachelofen und das Stehpult der Lehrerin mit dem Tatzenstöckle, mit dem sie so gezielt zuschlagen kann. Dann öffne ich die Fenster, fülle die Gießkanne und wässere die bunten Petunien, die in den Blumenkästen auf den Fensterbänken wachsen und immer leicht klebrig sind. Als ich fertig bin, nasche ich von den blauschwarzen Kriechen-Pflaumen, die der Pflaumenbaum vom Schulhof so großzügig in Richtung Fenster streckt. Blutroter Saft tropft heraus, köstlich schmecken sie, und so recke und strecke ich mich, bis ich alle Pflaumen, die in Reichweite sind, verspeist und den Saft genüsslich von meinen Fingern abgeleckt habe.

Zurück auf dem Geißlhof, schickt die Geißlmutter mich in den Wald, damit ich Pilze fürs Mittagessen sammle. So laufe ich wenigstens nicht Gefahr, wieder an Horsts Seite schaffen zu müssen. Außerdem kann ich die Anneliese fragen, ob sie mitkommt.

Fast schon gut gelaunt mache ich mich also im Nieselregen abermals auf den Weg, und tatsächlich treffe ich meine Freundin im Hof stehend an, mit Händen und Füßen gestikulierend im Gespräch mit einem Mann, der ganz offensichtlich einer der Kriegsgefangenen ist, auf die ich so neugierig bin. Er trägt einen braunen Gefängnisanzug und eine Art Baskenmütze, er wirkt gepflegt und lächelt mich an, als ich näher trete.

»Guten Tag, schönes Fräulein«, begrüßt er mich. Er spricht mit einem drolligen Akzent und rollt das R auf eine Art, die mich zum Lachen bringt.

»Guten Tag«, antworte ich und spüre, wie ich rot werde.

»Das ist der Paul«, erklärt mir die Anneliese. »Er ist ein guter Ingenieur. Das ist der, der mir das Flaschenboot gebaut hat.«

Der Paul lächelt immer noch.

»Ich auch zwei Mädchen habe«, sagt er, wobei er das H verschluckt. »Kleine Mädchen.«

Er deutet mit der Hand eine Linie nicht weit über dem Boden an.

»Wir gehen in den Wald, zum Pilzesuchen«, sagt sie, halb zu mir und halb zum Paul.

»Ja, gut, auf geht's, Anneliese, schaffen, damit der Hitler den Krieg gewinnt«, erwidert der Paul und lacht.

Ungläubig blicke ich ihn an, bis die Anneliese sich meiner erbarmt und erklärt: »Der macht nur Spaß, Inge.«

Natürlich, denke ich. Darauf hätte ich auch selbst kommen können. Schüchtern werfe ich dem Paul einen letzten Blick zu, dann machen wir uns trotz des leichten Nieselregens fröhlich auf den Weg in den Wald, halten unter den Buchen nach reicher Ernte Ausschau und schwatzen dabei munter.

»Der Jäger hat der Eva ein Reh gebracht«, erzählt die Anneliese. »Man hat ihm den Fuß abgemäht, es ist unten überall ganz zerschnitten, und er hat gesagt, sie soll es kaputt machen. Aber sie konnte es nicht, und so hat sie es behalten und ist mit ihm ins Krankenhaus nach Lauterach gegangen. Und dann hat der Arzt zu ihr gesagt: ›Ja, sag mal, was bringst du mir denn da? Ich bin doch kein

100

Tierarzt!‹ Dann hat er es aber doch gerichtet, und als sie bezahlen wollte, hat er das Geld nicht nehmen wollen. ›Das bezahlt ein anderer, geh du nur heim‹, hat er ihr erklärt. Und jetzt hat sie es auf den Namen Heidele getauft und gibt ihm mit der Flasche Milch zu trinken.«

»Dann hat sie wenigstens was, was sie lieb haben kann«, sage ich und denke an die Miezi und an die böse Geißlmutter und den Vater und die Mutter.

Die Anneliese nickt. »Und wie sie's lieb hat. Sie hat's sogar manchmal auf dem Arm. Der Paul, als er das gesehen hat, hat zu ihr gesagt: ›Du bekommen ein Kilo Schokolade, wenn ich am Platz vom Heidele sein darf.‹«

Wir müssen kichern.

»Gibt's was Neues vom Fritz?«, frage ich dann.

Die Anneliese schüttelt den Kopf. »So schnell ist die Feldpost nicht. Oder aber der Fritz hat das Interesse verloren. Die Eva jedenfalls läuft jeden Tag dem Briefträger entgegen, und dann kommt sie mit leeren Händen zurück ins Haus und zieht ein Gesicht wie sieben Tage Regenwetter.«

»Mein Vater schreibt nur alle paar Monate mal«, sage ich.

Die Anneliese zuckt mit den Achseln, das Thema ist für sie nicht weiter von Interesse.

»Willst ein Kaubonbon?«, fragt sie und zieht eine Handvoll Weizenkörner aus der Schürzentasche.

Ich nicke, und dann kauen wir beide auf unseren Körnern herum, so lange, bis sie eine zähe Masse sind, die herrlich klebt und ein bisschen süß ist.

Ich überlege, ob wir beichten müssen, dass wir heimlich die Briefe vom Fritz lesen. Wahrscheinlich müssen wir das. Aber andererseits: Die Anneliese hat nicht einmal gebeichtet, dass sie ein Tier gequält hat. Ich weiß es genau, denn ich habe ihren Beichtspiegel gefunden, nachdem sie einen Regenwurm auseinandergerissen hatte, um zu sehen, ob wirklich jedes der beiden Teile weiterleben kann. Am Rand hatte sie mit Bleistift notiert, wie oft sie was getan hatte. Und hinter dem fünften Gebot war kein einziger Strich.

Gegen Mittag sind unsere Schürzen voller Eierschwammerln,

Gamsbart, Champignons und Steinpilze. Stolz leere ich sie vor der Geißlmutter auf den Tisch, bevor ich schnell zur Miezi laufe, die ich gestern so sträflich vernachlässigt habe. Allerdings mache ich mir nicht allzu viele Hoffnungen, sie anzutreffen, als ich in die Scheune trete. Sicherlich wird sie unterwegs sein, um Mäuse zu jagen. Doch wider Erwarten läuft sie direkt auf mich zu, als ich das Tor öffne, und dabei miaut sie so kläglich, dass ich mich erschrocken zu ihr hinunterbeuge.

»Was hast denn, Miezi?«

Sie miaut weiter, reibt sich an mir, ihr Schwanz wirkt sehr buschig auf mich, und ihre Rückenhaare sind aufgestellt. Und nun fällt mir auf, dass ihr Bauch ganz dünn ist. Sie muss ihre Jungen bekommen haben!

»Miezi, jetzt bist eine Mutter, willst mir nicht deine Jungen zeigen?«, frage ich sie aufgeregt und streichle ihren Rücken.

Sie löst sich von mir, und ich folge ihr. Sie läuft hin und her, ziellos wirkt sie. Läuft auf den Hof, auf die Straße hinaus, dort wieder hin und her, ohne ihr klägliches Miauen zu unterbrechen, und plötzlich wird mir klar, was geschehen ist: Man hat ihr die Jungen weggenommen!

Mit einem Schlag kommen mir die Tränen. Ich hebe die Miezi hoch, drücke sie an mich und weine hemmungslos in ihr weiches Fell. So stehen wir, und ich kann gar nicht aufhören zu weinen, meine ganze Verlassenheit, mein ganzer Kummer, meine ganze Verzweiflung brechen sich Bahn und verschmelzen mit dem Schicksal der jungen Katzenmutter zu einem dicken Kloß voll schwarzer Traurigkeit.

Lange Zeit stehen wir so, bis die Rufe der Geißlmutter zu mir durchdringen. Ich weiß nicht, wie oft ich sie schon überhört habe: »Inge, Inge, kommst jetzt endlich zum Essen, Meudl, was hast denn? So komm doch!«

Als ob ich mich von ihr noch einmal trösten lassen würde.

Und dann renne ich los, den Weg hinunter, weg vom Geißlhof. Ich drücke die Miezi an mich und laufe durchs Dorf, den Kirchberg hinauf und den Dorfbach entlang, bis unser Haus vor mir auftaucht. Ich stürze durch die Haustür und in die Kuchel, wo die Mutter am

Herd steht und in einem Topf rührt, und rufe: »Ich geh nimmer zur Geißlmutter, ich bleib jetzt hier!«

Die Mutter lässt die Hände sinken und starrt mich an. Ich halte noch immer die Miezi in den Händen, und Tränen laufen über meine Wangen.

»Kind, was ist denn überhaupt los?«

Und nun drängen die Worte aus mir heraus. Alles erzähle ich der Mutter, von der Walburga, die mal nett zu mir ist und mal nicht, von der Geißlmutter, die mich geschlagen hat, vom Horst, der mich so schlecht behandelt, und von der Miezi, die nun keine Jungen mehr hat, weil er sie getötet hat. Denn daran, dass er es war, dieser abgrundtief böse Mensch, habe ich keinen Zweifel. Als ich fertig bin, herrscht Stille zwischen uns, bis die Mutter schließlich sagt: »Inge, wenn's gar nimmer geht, kannst natürlich heimkommen, aber sei doch froh, dass du dort etwas zu essen hast. Es wird nicht ewig dauern. 's ist doch nicht so schlimm, die Kätzle kann man nicht alle gebrauchen, die müssen teilweise kaputt gemacht werden, sonst werden's zu viele, das machen alle so. Das Leben ist kein Wunschkonzert. Jetzt besinnst dich und gehst halt wieder zurück, hier reicht das Essen nicht für uns alle, das weißt doch.«

Ich starre sie an und komme mir auf einmal unendlich einfältig vor. Was habe ich denn geglaubt? Dass die Mutter mich gleich dabehalten würde aus lauter Mitleid? Dass sie meinen Kummer teilen und mich trösten würde? Dass sie gar die kleinen Kätzchen wieder lebendig machen könnte?

Nein, das kann ich doch nicht im Ernst erwartet haben. Die Mutter hat doch grad schon genug Sorgen, da muss ich ihr doch nicht noch mehr machen, indem ich sie mit meinen belaste! Ich schäme mich nun dafür, dass ich davongelaufen bin. Und so schlucke ich meinen Kummer hinunter und nicke langsam, mit brennenden Augen, und unterdrücke die neu aufsteigenden Tränen energisch.

Als ich zum Geißlhof zurücklaufe, drücke ich die Miezi immer noch an meine Brust. Und sie lässt es sich gefallen, als fühle sie sich genauso verloren wie ich.

In den folgenden Tagen sind die Miezi und ich wie verwandelt. Sie ist apathisch, sucht nimmermüde nach ihren Jungen, verweigert fast jegliche Nahrung und magert innerhalb kürzester Zeit so weit ab, dass sie noch dünner ist als zu dem Zeitpunkt, als sie mir zugelaufen ist. Und ich bin teilnahmslos und wie betäubt, etwas in mir ist zerbrochen. Geradezu mechanisch erledige ich die anfallenden Arbeiten und bin mit meinen Gedanken ganz woanders. Ich lausche den Worten der Geißlmutter, die mir eine Brotzeit zusteckt und einen kleinen Kübel um den Bauch bindet, ohne sie zu verstehen: »Komm mir bloß nicht mit einem leeren Kübel heim.« Dann laufe ich in den Wald und sammele in einem fast entrückten Zustand Heidelbeeren. Ich laufe zwischen den Buchen und Föhren hindurch, vergesse, auf dem Heimweg zu naschen, und helfe der Geißlmutter, einen Heidelbeerkuchen zu backen, ohne den Teig zu probieren. Ich spüre nicht die Schmerzen, wenn ich mit bloßen Füßen über die Stoppelfelder laufe, höre nicht das Zirpen der Grillen und spüre nicht den Flügelschlag der Fledermäuse, wenn ich abends vom Hüten komme. Und als wir Marmelade einkochen, schütte ich aus Versehen so viel Opekta in den Topf, dass alles zu einem dicken Klumpen geliert.

»Inge, kannst nicht aufpassen«, schimpft die Geißlmutter mich durch den süßlichen Geruch hindurch, der in der Rußkuchel hängt. »Vorerst gibt's keine Marmelade mehr für dich zum Frühstück!«

Ich schüttele nur den Kopf und renne hinaus, damit sie meine Tränen nicht sieht.

Eine einzige Qual sind diese prächtigen Augusttage für mich, obwohl der Horst längst wieder abgereist ist. Selbst abends, wenn ich im Bett liege, finde ich keine Linderung, obwohl ich versuche, meine Gedanken weg von den Kätzchen zu lenken, indem ich mir ausmale, wie mein Leben später einmal aussehen wird – viel später, wenn ich groß bin und eine schöne Kutsche haben werde wie die reichen Bauern an der Kommunion und schöne Kleider und immer ein solches Essen wie im Pfarrhaus. Doch die Bilder in meinem Kopf bleiben blass, und immer wieder frage ich mich, wie man sie getötet haben mag: Hat der Horst sie ertränkt? Oder hat er sie an die Wand geworfen, dass sie leblos zu Boden sanken?

Zäh fließen die Tage dahin. Der Altweibersommer spinnt gleichgültig seine weißen Fäden über die Stoppelfelder, und während die Geißlmutter und die Walburga darüber jubeln, dass es deutschen Fallschirmjägern gelungen ist, Mussolini aus seiner italienischen Gefangenschaft zu befreien, scheint es mir, als gäbe es nichts und niemanden, der mich aus meiner Erstarrung befreien könnte. Am Mittag sitze ich wie betäubt am Tisch vor einer Schüssel Brotsuppe, und selbst die Kartoffeln, die im Rohr eine schöne braune Kruste angenommen haben und so mehlig geworden sind, dass sie aufspringen und wir sie aus der Schale löffeln können, schmecken mir nicht so gut wie sonst.

Doch dann fragt die Geißlmutter unvermutet: »Die Henne mausert sich wieder einmal, magst ihr Eier unterlegen, Inge? Dann haben wir in drei Wochen ein Dutzend neue Biberle, und die darfst dann ganz allein versorgen. Aber wehe, du passt auf die kleinen Küken nicht richtig auf!«

Ich hebe den Kopf ein wenig und nicke.

Sie sieht mich ein wenig länger an als sonst, während sie auf einer Portion Kartoffeldatschi herumkaut, und ich frage mich, ob sie weiß, wer Miezis Junge getötet hat.

Die Walburga fährt dazwischen: »Jetzt setz dem Meudl doch keine Flausen in den Kopf. Beim Kleeschneiden kann ich sie brauchen, beim Luzernenholen und beim Rotkleeschneiden, es gibt grad genug Arbeit, und bald fängt auch die Schule wieder an. Glaubst denn, ich kann alles allein machen?«

»Die Inge wird der Henne die Eier unterlegen. Und beim Kleeholen hilft sie dir trotzdem, gell, Inge?«

Abermals nicke ich. Es tut mir gut, dass sie auf einmal so nett zu mir ist. Der schwarze Kummer drückt dann ein bisschen weniger.

Anderntags macht die Geißlmutter ein Kreuz in den Kalender, der in der Stube an der Wand hängt. »Damit wir wissen, wann wir die Eier angesetzt haben«, erklärt sie mir.

Ich nicke und kann es auf einmal kaum noch erwarten. Jeden Abend, wenn ich der Miezi ihre Milch bringe, sehe ich nach der Henne, die auf ihrem Nest in der Scheune thront und sich nach und nach die Federn ausrupft, um es noch kuscheliger zu machen. Ihr

Bauch ist ganz heiß, und ich rede ihr mit leisen Worten zu, erzähle ihr, dass sie bald Biberle haben wird und dass sie ja nicht so oft aufstehen soll, damit die Eier nicht auskühlen. Ich gebe Körner in ein Schälchen, stelle es vor sie hin, damit sie sitzen bleiben kann und nicht mit den anderen Hühnern um die Wette vom Stall bis vor die Haustür laufen muss, von wo aus ich das Korn normalerweise mit weiten Schwüngen auf den Hof streue. Und sie pickt meine Gaben mit ruckendem Kopf und einer geradezu königlichen Haltung auf, als wisse sie genau, wie sehr sie im Moment von ihrem Nachwuchs gebraucht wird.

Eines Morgens nach dem Frühstück, als ich der Henne ihre Körner bringe und sie kurz hochhebe, um ihre Brut zu inspizieren, sehe ich endlich zwei angepickte Eier.

Schnell setze ich sie wieder ab und hocke mich vor sie hin. »Jetzt wollen deine Biberle raus, siehst?«

Doch natürlich ruckt sie nur wieder gleichgültig mit dem Kopf und pickt ihr Futter auf. Und ich weiß, dass ich warten muss, bis die Biberle sich selbst aus dem Ei befreien können. Erst wenn eins vollständig ausgebrütet ist, hat es genug Kraft, um sich den Weg in die Welt zu bahnen. Würde ich ihm helfen, ginge es kaputt. Es wäre zu früh.

Um mir die Wartezeit zu überbrücken, lege ich schon mal einen Karton mit feiner Gaze aus, so wie es mir die Geißlmutter beigebracht hat. Und jede Stunde laufe ich nun in die Scheune, um das Geschehen zu überwachen. Wenn ich vom Hüten komme, führt mich mein erster Weg dorthin, und morgens nach dem Aufstehen schlüpfe ich schnell hinein, bevor ich das Vieh versorge. Die Miezi ist auf diesen Gängen meine treue Begleiterin, als nehme auch sie großen Anteil an dem, was vor sich geht. Ich frage mich, ob sie noch an ihre Jungen denkt.

In der letzten Sommerferienwoche ist es dann so weit: Das erste Biberle sitzt im Nest, als ich vor dem Hüten in die Scheune komme. Fasziniert hocke ich mich hin, wobei ich darauf achte, dass ich ihm nicht zu nahe komme, um die Henne nicht gegen mich aufzubringen. Verliebt sehe ich das kleine Küken an. Denn dies ist nicht nur das Junge der Henne, sondern auch ein wenig meines. Ich habe es angesetzt, ich habe sein Werden überwacht, und nun werde ich es sein, die es versorgt. Stolz betrachte ich es. Obwohl es winzig ist, erscheint sein Kopf riesig im Vergleich zu seinem Körper. Und erst die Auglein! Auch der Schnabel wirkt sehr groß, doch das wird sich bald ändern, wenn der kleine Kerl erst wächst. Und dafür, dass er das tut, werde ich sorgen! Vorsichtig stehe ich auf und nähere mich ihm langsam, während die Henne mich misstrauisch beäugt und von der Miezi jede Spur fehlt.

»Ich tu ihm nichts, ich setz es nur in den Karton«, beruhige ich die besorgte Mutter, mache gleichzeitig einen schnellen Satz nach vorne, nehme das kleine Geschöpf hoch und setze es unter dem empörten Gegacker der Henne in den vorbereiteten Karton. Dann eile ich in die Kuchel, ganz aufgeregt bin ich, und erkläre der Geißlmutter, die gerade einen Teig knetet und mehlige Hände hat: »Jetzt brauchen wir Nahrung, das Erste ist geschlüpft, und die anderen werden auch bald so weit sein!«

Meine Augen funkeln, und ich spüre, wie die Lebenslust, die mir nach dem Tod der kleinen Kätzchen abhandengekommen ist, langsam wieder durch meinen Körper strömt.

»Geh und setz Eier auf. Und dann pflückst auf der Wiese ein paar Brennnesseln, die mischst du unter die Eier, das schmeckt ihnen«, weist sie mich an und knetet ganz ungerührt ihren Teig weiter, denn sie hat ja wohl schon hunderte Biberle wachsen sehen und die meisten von ihnen ihr Eigen nennen dürfen.

Doch zwei Tage später, als alle Küken geschlüpft sind, gibt auch die Geißlmutter ihre Zurückhaltung auf. Wir sind mit der Walburga auf dem Heimweg vom Feld, wo wir Rübensamen in die frisch ge-eggte Erde gedrückt haben, da fordert sie mich auf: »Komm, Inge, wir machen noch einen Umweg in den Wald, damit die Biberle ein gutes Futter bekommen. Geh du ruhig schon vor, Walburga.«

Die Walburga verdreht die Augen und geht schnaubend heim, während mir das Herz ganz leicht wird. Vergessen sind die Schläge, vergessen ist Horsts Wut, vergessen auch, zumindest für einen Moment, die toten Kätzchen. Emsig laufe ich neben der Geißlmutter her, die nun einen Sack aus ihrer Schürze zieht und den Pfad Richtung Wald wählt, ohne dass ich mir vorstellen kann, was genau sie vorhat. Kaum haben wir unser Ziel erreicht, verlangsamt sie ihren Schritt, blickt sich prüfend um und bleibt schließlich vor einem großen Ameisenhaufen stehen.

»Da haben wir einen«, sagt sie zufrieden, und dann beugt sie sich hinab und greift mitten hinein in das Gewusel, bohrt darin herum und fördert nach einigen Sekunden eine ganze Handvoll weißlich gelber Ameiseneier zutage – groß wie die Puffreiskörner, die ich aus Herborn kenne, sind sie, und mir graust es vor ihnen. Mit den bloßen Fingern streift die Geißlmutter die Ameisen, die sie mit den Eiern herausgezogen hat, von ihren Händen und gibt die Eier, vermischt mit Tannennadeln, Stöckchen und einigen verbliebenen Ameisen, in den Sack, den sie mir aufzuhalten bedeutet. Dann greift sie abermals in den Haufen, fördert mehr Eier heraus und ruht nicht eher, als bis sie etwa fünf Pfund beisammen hat.

»Das mögen sie«, erklärt sie mir, während sie das Loch, das sie in den Haufen gebohrt hat, wieder verschließt. Ich nicke artig, denn wenn mir auch vor den Eiern und den Ameisen graust, so weiß ich den Einsatz der Geißlmutter doch zu schätzen.

Und tatsächlich – als ich die Ameiseneier zu Hause in den kleinen Trog schütte, aus dem die Biberle nun zu fressen gelernt haben, verputzen sie diese in Windeseile, wobei sie wie immer übereinanderpurzeln und die tollsten Dinge anstellen. Zu süß sehen sie aber auch aus! Eins klettert über ein anderes hinweg, sodass sie schließlich beide umfallen, und ein anderes wühlt sich so tief in den Trog hinein, dass sein ganzes Fell von Eiern bedeckt ist, als es schließlich wieder hervorkommt.

Als ich an diesem Abend das Stroh in meiner Matratze aufschüttele, denke ich zum ersten Mal nicht an Miezis Junge.

Ach, würden die Ferien doch nur ewig dauern! Das wünsche ich mir am ersten Schultag, als ich mich begleitet vom Gesang der Grünfinken und Stieglitze in den Apfelbäumen auf den Weg ins Schulhaus mache, das den ganzen Sommer über so verlassen dalag und mir allein zu gehören schien, wenn ich die Blumen goss. In der Ferne bewegt der Wind auf den Getreidefeldern Weizen, Hafer und Gerste, lässt den Mais schwanken und das glänzende Laub der Pappeln zittern. Das leuchtende Gelb der Butterblumen auf der Wiese beim Högabauern blendet fast. Wie blaue Tropfen liegt Männertreu im Gras, und die duftenden Dolden des Süßkerbels bilden weiße Wolken. Über dem Klee summen die Bienen.

Die Anneliese ist ganz fidel und freut sich darauf, endlich der Arbeit daheim entronnen zu sein, wie sie mir mitteilt, als ich sie an der Ecke des Messhofes treffe.

Ich wäge diesen Gedanken und entscheide, dass er so dumm nun auch wieder nicht ist.

»Und das Heidele gedeiht auch prächtig«, plappert sie munter drauflos, während wir den Berg hinauf in Richtung Schule laufen. »Der Apotheker in Lauterach hat der Eva gesagt, sie soll Wasser in seine Milch mischen, denn nur mit Milch allein gedeiht das Kitz nicht. Und seitdem ist alles prima. Die Eva hat sogar einen Korb genommen und Stroh hineingetan und das Heidele hineingelegt und obendrauf eine Decke aus Daunen.«

Sie kichert.

»Das glaub ich nicht«, sage ich.

»Doch, es ist eine ganz große Liebe. Weil doch der Fritz nicht mehr schreibt. Sie geht auch mit ihm spazieren, und wenn sie auf die Straße läuft, kommt es ihr immer nach.«

Ich schüttele den Kopf. Das kann sie sich nur ausgedacht haben, die Anneliese, denke ich, als ich neben ihr in unsere Bank schlüpfe.

Doch dann habe ich keine Zeit mehr, weiter über die Sache nachzudenken. Mit eiligen Schritten und einem unzufriedenen Gesicht betritt die Lehrerin den Klassenraum, schnell erheben wir uns und strecken die rechte Hand aus: »Heil Hitler, Frau Lehrerin!«

Streng blickt sie sodann in die Runde, bis ihr Blick am Fenster hängenbleibt, hinter dem die Petunien prächtig blühen. Vor Stolz schlägt mein Herz ganz schnell, vielleicht wird sie mich ja loben? Doch weit gefehlt.

»Wo sind denn die ganzen Kriechen hingekommen?«, fährt ihre Stimme schneidend durch den Raum, und nun sehe ich ihn auch: den Ast des Kriechen-Baumes, den ich bei einem meiner Besuche abgeerntet habe. Ein eisiger Schreck durchfährt mich, während sich die Augen meiner Mitschüler auf mich richten. Eine beklemmende Stille liegt über der Klasse.

»Inge, war noch jemand in der Schule außer dir?«, fragt die Lehrerin.

Ich schüttele den Kopf.

»Dann kannst sicher du mir sagen, wo die Kriechen geblieben sind?«

»Ich habe sie gegessen«, flüstere ich, den Kopf gesenkt. Ich muss an den Karl denken, den sie so sehr geprügelt hat, dass ihm die Hand aufgeplatzt ist.

Und dann muss ich nach vorne treten und bekomme mit der Haselnussrute zehn Tatzen auf die ausgestreckten Finger geschlagen. Es ist das erste Mal in meinem Leben, und es tut entsetzlich weh, mehr, als ich gedacht hätte. Ich kann an gar nichts denken, während sie mich schlägt, doch als ich danach mit geschwollenen und roten Fingern in meiner Bank sitze und die Tränen hinunterschlucke, kann ich nicht umhin, darüber nachzusinnen, wie ungerecht das ist: Dass sie mich schlägt, weil ich die Kriechen gegessen habe, obwohl ihr der Baum doch ebenso wenig gehört wie mir. Doch niemals käme ich auf den Gedanken, mich dagegen zu wehren. Ich bin daran gewöhnt, dass die Lehrerin wie eine Herrin über uns verfügt – wie alle Kinder kenne ich es nicht anders. Denn so wie der Bürgermeister uns zum Kartoffelkäfersammeln schickt, schickt sie uns mit Marmeladeneimern in den Wald, damit wir Blaubeeren und Brombeeren für sie sammeln, die sie dann mit nach Hause nimmt. Meistens freuen wir uns sogar darüber, denn so müssen wir nicht lernen.

Doch auch diese Beerenlese hat irgendwann ein Ende, weil der Sommer dahinzieht. Die Tage werden kürzer, und am Morgen, wenn die Walburga zum Hüten geht und ich in die Schule, liegt nun oft ein weißer Nebel über dem Tal. Die Lehrerin bringt uns bei, Leible aus weißer Baumwolle zu häkeln, lauter Stäbchen, hin und her, mit Knöpfen, um die schwarz-weiß gestreiften Gummistrapse zu befestigen, damit die Strümpfe nicht rutschen. Es ist eine Arbeit, die mir überhaupt keinen Spaß macht.

Meine Nachmittage verbringe ich nun wieder auf dem Feld, wo

ich hinter der Egge hergehe und dort, wo vorher das Korn stand, Klee säe. Auch die Futterrüben müssen aus dem nun oft feuchten Boden gezogen werden. Liegen sie alle im Karren, fahren die Walburga und ich sie an den Bach und waschen sie, bis sie blitzsauber sind. Dann laden wir sie wieder auf und fahren zum Geißlhof, wo wir sie über Nacht auf dem Wagen abtropfen lassen, bevor ich am nächsten Tag in der Rußkuchel die erste Ladung mit der Rübenmaschine klein schneide und den Kühen als Futter hinwerfe. Die Walburga bringt derweil die übrigen in den Keller. Wir müssen gut haushalten mit den Rüben, die den ganzen Winter über ein wichtiges Futter für die Kühe sind und aus denen wir süßen Sirup kochen werden.

Auch geht es nun ans Hutzelnmachen für uns selbst. Auf den Feldern stehen viele Obstbäume, an denen kleine, wilde Apfel und Birnen wachsen. Man kann sie essen, aber sie sind hart und sauer. So warten wir, bis sie weich werden und vom Baum fallen. Dann sammeln die Walburga und ich sie auf und tragen sie in die Rußkuchel, wo die Geißlmutter sie im Rohr trocknet, bis sie hutzlig werden. In kleinen Säckchen hängt sie sie unter die Decke. Im Winter kocht sie daraus Kompott und mischt sie unter den Teig fürs Hutzelbrot.

Der Herbst kündigt sich mit einem ersten Sturm an, der ein Loch in das Dach der Scheune reißt. Am nächsten Tag kommt der Heinz, der Sohn des Dübabauern, um es zu reparieren. Die Geißlmutter eilt herbei, um ihn zu begrüßen. Er ist ein schmaler Mann mit einer scharf gebogenen Nase und flinken Augen, die ihn ein wenig aussehen lassen wie einen Raubvogel.

»Weißt was Neues vom Krieg?«, fragt sie ihn.

»'s wird immer schlimmer. Hannover ist ein Trümmerfeld, es heißt, dass es nicht beschreibbar ist. Bis gestern waren über hundertfünfzigtausend Obdachlose gemeldet. Die ganze Stadt liegt in Schutt und Asche«, berichtet er. Er ist gerade auf Fronturlaub, seine Wangen sind eingefallen und sein Körper ausgemergelt. Als ob er nicht genug zum Essen bekäme im Krieg.

Ich muss an den Vater denken, während der Heinz, auf einer

hohen Leiter stehend, das Dach mit ein paar alten Pfannen wieder verschließt und dabei der Walburga von oben in den Ausschnitt ihres Kleides blickt. Sie gibt vor, das nicht zu bemerken. Und vielleicht bemerkt sie es wirklich nicht. Wie ich ist sie damit beschäftigt, das Flachsstroh, das wir im Sommer eingefahren haben, auf den Wagen zu werfen.

Als wir es auf die abgemähte Wiese hinter dem Hof fahren, fragt sie mich: »Kennst du eigentlich die Geschichte vom Riesen, als er nach dem Sturm umhergeht?«

Ich schüttele den Kopf und hoffe, dass sie sie mir erzählt.

»Der Riese«, sagt sie mit dem Stolz desjenigen, der ein Geheimnis zu enthüllen hat, »der Riese war mal wieder weit über Land gegangen und hatte den Bauern die großen Tore der Scheunen wieder eingehängt, die ihnen vom Sturm weggeflogen waren. Große Bäume hat er über die Bäche und Flüsse gelegt, und überall hat er den fleißigen Bauern geholfen.«

Sie vergewissert sich, dass ich gespannt an ihren Lippen hänge, während unser Wagen hin- und herruckelt, dann fährt sie fort: »Gutes Essen und Trinken hat er überall bekommen. Alle freuten sich, wenn er zu ihnen kam und half. Auf seinem Rückweg wurde er müde, und kurz vor Ransbach legte er sich hin, um ein kleines Nickerchen zu machen. Aber er schlief tief ein, und es dauerte nicht lange, da schnarchte er wie eine Baumsäge.«

Wir sind inzwischen auf der Wiese angekommen und beginnen, das Stroh zum Rösten auszubreiten, damit sich die innen liegenden Flachsfasern vom übrigen Pflanzengewebe lösen und das sie umgebende Stroh verrottet. Doch die Walburga ist noch nicht am Ende mit ihrer Geschichte, und ich sehe zu, dass ich in ihrer Nähe bleibe, damit ich ja kein Wort verpasse.

»Nun begab es sich, dass ein Füchslein des Weges kam. Es glaubte, die Nasenlöcher des Riesen seien der Eingang zu seinem Fuchsbau, und sprang hinein. Da musste der Riese furchtbar niesen, und das Füchslein flog in hohem Bogen heraus. In der Nähe aber stand ein großes Bauernhaus. Durch das Schnarchen und Prusten war schon das halbe Dach weggeflogen. Schnell lief der Bauer nach draußen und sah den schlafenden Riesen. Er wollte ihn we-

112

cken, aber das ging nicht. So holte er eine lange Heugabel und stach damit dem Riesen tüchtig in den Hintern. Der aber glaubte, ein Igel sei ihm ins Hosenbein gelaufen – das war schon einmal passiert. Er kratzte sich und wollte weiterschlafen, aber der Bauer kitzelte ihn mit der Forke so lange, bis er wach wurde. Als der Riese das kaputte Dach sah, setzte er es dem Bauern glatt und schön wieder auf sein Haus. Dann lachte er und zog von dannen.«

»Ich dachte, nur die Eva kennt Geschichten vom Riesen«, sage ich.

Die Walburga lacht. »Meudl, Meudl, glaubst denn du, dass die Eva sich die alle selbst ausgedacht hat?«

Beschämt senke ich den Kopf. Ja, irgendwie habe ich das tatsächlich gedacht. So sehr bewundere ich die schöne Eva, dass ich ihr das zugetraut habe. Nun komme ich mir ganz dumm vor. Schweigend verrichten wir unsere Arbeit, bis die Dämmerung hereinbricht und es Zeit ist, zu den Kühen zu gehen.

»Jetzt wird's langsam Zeit, dass du das Melken lernst«, sagt die Geißlmutter an einem regnerischen Herbstabend, als wir drei Frauen im warmen Stall stehen und den Kühen ihre Rüben hinwerfen.

»Recht hat die Mutter, Zeit wird's, das tut dir nix«, fügt die Walburga hinzu, als ich nicht sofort antworte, sondern der Leni die Ohren kraule.

Ich weiß nicht, was ich sagen soll. Für mein Gefühl schaffe ich wie eine Magd, nur ohne Geld und Freizeit dafür zu bekommen. Und nun soll ich auch noch melken? Doch ich traue mich nicht, zu widersprechen. Noch zu gut ist mir der Blick der Mutter in Erinnerung, als ich weinend mit der Miezi zu ihr gelaufen bin. Die Mutter will, dass ich bei der Geißlmutter bleibe. Und wenn die Geißlmutter will, dass ich das Melken lerne, dann muss ich es lernen. Also nicke ich und frage: »Jetzt gleich?«

»Ja freilich, Meudl, damit ein Anfang gemacht ist. Das Melken hat noch niemand an einem Tag gelernt.«

Sie zieht einen Melkschemel und einen kleinen Eimer heran: »Hinsetzen und den Eimer zwischen die Füße klemmen. Wenn's dreckig ist, wäschst du das Euter, danach massierst du es, damit die Milch einschießt, und erst dann kannst du ziehen und drücken.«

Ich tue, wie sie mir geheißen hat und wie ich es auch schon oft bei ihr beobachtet habe. Zunächst stoße ich ein bisschen gegen das Euter, so wie es die Kälbchen mit ihren Schnauzen tun. Dann bilde ich mit Daumen und Zeigefinger einen Ring, lege ihn um den oberen Teil der Zitze und fahre sie entlang. Mit der anderen Hand wiederhole ich diese Bewegung. Doch nichts geschieht, obwohl ich ziehe und drücke, so gut ich kann.

»Das richtige Gefühl ist noch nicht da«, sagt die Geißlmutter. »Das übst jetzt jeden Tag, und irgendwann klappt es.«

Sie geht mit der Walburga zurück ins Haus und lässt mich mit der Liesl allein.

Ratlos streiche ich ihr über die Flanke und murmele: »Ein bissel Milch könntest mir schon geben, was meinst, Liesl?«

Doch sie sieht sich nicht einmal zu mir um, sondern wedelt nur träge mit dem Schwanz.

Am nächsten Abend striegele ich der Liesl mit der Wurzelbürste den hart gewordenen Dreck von den Flanken und wasche mit dem Tuch, das immer leicht nach saurer Milch riecht, selbst wenn es ganz sauber ist, ihr Euter. Dann massiere ich es sehr ausgiebig. Dabei flüstere ich ihr zu: »Schöne Liesl, gutes Tier, brav bist.«

Ich stelle mir vor, dass sie mir ihre Milch lieber überlässt, wenn ich gut zu ihr bin. Tatsächlich fallen beim anschließenden Melken ein paar Tropfen in den Eimer zwischen meinen Knien. Als ich sie sehe, bin ich stolz. Ich versuche mir einzuprägen, wie ich das Euter gedrückt und gezogen habe, damit es dazu gekommen ist. Doch obwohl ich mir die größte Mühe gebe, bleibt es bei diesen paar Tropfen. Als die Geißlmutter hinzutritt, lobt sie mich: »Das ist doch schon ganz gut. Melken lernt man nicht von heut' auf morgen. Dir fehlen noch die Kraft und das Gefühl. Versuch es einfach jeden Tag von Neuem, dann wird es immer besser.«

Ich freue mich über ihre Worte und nehme mir vor, meinen Eimer jeden Tag ein bisschen mehr zu füllen. Der Ehrgeiz hat mich gepackt. Vielleicht ist die Geißlmutter ja auf einmal so nett, weil sie gemerkt hat, dass ich ein fleißiges Mädchen bin. Vielleicht wollte sie mich anfangs nur prüfen?

»Wo hütest du?«, ruft die Anneliese, als ich sie an einem bitterkalten, bewölkten Oktobernachmittag auf dem Weg zur Weide treffe. In der Nacht hat es den ersten Frost gegeben, und wie ich trägt die Anneliese ein Kopftuch, eine kratzige Strickjacke und ein Leinenkleid. Mit dem Stock treibt sie die Kühe vor sich her, und ich bin froh, sie zu sehen. Immer wenn es möglich ist, hüten wir zusammen, denn die Felder ihrer Eltern liegen neben denen der Geißlmutter. Die Anneliese hat ihr Lesebuch unter dem Arm, ich trage meinen Melkeimer, und beide haben wir einen groben Leinensack als Sitzunterlage dabei. Kaum haben wir das Dorf hinter uns gelassen, stimme ich ein fröhliches Liedchen an, in das die Anneliese einfällt: »Wer recht in Freuden wandern will.«

Doch so recht in Fahrt kommen wir mit unserem Gesang nicht, denn die Kühe sind sehr wild heute, und immer wieder müssen wir zusehen, dass wir sie auf den Weg zurücktreiben. Als wir den Bach queren, müssen wir sie hineinschieben, dann ziehen wir die Strümpfe aus und waten barfuß hindurch. Eiskalt ist das Wasser, und am anderen Ufer angekommen sehen wir zu, dass wir rasch ausschreiten, um wieder warm zu werden.

»Die Eva hat das Heidele weggeschickt«, erzählt die Anneliese schnaufend. »Es sollte gehen, aber es wollte nicht. Und jetzt kommt es immer wieder zurück, und jedes Mal sagt sie ihm: ›Heidele, geh doch, geh doch weg‹, aber es kommt immer wieder heim. Es sieht sie ja als seine Mutter an, weißt du.«

»Es tut mir leid, das Heidele. Es hat ja sonst niemanden mehr«, sage ich und habe auf einmal einen Kloß im Hals. Ich würde ja selbst auch gern zurückgehen zur Mutter.

»Aber jetzt habe ich es schon tagelang nicht mehr gesehen«, fügt die Anneliese mit gerunzelter Stirn hinzu und sieht sich suchend um, als würde das Heidele gleich von irgendwoher zu uns springen.

Schweigend gehen wir den Rest des Weges bis zur Ödung am Waldrand. Dort verteilen sich die Kühe grasend über die Fläche, und wir legen unsere Säcke ins Gras. Dann laufen wir los, um ein

115

paar weiße Rüben auszugraben, die nun überall auf den Feldern wachsen. Sie sehen aus wie Kugelrettiche – oben etwas bläulich und unten weiß. Die Mutter macht daraus Rübenkraut, das sie mit Salz einstampft. Das mag ich sehr gern, vor allem, wenn sie noch ein Stück geräuchertes Fleisch hineinkocht. Und wenn man die Rüben mit dem Messer schält und roh isst, taugen sie ganz gut als kleine Mahlzeit, obwohl sie einen etwas beißenden Geschmack haben.

Als wir genug gegessen haben, holen wir ein paar Steine und Ästchen und machen ein kleines Feuer, um uns zu wärmen.

»Weißt du, was die Ursel gesagt hat?«, fragt die Anneliese, während wir uns wohlig räkeln und es genießen, dass wir einmal gar nichts tun müssen.

»Wann hast du denn mit ihr gesprochen?«, frage ich.

Die Ursel ist schon in Evas Alter. Wir kennen sie aus dem Chor, aber sonst haben wir nicht viel mit ihr zu tun.

»Nach dem Singen«, sagt die Anneliese. »Und sie hat gesagt, wir sollen mal zur Mühle kommen, wenn sie dort tanzen, dann würden sie's uns lernen.«

Überrascht blicke ich sie an. Wir beide sollen tanzen lernen? Beim Mühlenbauern in der Stube, mit seinen drei Mädchen? Das ist doch eher etwas für Größere. Doch die Anneliese sieht ganz begeistert aus und scheint gar nicht auf die Idee zu kommen, dass ich keine Lust haben könnte.

»Und wann soll das sein?«, frage ich.

»Am Samstag um acht, nach dem Melken. Die Gertrud und die Edith wollen auch kommen.«

Ich kann das immer noch nicht glauben. Wir und tanzen! Kopfschüttelnd lege ich noch einen Ast ins Feuer. Der alte Mühlenbauer hat doch gewiss andere Sorgen, als uns Kindern das Tanzen beizubringen. Die Walburga hat erzählt, dass er gar nicht mehr mahlen kann, weil man ihm seine Mühle verplombt hat und er all sein Korn zur amtlichen Mühle in Utzenhofen bringen muss. Da wird es vor dem Schroten gewogen, und er bekommt nur die Menge an Schrot zurück, die ihm zusteht. Dass ihm da der Sinn danach steht, uns Mädchen zum Tanzen hereinzulassen, kann ich mir beim besten Willen nicht vorstellen.

»Einen Brief habe ich auch noch dabei«, sagt die Anneliese beiläufig, die mein Desinteresse wohl zur Kenntnis genommen hat.

»Vom Fritz?«

Sie nickt.

»Zeig her!« Ich strecke neugierig die Hand aus, und sie greift in ihre Schürzentasche und reicht ihn mir.

Vorsichtig ziehe ich das dünne Papier aus dem weißen Umschlag und beginne zu lesen.

Meine liebe Eva!

Entschuldige, daß ich erst heute auf Deine beiden Briefe antworte. Ich sitze hier als Wachhabender und habe nun Zeit zum Schreiben. Es hat mich riesig gefreut, daß auch Du noch an mich gedacht hast. Ich kann mir lebhaft vorstellen, daß Du sehr erbost warst, nichts von mir zu hören. Ich war die ganze Zeit in Urlaub, bin heute erst mit meinen Zivilsachen hier angekommen. Am Donnerstag werde ich entlassen, um meinen Dienst bei der Wehrmacht antreten zu können. Nun wirst Du Dir sagen, der hat ja vorher Zeit genug gehabt, mir zu schreiben, das war aber leider nicht der Fall. Wir hatten zuvor Besichtigung, und ich war jeden Abend bis mindestens 10 h auf dem Trupp. Und nach so einem anstrengenden Dienst ist man wirklich froh, wenn man sich zu Bett legen kann. Damit Du aber nicht zu kurz kamst, habe ich jeden Abend mit Dir geredet, denn Deine 3 Bilder habe ich mir eingerahmt über mein Bett gehängt, denn wir schlafen wieder alleine im Führerhaus. Diese 3 Bilder werde ich Dir nun schicken, denn bei der SS kann ich sie doch nicht gebrauchen, dort reichen auch die kleinen, und der Glaube daran, daß Du mich nicht vergessen wirst.

Dein Fritz

»Wenn die Eva wüsste, dass wir das hier lesen, würde uns das schlecht bekommen«, mutmaße ich. Ich habe ein schlechtes Gewissen, dass wir es tun, aber gleichzeitig finde ich es so interessant, dass ich gar nicht anders kann, als zu lesen.

»Ganz sicher«, bestätigt die Anneliese. »Aber sie hat keinen Verdacht. Die Briefe liegen unter ihrem Gebetbuch im Nachttisch, und ich gucke immer nur hinein, wenn ich sicher bin, dass sie nicht hereinplatzen wird. Es kann uns gar nichts passieren«, beruhigt sie mich.

»Aber schön ist's schon, gell?«

Sie nickt. »Wahnsinnig schön.«

Wir geben uns beide unseren Träumereien hin, und ich stelle mir vor, ich verliebte mich in einen Bauernsohn und könnte in einem schönen Haus mit einer Toilette, fließendem Wasser und elektrischem Strom leben, weiche Matratzen gäbe es da, und vor allem immer, immer genug gutes Essen.

Als ob sie meine Gedanken lesen könnte, fragt die Anneliese plötzlich: »Hast Lust auf Kartoffeln?«

»Oh ja, Bratkartoffeln!«, rufe ich und springe auf. Die Gedanken an mein späteres Leben sind verflogen. Flugs laufen wir los und graben ein paar Kartoffeln aus, die die Bauern auf den umliegenden Äckern bei der Ernte vergessen haben. Alsbald legen wir unsere Beute zum Braten in die Glut. Köstlich schmeckt das Fleisch, wenn man es aus der schwarzen Schale holt. So beschäftigt sind wir mit Essen, dass wir gar nicht bemerken, wie sich der Himmel über uns allmählich verdüstert und schließlich seine Schleusen öffnet. Im Nu ist unser Feuer aus, und wir rennen in den Wald hinein und legen unsere Säcke wie Zipfelmützen über unsere Köpfe. Die Kühe versammeln sich am Waldrand. Dicht aneinandergedrängt und mit hängenden Köpfen stehen sie stoisch da und lassen sich nass regnen. Vorbei ist es mit der Gemütlichkeit am Lagerfeuer, grau in grau liegen die Ödung und die sie umgebenden Felder vor uns, und die Kälte kriecht hinein in unsere Holzschuhe, durch die gestrickten Strümpfe in die Füße und unsere Beine hinauf, während die Nässe sich ihren Weg langsam, aber sicher von oben durch unsere Säcke bahnt. Zwei Stunden verharren wir so, es ist nicht daran zu denken zurückzugehen. Und als mein Sack sich so voller Wasser gesogen hat, dass er mehr Ballast als Schutz ist, werfe ich ihn ab und laufe, da die Laura gerade dampfend pinkelt, zu ihr hin und wärme meine nackten Füße in der verlockenden Lache auf der Wiese.

Als ich am Abend durchnässt nach Hause komme und auf die

118

Bank am Kachelofen schlüpfen will, sagt die Geißlmutter: »Dein Mund ist ganz schwarz. Hast Kartoffeln gestohlen? Das ist eine Sünde, Meudl. Vergiss ja nicht, zu beichten.«

Ich nicke und laufe müde, hungrig und frierend in den Stall, um ein paar Kellen Wasser zu schöpfen und mir das Gesicht zu waschen, bevor sie schimpfen kann. Sehnsüchtig denke ich an die alte Badewanne, die wir in Herborn hatten. Dann hole ich den Melkschemel und den Eimer und mache mich ans Melken, denn das muss auch erledigt werden, bevor es Essen gibt. Ich bin nun immerhin schon ein wenig kräftiger und geschickter. Ich weiß besser, wie und wo ich auf die Zitzen drücken muss, damit die Milch herausschießt, und finde Gefallen daran, dass die Kühe mir ebenso wie der Walburga geben, was ich von ihnen will. Immer wieder denke ich, dass das auch daran liegen mag, dass ich besonders lieb zu ihnen bin. Ich streichele sie stets, bevor ich sie melke, und rede mit ihnen. Auch ihr Euter massiere ich – kein Wunder, dass sie mich gern an sich heranzulassen scheinen. Ich mag den hellen Klang der Milch, die in den Eimer zischt, und der sich verändert und dunkler wird, sobald der Boden bedeckt ist. Als ich fertig bin, fische ich die Strohhalme aus der warmen Milch und gieße sie durch das Sieb. Stolz präsentiere ich der Geißlmutter an diesem Abend meinen schon ganz ordentlich gefüllten Melkeimer, und tatsächlich hat sie die gestohlenen Kartoffeln vergessen und lobt meine Ausbeute.

Nach einer weiteren Woche geht das Melken schon ganz gut, und bald melke ich schon wie die Walburga und die Geißlmutter. Zwei bis vier Liter Milch geben die Liesl, die Laura, die Lotte und die Leni. Das ist nicht viel, aber sie sind ja auch Arbeitskühe. Sie stehen nicht nur den ganzen Tag da und fressen, sondern müssen schaffen wie wir Menschen auch.

Unsere Arbeit wird auch in den darauffolgenden Wochen nicht weniger. Auf den Feldern müssen nun die letzten Aufgaben des Jahres erledigt werden: Winterweizen wird gesät und der Dünger ausgebracht. Am Samstagmorgen überlegt die Geißlmutter dann: »Jetzt liegt der Flachs schon seit drei Wochen auf der Wiese, jetzt müsst' er doch allmählich verrottet sein!«

»Nur Geduld. 's hat halt zu selten geregnet, und zu warm war's auch«, entgegnet die Walburga recht gelassen.

»Schaut's halt danach, und wenn's sein muss, wendet ihn noch mal«, fordert die Geißlmutter uns auf. Sie steht am Herd und schüttet etwas Zucker in einen Topf mit dampfendem Wasser. Neben ihr steht ein Eimer mit den großen blauen Schlehen, die ich am Vortag gepflückt habe. Meine Hände sind noch ganz zerstochen davon, obwohl ich Handschuhe getragen habe. Gern würde ich ihr helfen, aber die Walburga wartet schon, und so machen wir uns auf den Weg zur Wiese, wo das Röststroh inzwischen eine grauschwarze Färbung angenommen hat. Die Walburga greift nach einem Stängel, hält ihn hoch und knickt ihn prüfend. Er bricht, und die Flachsfaser guckt fett glänzend darunter hervor. Zufrieden nickt sie: »Gut ist's. Spann die Kühe vor, Inge, es geht los.«

Als wir schließlich auf dem Bock sitzen, frage ich: »Wollen wir wirklich etwas von dem Flachs behalten und auf dem Markt verkaufen?«

»Ja, freilich tun wir das«, sagt die Walburga ganz entschlossen, und ich bin stolz, dass sie dies nicht vor mir verheimlicht, wo es doch verboten ist.

»Das ist mutig, aber ich finde es recht«, antworte ich.

»Man muss auch an sich denken«, entgegnet sie. »Wenn wir Glück haben, finden wir einen Käufer, der uns so viel dafür gibt, dass wir ein paar Vorräte anlegen können, so wie vor dem Krieg.«

»Vor dem Krieg, da hattet ihr alles im Überfluss, nicht wahr?«

»Und wie wir einen Überfluss hatten.« Die Walburga klingt nun ganz wehmütig, während die Kühe gemütlich vor sich hintrotten und nichts von dem verstehen, was wir sprechen. »Ich musste schon als Kind das übrige Obst auf dem Markt verkaufen, und eins kann ich dir sagen: Das war viel, sehr viel. In einem großen Korb habe ich es auf dem Rücken zum Markt getragen und wehe, ich hatte nicht alles verkauft, vorher brauchte ich nicht heimkommen!«

Das kann ich mir nur allzu gut vorstellen, und es hilft mir ein wenig dabei, mir die manchmal doch recht strenge Art der Walburga zu erklären.

»Hast du denn immer alles verkauft?«, frage ich. Wir haben die

Wiese inzwischen erreicht und beginnen damit, das Röststroh aufzuladen.

»Meistens schon. Wenn ich es nicht losgeworden bin, das war fürchterlich. Ich habe einmal gesagt: ›Und jetzt schmeiße ich es in die Lauterach hinein!‹ Weil ich es nicht losgeworden bin. Und dann hat jemand gesagt: ›Das darf man nicht machen, das ist eine Sünde!‹ Und dann habe ich gesagt: ›Das werden wir noch sehen, was ich darf!‹ Und weißt du, was dann passiert ist?«

Gebannt schüttele ich den Kopf und halte mit der Arbeit inne. Auch die Walburga macht eine Pause und erzählt mit leuchtenden Augen: »Da war ein Rosshändler, der hat den ganzen Korb voll genommen und ihn zu den Pferden geschmissen. Und dann habe ich das ganze Geld gekriegt, stell dir mal vor, ich habe es nicht fassen können.«

»Warum hat der das Obst denn den Pferden gegeben?«

»Ja, was hätte er machen sollen, es wegschmeißen? Der hat es den Pferden gegeben, und ich habe das Geld bekommen.«

»Hast du ihm leidgetan?«

»Dem habe ich leidgetan, weil, ich hätte es sonst wieder heimtragen müssen, und ich hatte schon richtige Striemen da hinten, vom vielen Tragen.«

»Und was hat die Geißlmutter dann gesagt, als du wieder zu Hause warst?«

»Sie hat gefragt: ›Ja mei, Mädle, hast du alles verkauft?‹ Und ich habe gesagt: ›Ja, ja, ich habe alles verkauft, die Pferde haben es gefressen, denen hat es geschmeckt…!‹«

Bis zum Mittag haben wir alles Röststroh in die Scheune eingefahren. Als ich den Kopf in die Kuchel strecke, steht dort eine Reihe steinerner Töpfe voller Schlehenkompott. Zu gern würde ich jetzt davon naschen, eine dicke Scheibe Brot mit süßsaurem Aufstrich. Aber natürlich ist das streng verboten.

Viel Zeit, mich deswegen zu grämen, habe ich nicht. Nach dem Mittagessen, das aus einer Nudelsuppe mit selbst gemachten Nudeln besteht, geht die Arbeit weiter. Um den Flachs aus den Stängeln auszulösen, legen wir ihn büschelweise in eine Art Bock und schlagen ihn mit dem Holzhammer so lange, bis die Stängel brechen und die innen liegenden Flachsfasern freigeben. Danach hängen wir die Halme auf und schlagen sie abermals, um die restlichen Holzsplitter zu entfernen. Als Letztes trennen wir die guten von den schlechten Fasern, indem wir sie durchhecheln. Wir ziehen sie durch eine Art Bürste, um die kurzen und schwachen Fasern von den langen und feinen zu trennen. Die langen Fasern flechten wir sodann zu Zöpfen und hängen sie an die Wand. Wer auch immer sie spinnen will, braucht sie nur zu lösen und den Flachs auf eine Spindel zu wickeln. Die kurzen und verworrenen Fasern – das Werg – stecken wir in einen Sack. Die Geißlmutter wird es auf dem Markt verkaufen. Man kann es über ein Nagelbrett ziehen, um es zu kämmen, und Sackleinen daraus spinnen.

Nach getaner Arbeit bringe ich der Miezi ihre Milch und sehe nach den Biberle, die inzwischen zu kleinen Küken herangewachsen sind und emsig hinter der Henne her durch die Scheune wuseln. Ich muss richtig aufpassen, dass ich nicht auf sie trete. Immer noch hänge ich an ihnen, aber sie brauchen mich nun nicht mehr, denn sie können Körner fressen wie ihre Mutter auch. Die Miezi aber umschnurrt meine Beine, wie immer, wenn sie mich sieht, und ich fahre mit der Hand durch ihr Fell und erzähle ihr, was ich heute den ganzen Tag über gemacht habe. Sie macht einen besseren Eindruck auf mich als kurz nach dem Verlust ihrer Jungen. Ein wenig zugenommen hat sie, und tagsüber scheint sie nun wieder umherzustrolchen und Mäuse zu jagen. Ich sehe sie nur noch abends auf dem Hof, wenn ich vom Rosenkranzbeten komme.

Die Biberle aber müssen den ganzen Tag in der Scheune bleiben, damit sie nicht der Habicht mit seinem schrillen Schrei oder der Fuchs holt. Vielleicht könnte ich ja einen Drahtkäfig für sie bauen, überlege ich. Dann könnte ich sie in den Garten lassen und müsste keine Angst um sie haben. Ich beuge mich zu ihnen hinunter und beobachte sie ein wenig genauer. Und da fällt mir plötzlich auf, dass drei von ihnen mehr taumeln als gehen und sehr unsicher auf den Beinen wirken. Und dann entdecke ich einen kreideartigen Kot, der ganz und gar nicht normal aussieht. Besorgt springe ich auf und laufe in die Kuchel zur Geißlmutter.

»Den Biberle fehlt etwas! Komm schnell, sieh es dir an!«

Sie wischt sich ihre Hände an der Schürze ab und folgt mir hinaus in die Scheune. Ich bin sehr aufgeregt, laufe ihr voraus und kann es kaum erwarten, bis sie mit ihrem kranken Fuß endlich angekommen ist.

Sie kniet sich neben die Biberle und zerreibt den Kot in ihrer Hand.

»Was ist es?«, frage ich atemlos.

»Ich weiß es nicht. Aber es sieht nicht gut aus. Sie können sich ja kaum noch auf den Beinen halten«, sagt sie mit ernster Miene.

Ich muss mich zwingen, nicht zu weinen. Meine Biberle! Nicht sie auch noch! Nicht auch noch meine Biberle!

»Inge, jetzt sei nicht narrisch. Es sind ja nur drei. Du hast ja immer noch die anderen. Komm ins Haus, und geh ins Bett. Du kannst ihnen nicht helfen.«

Und damit macht sie kehrt und lässt mich einfach stehen. Ich blicke ihr nach und weiß eines ganz sicher: Dass ich meine Biberle nicht im Stich lassen werde. Und so packe ich die drei kranken kurz entschlossen in meine Schürzentasche und trage sie hinauf in meine Kammer. Einen anderen Rat weiß ich mir nicht. Außerdem muss ich nun in Bluse und Rock schlüpfen, die feinen Kneippsandalen anziehen, mir kleine Zöpfe machen, die ich um den Kopf lege, und den steinigen Bergweg hinauf in die Kirche laufen. Aus jedem Ransbacher Haus findet sich dort mindestens ein Familienmitglied. Wie wir Kinder haben auch die Männer und Frauen ihre Arbeitskleidung abgelegt und die Haare frisch gekämmt, sodass ein feierlicher Eindruck entsteht, wenn wir schließlich alle in unseren Bänken sitzen. Dreißig bis vierzig Leute sind wir an diesem Abend, die Frauen auf der linken Seite der Kirche, und die Männer auf der rechten. Ich betaste die Holzperlen an meinem Rosenkranz und knie mich neben der Anneliese und der Gertrud in eine Bank, nachdem ich mich bekreuzigt habe. Abwechselnd erheben wir sodann unsere Stimmen: »Gegrüßet seist du, Maria, voll der Gnaden, der Herr ist mit dir, du bist gebenedeit unter den Weibern, und gebenedeit ist die Frucht deines Leibes, Jesus«, beten wir Mädchen und Frauen. Und dann sind die Buben und Männer auf der anderen Seite des Mittelgangs dran und ergänzen mit tiefem, volltönendem Klang: »Heilige

123

Maria, Mutter Gottes, bitte für uns Sünder, jetzt und in der Stunde unseres Todes. Amen.«

Ein Pfarrer ist nicht unter uns, er macht sich nur sonntags auf den Weg von Utzenhofen nach Ransbach, und auch das nicht immer. Weniger eindrucksvoll ist die Messe deswegen nicht, und so passe ich gut auf, als ich einige Wollflusen von meinem Rock zupfe und sie zu einem kleinen Deckchen zusammendrücke. Sie haften aneinander, ganz platt und flauschig sieht mein kleiner runder Teppich nun aus, und unter den gleichgültigen Blicken der Anneliese lege ich ihn in mein Gebetbuch, wo zwischen Sammelbildern von Rama und Zigarettenschachteln schon mehrere solcher kleiner Fleckerl versammelt sind. Sie dienen mir als Tauschmasse, um von der Anneliese oder der Gertrud weitere Sammelbilder zu ergattern. Dies ist die größte Unaufmerksamkeit, die ich mir erlaube. Echten Schabernack in der Kirche zu treiben, würde ich niemals wagen. Das wäre eine Sünde, die ich beichten müsste, und außerdem muss ich auch gut aufpassen, damit ich nicht als Einzige falsch weiterbete, wenn zwischen den Fingern eine große Perle erscheint. Ganz davon abgesehen gefallen mir der monotone Singsang und die vielen Wiederholungen sogar. Sie lenken mich von den Biberle ab.

Als wir aus der Kirche treten, bleiben wir noch ein wenig draußen stehen, und ich berichte den anderen von den kranken Tieren in meinem Schlafzimmer.

Die Gertrud fängt gleich an zu lachen, und die Anneliese fällt nach kurzem Zögern ein.

»In deiner Schlafstube, du bist ja verrückt«, ächzt die Gertrud. »Hast mal dran gedacht, dass sie dir alles vollscheißen werden?«, fragt die Anneliese.

Ich schüttele nur den Kopf und bin mir sicher, dass ich das Richtige getan habe. Nicht übers Herz gebracht hätte ich es, die kranken Biberle draußen im Stall zu lassen.

»Vom Heidele gibt es auch Neuigkeiten«, sagt nun die Anneliese. »Stellt euch vor, es war tatsächlich eine Weile lang weg, aber jetzt ist es doch zurückgekommen, und wisst ihr was? Ihm wächst ein Geweih!«

»Ein Reh mit einem Geweih?«, frage ich verblüfft und vergesse meine Biberle.

Die Anneliese und die Gertrud lachen schon wieder, und dann verstehe auch ich: Die Eva hatte die ganze Zeit über bloß angenommen, das Heidele sei eine Ricke. Und in Wirklichkeit ist es ein Bock.

»Und es hat an Evas Kleidern herumgefressen, bis sie zu ihm gesagt hat: ›Heidele, so geht es nicht weiter!‹, und es wieder weggejagt hat.«

»Aber es wird sicher wieder zurückkommen, oder?«, frage ich.

Ich kann den Gedanken nicht ertragen, dass es sich nach Hause sehnt und fortgejagt wird. Obwohl es nun keine Ricke mehr ist, sondern ein Bock.

»Freilich kommt es zurück«, beruhigt mich die Anneliese, und dann fügt sie ganz unvermittelt hinzu: »Heut' Abend ist wieder Tanz in der Mühle.«

Dabei schaut sie auf einmal ganz unternehmungslustig aus.

Die Gertrud guckt interessiert, während ich in Gedanken immer noch beim Heidele bin.

»Was ist, habt's Lust hinzugehen?«, insistiert die Anneliese.

»Also, ich tät' schon mitgehen«, sagt die Gertrud.

»Ihr seid's doch verrückt«, erkläre ich. »Wir sind doch noch längst nicht alt genug.«

»Aber probieren können wir's doch«, meint die Anneliese. »Wenn die Ursel uns doch eingeladen hat!«

Die Gertrud nickt zustimmend.

»Tut, was ihr nicht lassen könnt«, sage ich. »Aber ohne mich.«

Dann mache ich kehrt und laufe zurück zum Geißlhof, zu meinen Biberle. Sie sind unter meinem Bett, als ich in unsere Schlafstube trete. Und die Walburga ist noch nicht da. Vorsichtig nehme ich die drei hoch und setze mich mit ihnen hin. Sie lassen sich alles ganz still gefallen. Fast scheinen sie froh zu sein, dass ich mich um sie kümmere. Schlaff und zart liegen sie in meinen Händen, und ich fahre mit der Hand ganz vorsichtig über ihre weichen Federn. Am Boden sehe ich weitere Häufchen kreidigen Stuhls. Sicher haben sie Hunger und Durst! Schnell laufe ich wieder in die Scheune und hole Körner und ein Schälchen Wasser aus dem Stall. Kaum dass ich es auf den Boden in der Kammer gestellt habe, laufen die Biberle hin und beginnen, zu fressen und zu trinken. Aber auf eine seltsame,

125

langsame Art, ganz anders als sonst. Irgendwie lustlos, als seien sie satt. Mir wird kalt ums Herz. Wenn sie bloß wieder gesund werden! In dieser Nacht jedenfalls, das ist mir klar, schlafen die Biberle bei mir. Und so schlüpfe ich aus meinen Kleidern und unter meine Decke, während es unter meinem Bett trippelt und schnauft. Ein schönes Gefühl ist es, diese kleinen Wesen bei mir zu haben. Ich fühle mich nicht so allein. Ganz ruhig und müde werde ich. Und dann, als ich schon fast eingeschlafen bin, kommt mir der Tanz in der Mühle wieder in den Sinn. Vielleicht hätte ich doch mit der Gertrud und der Anneliese mitgehen sollen. Vielleicht wäre der Peter da gewesen? Aber noch bevor ich den Gedanken zu Ende denken kann, fallen mir die Augen zu.

In den nächsten Tagen muss das Blaukraut und Weißkraut, von dem wir jeweils eine Reihe auf dem Feld haben, geerntet werden. Durch den Reif sind seine Köpfe hart geworden, und der erste Nachtfrost hat die Blätter zusammengezogen. Gemeinsam mit der Walburga wasche und vierteile ich das Kraut und schneide den Strunk heraus, und dann kommt anderntags, als ich gerade mit einem Buckelkörbchen Holz für den Herdwinkel über den Hof gehe, der Högabauer um die Ecke. Einen riesigen Hobel hat er dabei, den er auf dessen hölzernem Fuß vor mir abstellt. Die Walburga eilt hinzu. »Gibt's was Neues?«, fragt sie.

Der Högabauer richtet sich auf und überlegt. Dann huscht ein Lächeln über sein Gesicht: »Und wie es was Neues gibt. Der Messbauer hat sich etwas Großartiges einfallen lassen. Etwas ganz besonders Großartiges.«

Er macht eine Kunstpause, um sicher zu sein, dass wir an seinen Lippen hängen – was wir natürlich tun.

»Ihr wisst doch, dass er einen LKW hat, den großen alten MAN«, raunt er. Wir nicken.

»Und weil es kein Benzin mehr gibt, hat er nun etwas anderes gefunden, um den Motor anzutreiben.«

»Jetzt mach es doch nicht so spannend«, schimpft die Walburga. »Sonst werden wir nie fertig mit dem Kraut!«

»Der Messbauer«, fährt der Högabauer ungerührt fort, »der

Messbauer verbrennt jetzt Müll auf seinem Lastwagen, und damit treibt er den Motor an.« Die Walburga und ich starren ihn mit offenem Mund an.

»Wie denn das?«, bringt die Walburga schließlich heraus.

»Mit einem Ofele hintendrauf«, bekommt sie zur Antwort.

Und dann legt der Högabauer den Hobel mit der Oberseite auf der Fensterbank in der Kuchel auf, sodass sich eine leichte Schräge ergibt, über die er sich sodann mit einer Selbstverständlichkeit beugt, die uns bedeuten soll, dass nun alles gesagt ist. Kopf um Kopf reibt er, und die gehobelten Stücke fallen in eine große Wanne. Als sie voll ist, schiebt die Geißlmutter eine neue unter und trägt die Ladung in den Keller. Immer noch über das Ofele grübelnd folge ich ihr und sehe zu, wie sie das Kraut in das große Holzfass schüttet, aus dem wir immer das Kraut zum Mittagessen holen. Seit einigen Tagen war es leer, ich musste hineinkriechen, um es auszuputzen. Nun höre ich das Kraut dumpf auf dem Boden aufschlagen, und dann gibt die Geißlmutter eine Handvoll Salz und Wacholderbeeren dazu.

»Inge, lauf, wasch deine Füß'!«

Auf dem Rücken trägt sie mich anschließend zu dem großen Fass aus Lärchenholz, wo ich das Kraut mit den bloßen Füßen kräftig stampfen muss, bis sich eine Brühe obenauf bildet. Dann schüttet die Geißlmutter die nächste Wanne darauf; fügt wieder Salz und Wacholderbeeren hinzu, und weiter geht das Gestampfe, während mein Rock mir munter um die Knie schlägt.

Als das Fass voll ist, bedeckt die Geißlmutter das Kraut mit Leinentüchern und Brettern und legt obenauf einen riesengroßen Stein, um es noch weiter zu pressen. Doch meine Arbeit ist nun erledigt, und ich flitze hinauf in den Stall, um mir die Füße abermals zu waschen und wieder in meine Holzschuhe zu schlüpfen. Dann laufe ich hinüber zur Anneliese, denn trotz allem brenne ich darauf zu erfahren, was die Gertrud und sie gestern Abend erlebt haben. Ich erwische sie, als sie gerade auf dem Weg in den Stall ist.

»Und?«, frage ich sie.

»Was und?«, stellt sie sich dumm.

»Wart's in der Mühle gestern Abend, ihr zwei?«

Sie wirft mir einen Blick zu, den ich nicht deuten kann. Schließlich sagt sie: »Ja, wir waren schon da.«

Wieder entsteht eine Pause, bis ich abermals frage: »Und?«

»Sie haben uns nicht hineingelassen. Weil wir noch nicht achtzehn sind.«

»Sie haben euch wieder nach Hause geschickt, obwohl die Ursel euch eingeladen hatte?«, vergewissere ich mich.

Die Anneliese nickt und fixiert mit ihren Augen einen Punkt über dem Hof des Messbauern.

»Habt ihr denn irgendwas sehen können?«

»Nicht viel«, sagt sie vage.

»Die Eva war nicht da?«, erkundige ich mich.

»Die geht zurzeit fast nirgends hin.«

»Wartet nur auf Feldpost?«

Sie nickt grinsend, und ich frage nicht weiter. Ich möchte nicht über die Eva lachen. Wenn wir schon ihre Briefe lesen, so sage ich mir, dann sollten wir wenigstens keine Witze darüber machen.

In der Früh bedecken Eisblumen die Fenster, und Laken und Decke sind dort, wo mein Körper sie nicht angewärmt hat, gefroren. Ebenso wie jene Stelle der Zudecke, die meine Atemluft befeuchtet hat. Als ich ein Guckloch ins Fensterglas hauche, sehe ich, dass Raureif auf den Wiesen, Bäumen und Feldern liegt. Wie mit spitzen weißen Kristallen überzogen sieht die Welt aus, wie ein Lebkuchenhäuschen, auf das der Konditor Zuckerguss gegeben hat. Jeder Grashalm, jede Distel, jede Schafgarbe und jedes Schleierkraut liegt unter einer glitzernden Hülle verborgen. Traumhaft wirkt die Welt, wie in einem Märchen. Wenn erst die Sonne scheint, wird alles funkeln und glitzern, einschließlich der Spinnennetze. Ich steige aus dem Bett, während die Walburga schon unten ist, und sehe nach meinen Biberle. Sie sind schon wach und wirken genauso schwach wie am Tag zuvor. Immerhin ist von den Körnern, die ich ihnen hingestreut habe, nichts mehr übrig, und auch ihr Wasserschälchen ist leer. Wenn ich mich angezogen habe, werde ich mich um beides kümmern. Nun aber nehme ich sie in die Hand und streichle sie sanft.

»Ihr drei, was macht ihr für Sachen?«

So gern möchte ich sie beschützen und wieder gesund machen, aber noch immer verstehe ich nicht, was ihnen fehlt. Unter dem Bett liegt mehr von ihrem staubigen Kot, und ich habe nicht das Gefühl, dass es ihnen besser geht. Seufzend setze ich sie wieder ab, denn allzu viel Zeit darf ich mir nach dem Aufstehen nicht lassen.

Auf dem Geißlhof geht die Arbeit weiter, wie jeden Tag, ganz unabhängig davon, was mit den Biberle ist oder was uns die Natur für ein Schauspiel bietet. Die Viecher im Stall müssen versorgt werden, und am Vormittag soll's zum Weizendreschen in die Scheune gehen. Doch gerade als wir unser zweites Frühstück einnehmen, klopft es an der Tür, und als die Walburga öffnet, steht der Dorfpolizist in der Stube. Er trägt eine graue Jacke mit Schulterriemen und braunen Aufschlägen an den Ärmeln, dazu eine Schirmmütze, eine graue Hose und schwarze Stiefel. Seine Gürtelschnalle zieren ein Hakenkreuz und die Aufschrift »Gott mit uns«. Außerdem ist er mit einer Pistole und einem Seitengewehr bewaffnet.

»Heil Hitler!«, dröhnt er und streckt die rechte Hand zum Gruß aus.

Ich muss an die Worte der Geißlmutter denken, die mir einmal gesagt hat, dass sie nie Heil Hitler sagen wird, solange der Herrgott am Kreuz hängt. Erst wenn der Hitler am Kreuz hänge, dann werde sie auch Heil Hitler sagen.

»Heil Hitler, Herr Polizist«, gibt die Walburga zurück.

Er tritt näher und räuspert sich. Dann wird es still im Raum. Ich bin ganz steif vor Schreck und rühre mich nicht. Auch die Geißlmutter und die Walburga wirken verstört.

»Möchten Sie sich setzen?«, fragt die Geißlmutter schließlich.

»Danke, aber ich habe es eilig. Wollte nur mal kurz vorbeischauen, sozusagen nach dem Rechten schauen«, erwidert er und lässt seinen Blick umherschweifen. »Viel zu tun derzeit. Immer so viel zu tun. Man kommt kaum hinterher. Heute zum Beispiel muss ich noch illegale Butterfässer beschlagnahmen.«

Er lächelt freundlich, während der Schreck mir in alle Glieder fährt.

»Aber jetzt muss ich erst mal auf die Post – dürfte ich wohl meine Tasche so lange bei Ihnen liegen lassen?«

Eilig nickt die Walburga, und mit diesen Worten empfiehlt er sich.

Als er um die Ecke gebogen ist, sitzen wir wie gelähmt am Tisch.

»Illegale Butterfässer«, murmelt die Geißlmutter.

»Woher kann er das bloß wissen?«, überlegt die Walburga.

Die Geißlmutter winkt ab. »Auf dem Markt hat es immer viele Leute. Vielleicht hat jemand ihm einen Tipp ins Blaue hinein gegeben?«

»Jetzt aber schnell«, mahnt die Walburga und springt auf. Sie läuft hinaus und kommt kurz darauf mit dem in eine Decke eingewickelten Butterfass, einem Klumpen in Papier gewickelte Butter und einem Stückchen Speck zurück. Und während sie Butter und Speck in der Tasche des Polizisten versinken lässt, reicht sie mir das Butterfass: »Schnell, Inge, bring das ins Wäldchen, versteck es gut!«

So schnell ich kann, renne ich damit aus dem Dorf hinaus. Das Fass in meinen Händen fühlt sich an, als brenne es. Ich bin mir ganz sicher, dass man mich verhaften wird, wenn man mich damit erwischt.

Als der Polizist zurückkehrt, sind wir schon dabei, die Weizengarben vom Stadel hinab auf die Tenne zu werfen. Es wimmelt von Spinnen und Käfern, die in alle Himmelsrichtungen davonkrabbeln. Die Miezi stolziert wie eine Königin zwischen seinen Beinen hindurch, als er eingetreten ist und breitbeinig dasteht. Ihre Unbekümmertheit färbt auf mich ab, und es geht mir gleich ein wenig besser. Schön, dass sie da ist, meine Miezi! Ganz davon abgesehen, dass sie sich auch nützlich macht. Ihr haben wir es wohl zu verdanken, dass nur wenig Korn von Mäusen angefressen ist.

»Sie möchten Ihre Tasche abholen?«, fragt die Walburga mit harmloser Stimme und klettert die Leiter vom Stadel hinab.

»Zuerst muss ich Ihnen noch etwas sehr Unangenehmes mitteilen«, sagt der Polizist und kratzt sich am Kopf. »Gegen Sie liegt eine Anzeige wegen verbotener Butterherstellung vor, und ich muss sofort das Haus durchsuchen. Wo kann ich anfangen?«

Die Geißlmutter bleibt ganz ruhig. »Sie können gern überall nachsehen. Wir haben kein Butterfass im Haus.«

Und während der Polizist das Haus durchstreift, schneiden wir Frauen die Garben auf, zupfen sie auseinander, und dann schieben wir sie der Länge nach und mit der Ähre voran büschelweise in den Hakenzylinder, den wir nur Drischel-Dreschel nennen. Die Walburga und ich drehen an der großen Kurbel, die dafür sorgt, dass der Metallzylinder im Inneren der Maschine rotiert und mit seinen Haken die Getreidekörner aus der Ähre herausschüttelt. Es ist eine sehr anstrengende Arbeit, bei der die Arme brennen und die uns salzigen Schweiß aus allen Poren treibt. Der Kornstaub setzt sich in Nase und Augen, da stimmt die Geißlmutter mit wackeliger Stimme ein Lied an, und wir fallen ein, als wollten wir uns gegenseitig Mut machen: »Liebe kleine Müllerin…«

Nach und nach rütteln wir die zerhackten Getreidehalme und das Korn aus der Maschine heraus, und als der Polizist mit seiner Tasche wieder im Scheunentor auftaucht, haben wir ein Viertel Fuder Weizen gedroschen.

»Ich bin nicht fündig geworden und bedanke mich für das Entgegenkommen. Ich muss jetzt weiter«, sagt er mit strammer Stimme. Dann streicht er mit der Hand über seine Tasche und murmelt: »Vergelt's Gott!«

»Noch einen schönen Tag!«, ruft ihm die Walburga hinterher. Doch da ist er mit den Gedanken wohl schon bei dem Speck, den er sich heute Abend auslassen wird.

Nach dem Nachtessen kommt die Anneliese angerannt. Ich bin gerade dabei, Strohbänder zu machen. Mit dem Drischel schlage ich auf die Roggenähren ein. Sie haben den längsten Blütenstand und sind daher am besten geeignet, um Bänder daraus zu knoten. Da stürmt sie herein, ihre Wangen sind von der Kälte gerötet, und ihre Zöpfe wippen aufgeregt hin und her: »Stell dir vor, der Peter muss in den Krieg!«

»In den Krieg?«, frage ich verdutzt.

»Alle Sechzehnjährigen werden als Flakhelfer herangezogen«, informiert sie mich.

Wortlos starre ich sie an, schließlich senkt sie den Blick. Mir ist ganz komisch zumute. Als hätte sie mir gesagt, dass ich selbst gehen müsste. Der Peter ist doch nur ein paar Jahre älter als ich! Dieser verdammte Krieg!

Ich greife mir zwei Ähren und verknote sie mit zwei weiteren, immer weiter, bis ich ein langes Band habe.

»Wann muss er gehen?«

»Am Montag. Er hat schon seine Uniform anprobiert, braun ist sie, und auf der Brust hat sie ein Abzeichen aus hellblauer Stickerei auf schwarzem Grund«, erklärt sie mir. Sie scheint zwar traurig, aber auch ein ganz klein wenig stolz auf ihren Bruder zu sein, denn ihre Stimme klingt eher aufgeregt als bedrückt.

Ich bin sprachlos. Das Einzige, was ich denken kann, ist: dieser elendige, gottverdammte Krieg.

»Und zu Hause ist auch der Teufel los«, fährt die Anneliese fort. »Man hat uns unseren großen Herd genommen, der in der Küche stand, als ›kriegswichtig‹!«

»Wer?«, frage ich irritiert.

»Ein Beamter ist hereingekommen und hat gesagt: ›Den Herd nehmen wir mit.‹ Und dann haben seine Männer den Herd genommen, zu viert haben sie ihn hinausgetragen, und dann war er weg. Der Vater hat es nicht gewagt, sie aufzuhalten.«

»Und jetzt?«, frage ich.

»Jetzt kochen wir in der Kuchel, am offenen Feuer. Und die Eva und ich haben das ganze Geschirr versteckt, weißt du. Im Keller haben wir so ein Viereck, wo der Wein drin ist, in den Weinregalen. Und da haben wir alles Geschirr reingetan, damit diese Lumpen es nicht holen, sollten sie noch einmal wiederkommen, diese blutschlechten Lumpen. Die sind so granatenmäßig schlecht!«

»Die wollten auch das Geschirr holen, die Beamten?«

»Ja, alles haben sie holen wollen, aber wir haben alles unten reingetan und Stroh draufgeworfen, die Eva und ich.«

»Das Geschirr von der Wirtschaft?«

»Ja, die Teller und die Kaffeetassen, das Besteck und die Gläser, alles, was nicht niet- und nagelfest war.«

»Wenn doch bloß der Krieg aufhören würde«, sage ich, »dann wär' eine Ruh'.« »Du hörst dich an wie die Mutter«, entgegnet die Anneliese. Dann rennt sie nach Hause.

Anderntags fährt der Metzger aus Lauterhofen mit seinem Ochsenfuhrwerk vor. Ich bin gerade auf dem Hof und höhle einen dicken Kürbis aus, damit ich ihn an die Straße stelle und den Leuten Angst machen kann. Als ich den Metzger erblicke, lasse ich das Messer sinken und starre ihn an. Ich habe ihn noch nie gesehen. Er hat einen aufgedrehten, schwarzen Schnauzer und sieht aus wie ein Räuberhauptmann.

»Was guckst so, Meudl…«

Er lacht dröhnend und lädt den großen Brühtrog, der einem langen Holzbottich ähnelt, von seinem Wagen. Glocken, ein Schussapparat und eine Kette folgen, nun kommt auch die Walburga herbeigelaufen, sie hat einen Besen in der Hand und ein Kopftuch auf.

»Wann kommen wir dran zum Schlachten?«

»Morgen. Ihr dürft doch schlachten, oder?«

Die Walburga nickt. »Freilich dürfen wir.«

»Glück habt's.«

Dann macht er kehrt und fährt vom Hof.

Als er nicht mehr zu sehen ist, sagt die Walburga: »Und wenn wir nicht dürften, würden wir's trotzdem tun. Dann würden wir einfach das Radio so laut stellen, dass niemand die Sau schreien hört. So könnt' uns auch niemand verraten, gell, Inge?«

Ich nicke. Ideen hat sie, die Walburga! Als würde es ihr gar nichts ausmachen, das Schwein zu töten. Mir hingegen ist nicht so ganz wohl bei dem Gedanken. Und so gehe ich am Abend, als ich nach der Miezi schaue, auch hinüber zum Schwein und betrachte es.

»Morgen um diese Zeit bist du tot«, erkläre ich ihm, aber es beachtet mich gar nicht, sondern stiert mit seinen kleinen Äuglein nur träge an mir vorbei. Vielleicht ist es auch besser so, denke ich mir. Vielleicht ist es besser, wenn es nicht weiß, dass es sterben muss. So wie die Buben und Männer im Krieg. Seufzend werfe ich einen letzten Blick auf das Schwein, dann steige ich hinauf in meine Stube und sehe nach den Biberle.

Sofort als ich die Tür öffne, merke ich, dass etwas passiert sein muss. Kein Fiepen ist zu hören, der Raum liegt leer vor mir. Als wären sie gar nicht da. Ich blicke unter mein Bett, dann unter das der Walburga, und dort sehe ich sie zusammengekauert in der Ecke

133

liegen. Keins von ihnen regt sich, als ich ihnen meine Hand entgegenstrecke, keins hat noch die Kraft, auch nur seine Pupillen zu bewegen. Ich hole sie hervor, nehme sie in die Hand und eile hinunter zur Geißlmutter, die in der Kuchel steht und den Abwasch erledigt.

»Die Biberle, guck, die Biberle sterben!«, rufe ich und zeige ihr das dreifache Elend, den weichen Flaum, der in meiner Hand liegt und schon jetzt wie tot wirkt.

»Da hilft alles nichts«, entgegnet die Geißlmutter und ist ganz ungerührt. »Am besten, du versenkst sie in der Lauterach, damit sie nicht länger leiden müssen. Freu dich doch an den anderen, Inge.«

Entsetzt starre ich sie an. Versenken soll ich sie? Niemals würde ich das übers Herz bringen, unvorstellbar ist das für mich. Wenn mir schon das Schwein leidtut, wie viel mehr tun mir dann meine Biberle leid!

Und so nehme ich sie am Abend mit unter mein Federbett – damit sie wenigstens nicht frieren, wenn sie schon sterben müssen. Ich lege sie genau an die Stelle, wo die Decke endet, und baue eine kleine Höhle mit dem Kissen, damit sie auch Luft bekommen. Mit dem Arm umfasse ich sie, sodass sie nicht hinausfallen. Von jedem einzelnen verabschiede ich mich dann: »Lebe wohl, lebe wohl und lebe wohl.«

Und dann schlafe ich bangen Herzens ein.

Am nächsten Tag weckt mich die Walburga früher als sonst. »Auf geht's, heut' schlachten wir!«

Sie ist schon fertig angezogen und schlägt die Tür hinter sich zu, als sie hinunter in den Stall läuft. Ich taste mit der Hand nach den Biberle und spüre ihr warmes Fell unter meiner Decke.

Wenn sie warm sind, leben sie noch, oder ist es allein die Decke, die sie wärmt? Eins nach dem anderen nehme ich hoch, und schnell wird mir klar, dass sie nicht mehr atmen. Ich spüre, wie die Tränen in mir hochsteigen wollen, aber ich lasse es nicht zu. Es ist besser, dass die Biberle nicht mehr länger leiden mussten. Sie waren krank. Und sicherlich hatten sie es gut heute Nacht in meinem Bett. Ich habe sie nicht alleingelassen, und sie hatten es warm und gemütlich.

Das ist viel mehr, als das Schwein von sich behaupten kann. Und sicher auch mehr als die Soldaten, die auf dem Schlachtfeld sterben.

Und so schwinge ich mich aus dem Bett und lege die Biberle auf den Misthaufen, bevor ich die Kühe versorge und den Stall ausmiste. Als wir unseren großen Kessel, in dem wir normalerweise die Wäsche waschen, in einem speziellen Behälter aufs Feuer stellen und ihn mit Wasser füllen, bin ich noch traurig. Doch nach dem Frühstück kommt der Dübabauer, denn zum Wursten brauchen wir noch einen zweiten starken Mann, um das Schwein zu heben, und das bringt mich auf andere Gedanken.

»Was macht der Heinz?«, fragt die Walburga beiläufig, während sie kontrolliert, ob das Wasser schon kocht.

»Der ist wieder im Krieg«, sagt der Dübabauer und kratzt sich am Kopf.

»Weißt, wo er steht?« Sie zieht mit dem Schuh eine Linie in den Boden.

»Am Dnjepr, gegen die Rote Armee.«

»Wenn er doch bloß schon vorbei wär’, der Krieg.«

»Roosevelt und Churchill haben Stalin getroffen. Der Feind rottet sich zusammen«, erklärt der Dübabauer mit düsterer Miene.

Die Walburga schnaubt verächtlich, sagt aber nichts mehr. Als die Stille sich auszudehnen beginnt, fährt der Metzger mit dem Fahrrad vor. Er trägt eine Kappe und eine blau-weiß gestreifte Jacke, deren Ärmel er hochkrempelt, sobald er abgestiegen ist. Aus seinem Rucksack zieht er einen Gummischurz und bindet ihn sich um. Es folgen mehrere große Messer und Werkzeuge, Maschinen zum Wurstdurchdrehen und gelblich aussehendes Pech. Das Wasser im Kessel kocht bereits. Nur das Schwein, drei Zentner schwer, weiß noch nicht, was gleich geschehen wird.

Die Walburga führt es aus der Scheune auf den Hof. Zögernd setzt es einen Fuß vor den anderen, und weil es so langsam geht, zieht sie es vorwärts an dem Strick, den sie vorsorglich um seinen Fuß gebunden hat. Als sie in der Mitte des Hofes angelangt sind, tritt der Metzger mit seinem Schussapparat hinzu, setzt ihn genau zwischen den Augen des Schweins an und schießt ihm ins Gehirn. Es fällt auf die Seite, und flugs schneidet ihm der Metzger die Gurgel durch. Das Blut quillt heraus, während seine Beine noch wild umherzappeln.

»Inge!«, ruft die Walburga.

Ich erwache aus meiner Erstarrung und schiebe die Blutschüssel an Ort und Stelle. Das warme Blut läuft hinein, ich rühre es mit einem Kochlöffel, damit es nicht gerinnt und keine Klumpen entstehen. Es riecht nicht besonders gut, aber ohne Blut kann man nun mal nicht wursten.

»Kannst aufhören«, sagt der Metzger nach einer Weile, als das Blut abgekühlt ist und das Schwein sich nicht mehr regt. Walburga, der Dübabauer und er packen es an den Füßen wie einen Sack Kartoffeln und werfen es krachend in den Brühtrog, auf dessen Grunde eine Kette liegt. Sodann gießen sie das gelbliche Pech über das Schwein, gefolgt von kübelweise kochendem Wasser. Mehrmals noch wenden sie es im Trog, bis die Borsten sich gelockert haben, und dann packen der Metzger und der Dübabauer jeweils ein Ende der Kette und ziehen sie unter dem Schwein hin und her, bis die meisten Borsten abgerieben sind.

»Ich bin sehr zufrieden mit der Sau. Ein prächtiges Schwein, das hat bald drei Zentner. Das habt ihr gut gefüttert, da ist viel dran«, sagt der Metzger.

»Da können wir schön Fett auslassen vom Bauchspeck und vom Kammspeck, dann haben wir was zum Braten und zum Kochen«, freut sich die Walburga, während der Metzger schon die Glocken in den Trog holt und damit die Borsten an den schwer zugänglichen Stellen abschabt. Als die Füße komplett sauber sind, sagt sie: »Trotzdem ist's ein wenig ärgerlich. Beim amtlichen Wiegen hat es bloß hundertachtzig Pfund gehabt, und bis zweihundertvierzig hätte es haben dürfen für die unterste Gewichtsklasse. Da hätten wir noch mehr rausholen können, zumal es unser einziges Schwein ist – wenn wir nur gewusst hätten, wie!«

»Recht hast, aber wie soll man das Schwein mästen, wenn man selbst nicht genug hat?«

»So ist's, leider.« Die Walburga zieht dem Schwein die Nägel aus den Klauen.

»Jetzt!«, ruft sie plötzlich aus und richtet sich auf. Die beiden

136

Männer packen die Beine des Schweins, hieven es aus dem Trog und schleifen es Richtung Stadeltor, von dem Stricke herabbaumeln. Die bindet die Walburga ihm um die Füße, und dann ziehen sie es zu dritt empor. Blut tropft auf den Boden, als der Metzger ihm den Bauch der Länge nach aufschneidet. Die Knochen krachen unter den schweren Schlägen der Axt, mit dem er es in zwei Teile spaltet, sodass die Eingeweide freiliegen.

Das Waschen der Innereien ist Frauenarbeit. Därme, Nieren, Lunge, Leber und Magen lässt die Walburga nach und nach in den Schragen gleiten – einen Tisch aus Holz, der eine Mulde hat. Die Geißlmutter füllt heißes Wasser hinzu, der Magen schwimmt darin wie ein großer Ballon. Sie stülpt ihn um, ebenso die Därme, wäscht sie von innen und stülpt sie wieder zurück.

»Inge, nimm du dir die Leber vor«, sagt die Walburga und gibt sie in eine Schüssel. In der Rußkuchel treibe ich sie durch den Fleischwolf, bis eine breiige, bräunliche Masse daraus geworden ist. Auch der Kopf und die Beine des Schweins von den Füßen bis hinauf zu den Schenkeln sind meine Sache. Sie braucht man für Sülze und Wurst, und ich muss alle Teile klein schneiden: die Zunge, das Backenfleisch, den Schwanz, die Beine, die Pfoten und die Ohren. Den Rest des Kopfes und die Füße legt die Walburga in einen Topf. Sie gelieren gut, und sie kocht daraus eine sulzige Brühe, die ich sehr gern mag. Zunge und Backenfleisch wandern zusammen mit Herz, Leber, Nieren, Kronfleisch und Bauchfleisch in den großen Kessel und werden zu Kesselfleisch oder Füllmaterial für die Würste.

Den ausgespülten Magen füllt der Metzger mit Fleisch, Blut und Schwarten vom Kopf und bindet ihn oben zu – fertig ist der Schwartenmagen. In die Därme füllt er Speckstückchen, die ich in kleinen Würfeln vom Fett abgeschnitten habe, und Blut für Blutwurst oder meine durchgetriebene Leber für Leberwurst, außerdem Majoran, Pfeffer und Salz. Er macht auch Mettwurst aus rohem Fleisch und Hirnwürste aus Hirn, die ich überhaupt nicht mag. Die gefüllten Würste legt er in einen Topf mit heißem Wasser.

»Pass gut auf, dass es nicht kocht«, schärft er mir mit erhobenem Finger ein. »Wenn s' zu heiß werden, gieß kaltes Wasser nach. Die Würste dürfen nur ziehen, das Blut muss stocken, aber nicht kochen. Wenn dir alles gut gelingt, kannst am Ende die Blase haben und einen Luftballon draus machen.«

Am Abend hängen zwanzig Würste zum Trocknen auf der Stange, und die Meierbäuerin und die Högabäuerin kommen zum Schlachtfest herüber. Während ich die Meierbäuerin gut kenne, weil sie Gertruds Mutter ist, betrachte ich die Högabäuerin mit einer gewissen Scheu, während ich die Schweinsblase aufblase und mit einem Knoten verschließe. Sie ist eine fleißige Frau, die immer gut gekleidet ist und täglich in die Kirche geht. Die Arbeit, die eigentlich ihre fünf Söhne verrichten sollten, scheint sie mühelos zu bewältigen, zumindest sieht ihr Hof immer so gepflegt aus, als sei genügend Tatkraft vorhanden. Sie lächelt mir zu und nimmt sich eine Portion Wurstsuppe, in der ein Stück Fleisch schwimmt, und dazu Sauerkraut.

»Ein gelungener Tag, alles ist gut vonstattengegangen«, freut sich die Geißlmutter.

»Habt's schon gehört, dass die reichen Bauern draußen im Weiler seit Neuestem ein Gemeinschaftsschwein haben?«, fragt die Meierbäuerin.

»Ein Gemeinschaftsschwein?«, echot die Geißlmutter, während ich meine Ohren spitze.

Sie nickt: »Sein Gewicht wird ständig auf zweihundertvierzig Pfund gehalten. Ist's schwerer, muss es eine Fastenkur machen, ist's leichter, wird Futter zugelegt.«

»Und dann geht immer nur dieses eine Schwein auf die Waage?«

Ich balanciere meinen Ballon möglichst in der Nähe, um nur ja kein Wort zu verpassen.

»Immer nur dieses eine. Es hat an der Hinterbacke schon überhaupt keine Haare mehr, so oft hat man ihm den Schlachtstempel abgescheuert.« Die Meierbäuerin kichert und nimmt sich noch eine Wurst. Ich nehme mir vor, mit der Anneliese möglichst bald einmal wieder hinauszufahren und dieses Schwein in Augenschein zu nehmen. Dann mache ich mich auf den Weg in den Stall, um der Miezi ihre Milch zu bringen und nach den übrigen Biberle zu sehen, die dem Herrgott sei Dank wohlauf sind.

Am Abend liege ich mit einem komischen Gefühl im Bett. Ei-

138

nerseits bin ich wohlig satt – so ein gutes Essen habe ich schon lange nicht mehr bekommen, und mein Körper dankt es mir mit einer gemütlichen Schwere, die mich die Härte meines Lagers vergessen macht. Andererseits ist da noch immer diese Stelle, an der die Biberle gestorben sind. Ich streiche mit der Hand darüber und denke an die drei kleinen Wesen, die nun draußen auf dem Misthaufen liegen und ihre Mutter nie mehr wiedersehen werden. Und darüber werde ich so traurig, dass ich doch anfange zu weinen. Aber nur ganz leise, damit mich niemand hört. Und darüber schlafe ich dann wirklich ein.

Die Tage werden nun immer kälter, und die Nächte auch. Morgens überzieht des Öfteren ein weißer Frost die Äste der Obstbäume, die auf den Feldern stehen. Auf dem Weg in die Schule tragen wir nun stets ein Stück Holz unter dem Arm, damit der Ofen in der Schule immer genug Futter hat, und wir hauchen dampfende Atemwolken in die Luft. Wir sind die meiste Zeit im Unterricht, denn nachmittags müssen wir nun jene Stunden nachholen, die wir im Sommer versäumt haben. Am Nikolaustag fällt der erste Schnee. Noch liegt er nicht besonders hoch, und es ist auch nicht besonders kalt. Doch eine vorweihnachtliche Stimmung kommt trotzdem auf, denn auch der Tisch der Lehrerin ist schön hergerichtet, als wir das Klassenzimmer betreten. Ein Nikolaus mit einem roten Mantel aus Krepppapier steht darauf, er hat einen weißen Bart aus Watte, einen Apfel als Bauch und eine Walnuss als Kopf, auf dem eine Mitra aus Goldpapier thront. Überrascht blicken die Anneliese und ich uns an, und kaum haben wir unser Glück verdaut, da liest die Lehrerin uns auch noch eine Weihnachtsgeschichte vor, statt mit dem Unterricht zu beginnen. Im Nu ist der Vormittag vorbei, und am Nachmittag bringt sie uns bei, wie man aus einer Garbe Gerstenstroh Hausschuhe für den Winter herstellt.

»Lange Zöpfe flechten«, sagt sie und zieht ein Büschel heraus. Staunend sehen wir zu, wie ihre Hände flink und sehr geschickt einen gleichmäßigen goldenen Strang formen, der, zu einer länglichen Schnecke aufgedreht, die Sohle bildet. Wir tun es ihr gleich, und in der nächsten Stunde werden wir diese Gebilde mit einer gro-

ßen Nadel und einem stabilen Standzwirn in der Größe eines Haus-
schuhs zusammennähen.

»Falls jemand zu Hause einen alten Fahrradreifen hat, soll er aus
dem Mantel ein dickes Stück herausschneiden und zum Schuster
bringen, und der soll es auf die Sohle nähen, damit sie sich nicht so
schnell abläuft«, erklärt uns die Lehrerin.

Sie kann sicher sein, dass wir tun werden, was sie uns aufträgt,
denn die so fabrizierten Hausschuhe sind für die Schule gedacht.
Bald werden unsere Füße vom Marsch durch den Schnee so nass
werden, dass wir unsere Straßenschuhe vor dem Klassenraum aus-
ziehen müssen.

Nach der Schule lege ich mir ein Joch in den Nacken und mache
mich auf den Weg zum Fluss, um Wasser für die Kühe zu holen.
Jede von ihnen trinkt ein bis zwei Kübel leer, sodass ich mehrmals
laufen muss und es schon dämmert, als ich ihnen ihre Runkelrüben
hinwerfen und mit dem Melken und Stallausmisten beginnen kann.
Mit einem Abzieher ziehe ich die Kuhfladen heraus, dann wässere
ich den Boden, damit er schön blank wird, und schließlich gebe ich
frisches Stroh darauf. Hungrig trete ich sodann in die Stube, wo die
Geißlmutter gerade dabei ist, Ziegelsteine in den Ofen zu schieben,
damit wir nachher etwas Warmes haben, was wir mit ins Bett nehmen können. Auf dem Tisch liegt eine Leinendecke. Die Walburga
schüttet einen Schwung gekochter Kartoffeln darauf, die wir in eine
große Schüssel kalte Milch tauchen und mit Butter essen. Nach dem
Essen schmuse ich ein wenig mit der Miezi, die sich immer noch
vertrauensvoll an mich schmiegt, wenn ich mich ihr nähere. Als ich
zurück ins Haus komme, stopfe ich meine nassen Schuhe mit Zeitungspapier aus und stelle sie gerade auf den Kachelofen, als die Tür
mit einem lauten Schlag auffliegt und drei Männer mit Fellkapuzen
und angeklebten Bärten aus Werg in die Stube stürmen. Ihre massigen Körper stecken in zotteligen Mänteln aus schmutzigen Schaffel-
len, und in den Händen halten sie leichte Ketten, Birkenruten und
Besen. Vergeblich versuche ich zu erkennen, wer sie sind, denn ihre
Kapuzen hängen ihnen tief ins Gesicht und die Bärte sitzen sehr
weit oben. Sie sprechen kein Wort, und so kann ich nur erahnen,
dass sie junge Kerle aus dem Dorf sind, die sich an Nikolaus einen

140

üblen Scherz erlauben. Das ist Brauch in Ransbach, ich habe schon davon gehört. Man sagt »Es kommen die Wilden«, wenn man von ihnen spricht. Dennoch erschrecke ich mich fast zu Tode, als ich sie sehe. Ich stoße einen gellenden Schrei aus, mache einen Satz von der Tür weg und stolpere über die Öllampe, die umfällt und ihr Öl verliert. Die Walburga, die ich durch meinen Schrei herbeigerufen habe, springt hinzu und hebt sie auf, bevor das Öl zu brennen beginnt. Doch nun ist es stockdunkel. Ich bebe vor Angst. In meinen Augen sind die drei Männer Riesenkerle. Ich schreie und kann nicht mehr aufhören. Und dann höre ich etwas durch die Luft sausen und spüre den Schlag einer Rute auf dem rechten Arm. Es zieht fürchterlich, und ich renne in die Stube und verstecke mich unter der Bank, wobei ich mir in der Dunkelheit den Kopf anstoße. Ich bin nur noch ein zitterndes Häufchen Elend, als die Walburga es endlich geschafft hat, die Lampe wieder anzuzünden.

»Jetzt lasst das wüste Treiben. Es reicht, haut ab!«, ruft sie ärgerlich. Lachend machen sich die Männer aus dem Staub.

»Kannst rauskommen, Inge!«

»Gleich. Ich komm' gleich«, wimmere ich.

Aber ich rühre mich nicht. Erst als sie schon lange weg sind und ich mich wieder beruhigt habe, krieche ich unter der Bank hervor. Ich mache mich auf den Weg ins Bett, doch vor Furcht kann ich an diesem Abend lange nicht einschlafen. Unruhig werfe ich mich hin und her, lausche ängstlich auf jedes Geräusch. Selbst der heiße Ziegelstein, der sonst immer dafür sorgt, dass ich schnell ins Reich der Träume hinübergleite, ist mir nun keine Hilfe. Erst als die Walburga schließlich in das Bett neben mir schlüpft und ich ihre ruhigen Atemzüge hören kann, wird mir ein wenig wohler.

Am nächsten Morgen verzieren Eisblumen die Fenster. Es ist klirrend kalt, und statt des Rocks, den wir Mädchen selbst im tiefsten Winter tragen, ziehe ich kurz entschlossen meinen dunkelblauen Trainingsanzug an, den ich noch aus Herborner Zeiten habe. Er ist mir ein bisschen klein, aber er hat den großen Vorteil, dass sich an den Hosenbeinen Gummizüge befinden, sodass man die Hose über die Schuhe ziehen kann und kein Schnee hineinkommt. Das ist mir gerade recht, denn ich möchte nicht einen weiteren Tag mit nassen Strümpfen und einem durchweichten Schlüpfer am ausgekühlten Leib in der Schule verbringen. Unendlich beneide ich die Jungen um ihre praktischen Hosen, und außerdem habe ich schon ein dickes Kratzen im Hals und befürchte, dass die nächste Mandel- oder gar Blasenentzündung im Anzug ist. Doch als ich in die Stube trete und auf die Bank am Kachelofen schlüpfen will, kommt die Geißlmutter auf mich zu und schaut mich fast so wütend an wie damals, als ich die Gänse vergessen habe.

»Meudl, ziehst sofort die Hosen wieder aus, ich glaub', dich reitet der Teufel! So kannst doch nicht in die Schule gehen. Sieh zu, dass du dir einen Rock anziehst!«

»In Herborn sind wir im Winter immer mit Trainingshosen in die Schule«, wende ich eher zaghaft ein.

»Oh, von wegen Hosen, so läuft man doch nicht herum. Schämst dich denn nicht? Zieh dein Kleid an!«

Ich gehorche widerwillig und nehme mir vor, mich von ihr künftig nicht mehr so herumkommandieren zu lassen. Bloß wie ich das anstellen soll, das fällt mir nicht ein.

Am Abend ist unser Disput vergessen. Die Geißlmutter und die Walburga haben in der Woche zuvor die Gänse geschlachtet und auf dem Markt in Allensburg verkauft, und nun sitzen wir um den Tisch herum, auf dem ein großer Haufen Federn liegt.

Von Hand zupfen wir sie vom Kiel und türmen kleine Häufchen vor uns auf dem Tisch auf.

»Die feinen Daunen kommen in die Oberbetten«, sagt die Geißlmutter und legt ein Tuch bereit, um sie abzudecken, damit sie nicht wegfliegen.

»Wenn's so weitergeht, nehmen sie uns bald auch die«, sagt die Walburga. »Der Högabauer hat gesagt, wir müssen mit Plünderungen rechnen. Er hat seine Schnapsflaschen und alles andere, was einen Wert hat, im Garten vergraben.«

»Im Garten?«, fragt die Geißlmutter ungläubig.

»Am Anfang vom Garten, da wo man reingeht. Und obendrauf hat er zwei Fuhren Mist gesetzt. Dort gräbt keiner mehr, das ist sicher.«

»Schlimme Zeiten sind das«, sagt die Geißlmutter. »Auf dem Markt erzählt man sich, dass die Menschen volle Milchkannen klauen und so lange auf irgendwelchen Schotterwegen hin- und herfahren, bis die Milch zu Butter geworden ist. Dann verkaufen sie sie für teures Geld auf dem Schwarzmarkt.«

Ich muss fast lachen. Was für eine Idee! Aber die Not macht die Menschen eben erfinderisch.

Die Geißlmutter hat, ebenso wie wir, unterdessen fleißig weiter Federn gerupft. Nun kehrt sie die groben Federn, die vor uns auf dem Tisch liegen, in einen Sack, der später zum Trocknen aufgehängt wird. In einigen Tagen können wir die Unterbetten damit füllen, die im Bett auf unserem Strohsack liegen. Auch das Stroh werden wir dann austauschen, sodass unser Nachtlager wieder weicher und bequemer wird.

Die Würste und Schinken, die in ein Fass eingesurt sind, müssen nun ebenfalls geräuchert werden. Die Geißlmutter hängt Schinken, Mettwürste, Hirnwürste, Krautwürste, Blutwürste und Leberwürste an Stangen in den offenen Kamin über dem Kachelofen in der Rußkuchel, und dann muss ich hinaus auf die Ödungen laufen, auf denen ich im Sommer hüte, und Wacholder holen, der zusammen mit Buchenspänen ins Feuer gelegt wird und dem Rauch die nötige Würze gibt. Ein wunderbarer Duft zieht in diesen Tagen durchs ganze Haus, und zur Brotzeit stellt die Geißlmutter ein paar köstliche Würste auf den Tisch, während sie die kostbaren Schinken in den Fliegenschrank neben der Kammer hängt, wo sichergestellt ist, dass bis zu ihrer Verwendung an hohen Festtagen keine Würmer hineinkommen.

Eines Mittags sitzt eine dicke, kleine und mir fremde Frau am Tisch in der Stube. Sie trägt ein schwarzes Kleid mit Puffärmeln und weißem Spitzenkragen, eine silberne runde Brille und kommt ganz sicher nicht aus Ransbach. Ich habe sie noch nie zuvor gesehen.

»Guten Tag«, grüße ich höflich.

Sie lächelt. »Guten Tag, Meudl. Bist das Hütemeudl, hab ich Recht?«

Ich nicke. Gern wüsste ich, wer sie ist, aber ich traue mich nicht, zu fragen. Doch dann sieht die Geißlmutter meinen verwirrten

Blick und erklärt: »Frau Wirtz ist auf Wanderschaft und näht uns neue Wintermäntel.«

Ich nicke höflich. Neue Wintermäntel! Davon kann ich nur träumen. Schon seit zwei Jahren trage ich einen alten Mantel, aus dem zuerst die Helga und dann die Hannelore herausgewachsen ist und der ganz sicher zu verschlissen ist, als dass ihn auch die Rosmarie noch tragen kann. Mir kommt eine Soldatendecke aus grünlichem Wolltuch in den Sinn, die die Walburga im Sommer nach Hause gebracht hat, und ich vermute, dass die Störnäherin ihr daraus einen neuen Mantel fertigen wird. Wie sehr ich sie beneide! Wie gern auch ich einen neuen Wintermantel hätte! Aber daran ist leider nicht zu denken. Der einzige Luxus, den es in meinem Leben gibt, ist die Miezi. Sie ist für mich alles in einem: etwas zum Liebhaben, etwas, was ich an mich drücken kann, um mich zu wärmen, etwas, was ich versorgen kann, und etwas, was auf mich wartet. Ohne die Miezi – ja, ohne die Miezi? Was täte ich da nur?

»Hol einen Eimer voll Kraut herauf, es sollt' jetzt fertig sein«, sagt die Geißlmutter vor dem Mittagessen, als ich wieder einmal durchnässt und hustend aus der Schule komme und sie gerade den kleinen Riegel am Kachelofen öffnet, um eine Portion Rohrnudeln hineinzuschieben. Ich ziehe mich um, dann gehe ich hinunter in den Keller und hebe mit Mühe den Stein von dem Fass herunter, in dem das Kraut lagert. Sodann lüfte ich die Bretter und Laken, mit denen das Kraut beschwert war, und blicke hinein. Eine schmierige Brühe hat sich obenauf gebildet. Samt der obersten Krautschicht schöpfe ich sie in eine Schüssel und leere sie auf den Misthaufen. Dann schneide ich ein Eckchen Kraut heraus und fülle einen großen Topf damit, sodass die Geißlmutter das, was heute übrig bleibt, morgen und übermorgen wieder aufwärmen kann. Das Kraut wird nämlich mit jedem Aufwärmen besser. Anschließend wasche ich das Laken aus, bedecke das Kraut wieder damit und verschließe das Fass mit den Brettern und dem Stein.

*

1 Inges Mutter Franziska, 18, in einem Fotostudio in Amberg (1924)

2 Inge (10, ganz rechts) und Gertrud (10, ganz links) mit Freundinnen bei der Fronleichnamsprozession in Ransbach

Ransbach während der
Kriegsjahre

1 Inge, 14, im Garten der Meierbäuerin

2 Inge, (15, stehend, Mitte) mit Freundinnen auf einem sonntäglichen Spaziergang in Ransbach

Hannelore (10, links) und Inge, 17, in einem Fotostudio in Lauterach

Inges Schwiegereltern Magdalena und Peter Notz,
beide 63 (1949)

Magdalena Notz beim Holzsägen (1951)

Inge Notz, 74, beim Flachsspinnen auf einer Landwirtschaftsausstellung

Inge und Hans Notz, 70 und 74, auf ihrer Goldenen Hochzeit (2002)

Die Tannen hinter dem Haus sind von Schnee bedeckt. Ihre Äste biegen sich unter der weißen Last, und wenn ein Vogel auffliegt, staubt es ringsumher, als habe jemand Puderzucker verstreut. Der Kalvarienberg schimmert in der Ferne. Geheimnisvoll sieht er aus, man könnte fast meinen, es habe ihn noch nie ein Mensch betreten. Die ganze Welt scheint mir verzaubert. Aus dem Fenster der Stube erblicke ich den weiß bestäubten Ast des Birnbaums im Garten, der in die Höhe ragt, wie um mir zu zeigen, wo die Auffahrt zum Himmel ist. Die ersten Sterne, die sich am Abendhimmel blicken lassen, zwinkern mir zu, als wollten sie sagen: »Wir sehen dich, Inge, und wachen über dich.« Und der Schnee, der Blumen und Kohlköpfe im Garten bedeckt, glitzert so verführerisch, als warte er nur darauf, dass ich hinaustrete und mich hineinlege in die weiße Pracht. Die Wintererde scheint erhaben und stolz, obgleich sie in Wirklichkeit unwirtlich und kalt ist. All der Matsch und Dreck des Herbstes sind unter einer weißen Haube verborgen. Die Wintererde deckt alles, was nicht schön ist, einfach zu, verschließt es unter einer prachtvollen Schicht aus funkelndem Weiß, auf dass nur ja niemand bemerke, wie elend sie darunter ist.

Das Vieh im Stall hat sich bereits schlafen gelegt, das Tagwerk ist verrichtet und die Festtagskleidung angelegt. Eine große Ruhe liegt über dem Dorf, heute ist niemand unterwegs, jeder ist daheim bei den Seinen und froh, dass er ein Dach über dem Kopf hat. Auch ich werde später noch zur Mutter gehen und mich zu Hause fühlen. Erst aber werde ich bei der Geißlmutter gebraucht. Sie ruft die Walburga und mich in die Stube und legt einige geweihte Kräuter in eine Pfanne voller Glut. Dann laufen wir damit durchs Haus und in den Stall, um den Hof vor Krankheit und Unheil zu schützen. Später versammeln wir uns vor dem kleinen Bäumchen, das in der Stube steht und mit weißsilbernen und roten Kugeln und silbernem Lametta geschmückt ist. Ein Teller mit Butterkeksen und Lebkuchen steht davor. Die Geißlmutter und die Walburga tragen schwarze, hochgeschlossene Sonntagskleider, ich selbst ein Hängerkleidchen, das aus einem alten Soldatenmantel gemacht wurde. Es kratzt, hat einen Stehkragen, giftgrüne Paspelierungen und vorne eine Schleife.

»Herr, dunkel war die Zeit – wie eine Nacht, so heißt's, als du das Licht gebracht«, beten wir. »Doch nahmst das Licht du mit zurück, als du gen Himmel fuhrst hinauf? Und ließest dieser Erde ihren Lauf? Denn nirgends find ich Licht noch Glück.«

Und während ich die Worte spreche, empfinde ich auf einmal eine große Traurigkeit. Obwohl doch heute Weihnachten ist und ich mich freuen sollte. Denn mit einer plötzlichen Wucht sehne ich mich nach Herborn zurück, in meine kindliche Vorkriegswelt, in der zwar nicht alles heil, mein Leben aber doch viel angenehmer war. Ich spüre Tränen. Da deutet die Geißlmutter auf ein gefaltetes Stückchen Stoff, das unter dem Christbaum liegt: »So, Inge, das ist dein Weihnachtsgeschenk«, sagt sie, und dann stellt sie noch einen Teller mit ein paar Äpfeln und Haselnüssen auf den Tisch, der ebenfalls für mich ist.

»Danke«, sage ich, und dann kann ich meine Neugierde nicht länger im Zaum halten und greife nach dem Geschenk. Ich falte es auf, und ein rot-weiß karierter Trägerschurz kommt zum Vorschein, ganz neu ist er. Ich habe schon seit Jahren kein neues Kleidungsstück mehr bekommen. Sachte streiche ich mit den Fingern über den Stoff. Mir gehört er, ganz allein mir, denke ich, und dann komme ich zur Besinnung und bedanke mich abermals. Als wir Bratwürste und Kraut mit Kartoffeln essen, fühle ich mich wie eine Königin in meiner neuen Schürze. Vergessen ist mein Heimweh nach Herborn, es zählt nur noch die Gegenwart, die mir so schön wie schon lange nicht mehr erscheint.

Gegen halb sechs laufe ich durch das verdunkelte, schneebedeckte Dorf nach Hause, zu den Geschwistern und der Mutter. Die Luft ist schneidend kalt, und selbst in dieser heiligen Nacht dringt kein Lichtschein durch die Türen und Fenster. Es ist ein bisschen unheimlich, und so bin ich froh, als ich daheim in die Stube trete und die Mutter mit den Geschwistern vorfinde. Eine behagliche Wärme strahlt von dem braunen Kachelofen aus, und von den Holzbohlen, die in Ringen an der Decke baumeln, hängen wie immer Socken und Handschuhe zum Trocknen herab. Gleichwohl ist es nicht wie sonst, denn die Hannelore und die Helga sind nicht gekommen. Sie sind im Arbeitsdienst und durften nicht heim – ebenso wenig wie der Vater, der immer noch auf der Krim ist. Wir fünf Kinder – die Rosmarie, die Johanna, der Gerhard, der Adolf und ich – sind mit der Mutter allein. Doch sie gibt sich Mühe, ganz normal zu sein.

»Frohe Weihnachten, Inge«, begrüßt sie mich.

»Frohe Weihnachten.«

Scheu mustere ich ihren Bauch, der sich unter ihrem Sonntagsgewand abzeichnet und ein weiteres Geschwisterchen ankündigt.

»Und jetzt geht nach oben, bis ich euch rufe«, fordert sie uns auf, denn sie muss die Geschenke noch unter den Baum legen. Wir laufen hinauf in unsere Schlafkammern und warten ungeduldig darauf, dass es sechs Uhr wird. Dann erst dürfen wir wieder herunterkommen. Die Rosmarie erzählt mir, dass sie beim Dübabauer zugeschaut hat, wie eine Kuh von einem Stier gedeckt wurde: »Wir haben vom Scheunenboden aus zugeguckt«, erzählt sie mir. »Die Kuh stand ganz ruhig da in ihrem Stand zwischen den Stangen, während der Stier von hinten aufgestiegen ist. Er wurde an der Stange festgehalten mit dem Nasenring, und der Dübabauer hat den Schwanz der Kuh zur Seite gehalten, damit er besser aufsteigen kann.«

Ich hänge an ihren Lippen, denn so etwas habe ich noch nie gesehen, und vergesse darüber fast, dass wir doch eigentlich darauf warten, wieder in die Stube gerufen zu werden. Als es schließlich so weit ist, stürzen die Rosmarie und ich gleichzeitig die Stiege hinunter, doch dann bin ich ein klein wenig schneller als sie und reiße die Tür mit einem Schwung auf. Unter dem Baum, der mit bunten Kugeln und silberweißem Engelshaar geschmückt ist, stehen sechs Teller mit Nüssen, Butterplätzchen, Lebkuchen aus Sirup und braunem Mehl und schönen roten Äpfeln.

Mit sehnsüchtigen Blicken stehen wir davor, doch bevor wir sie auch nur in die Hand nehmen dürfen, müssen wir singen. Und so stellen wir uns in einem Halbkreis auf, mit Ausnahme vom Gerhard, den die Mutter auf dem Arm behält, damit er nicht in Windeseile alle Teller leer räumt. Wir erheben unsere Stimmen, und fast vermisse ich den Vater ein wenig, dessen Bass dem »Stille Nacht, heilige Nacht« und dem »Leise rieselt der Schnee« sonst stets ein wenig mehr Tiefe gegeben hat, als es unser Kinderchor vermag. Nach einer Ewigkeit erlaubt uns die Mutter, unsere Teller zu neh men, Butterkekse und Haferflockenkekse sind darauf, und dann steckt sie jedem auch noch ein Paar Socken zu. Wie groß aber werden unsere Augen, als sie ein Säckchen Walnüsse hervorzieht.

»Die hat der Dübabauer uns gebracht«, sagt sie, und ihre Augen leuchten froh. Mit den Händen greifen wir hinein in die Pracht, so dass die Nüsse verheißungsvoll aneinanderschlagen, und da zieht die Mutter auch schon einen weiteren Sack unter dem Tisch hervor, in dem sich Apfel und ein Päckchen mit Bratwürsten befinden.

»Von der Tante Marianne«, erklärt sie, und ich stecke meine Nase hinein und atme ganz tief den Duft meines früheren Lebens ein. Ich denke an die liebe Tante und daran, wie lange ich sie schon nicht mehr gesehen habe, an die Ruth und die anderen Kinder und an das Eis, das der Vater uns ab und zu spendiert hat. Ich denke an die Apfelernte, die ich über alles geliebt habe, denn der Vater hatte aufgepfropft, und als ich ihn einmal gefragt habe, warum er das getan hat, lachte er und sagte: »Als die Mutter mich geheiratet hat, waren ihr die Äpfel zu klein!«

Dann aber waren sie so groß, dass einer ein knappes Pfund wog, und hatten ein ganz weißes Fleisch und eine schöne helle Schale! Auf manchen Bäumen wuchsen vier oder fünf verschiedene Sorten, denn der Vater hat sich wirklich nicht lumpen lassen, um der Mutter zu imponieren. Apfel hat er ihr gemacht, so groß, dass einem die Augen übergehen.

Als die Erinnerungen zu arg werden, verdränge ich sie. Ich nehme mir einen Apfel und beiße hinein, die Süße tut gut, und dann ist es ganz still im Raum. Mit gemischten Gefühlen schauen wir auf unsere Teller, bis die Rosmarie schließlich sagt: »Letztes Jahr gab's aber auch für jeden von uns eine Orange, Mama.«

»Aber die hast vertrocknen lassen«, kann ich mir nicht verkneifen, zu sagen. Noch zu gut habe ich in Erinnerung, wie die Rosmarie ihre Orange Tag um Tag aufbewahrt hat, um möglichst lang daran riechen zu können, und gar nicht auf die Idee gekommen ist, sie könne verderben. Und als sie sie dann Wochen später essen wollte, war sie innen ganz trocken und kaum genießbar. Wie hat die Rosmarie da geweint!

Die Mutter seufzt und antwortet: »Der Krieg wird immer schlimmer, Meudl. 's ist nicht dran zu denken, dass man irgendwo Orangen bekommt. Ich tät' euch gern mehr schenken, aber der Krieg macht alles zunichte.«

Die Rosmarie senkt den Kopf. Abermals kommt mir der Vater in den Sinn. Ob er heute auch Weihnachten feiert?

Um halb elf am Abend machen wir uns auf den Weg zum Kirchplatz, von wo aus sich das ganze Dorf, mit Ausnahme einiger Wachtposten, auf den Weg in die Mitternachtsmette nach Utzenhofen macht. Obwohl wir eine große Gruppe sind, halte ich mich dicht bei der Mutter, der der Högabauer eine Sturmlaterne in die Hand gedrückt hat. Der Schnee glitzert zwar schön im Mondlicht, aber die Tannen und Sträucher am Wegesrand, die sich hin- und herwiegen, wirken dunkel und bedrohlich. Es scheint mir, dass jederzeit jemand hinter ihnen hervorspringen und mich packen könnte. Die Anneliese weicht nicht von meiner Seite, und dann beginnt die Eva, die ebenfalls neben uns geht, mit leiser Stimme eine Geschichte vom Riesen zu erzählen: »Als er starb, wollte er in den Himmel. Sankt Petrus hat ihn aber nicht hineingelassen, und so hat der Riese ihn gebeten, die Tür doch ein klein wenig zu öffnen, dass er nur mal hineinschauen könne. Sankt Petrus tat, wie er gebeten wurde, doch der Riese warf sogleich seinen Schurz durch die Spalte in den Himmel hinein und bat Sankt Petrus: ›Darf ich ihn wieder herausholen?‹«

Die Eva macht eine kunstvolle Pause, in der nur das Stapfen unserer Schritte und ab und zu, wenn ein Ast unter seiner Schneelast bricht, ein leises Knacken zu hören ist. Atemlos warte ich darauf, dass sie fortfährt, was sie schließlich, als sie sich davon überzeugt hat, dass wir ihr gespannt lauschen, auch tut: »Petrus gestattete dies, und so trat der Riese durch die Tür in den Himmel. Kaum hatte er den Schurz aber wieder in Händen, so setzte er sich darauf und war nicht mehr dazu zu bewegen, den Himmel zu verlassen. Sankt Petrus blieb nichts anderes übrig, als ihn dort zu belassen.«

Die Eva sieht uns an und lacht, weil wir so gebannt an ihren Lippen hängen. »Zu Ende!«, ruft sie. »Passt auf, dass er euch nicht zu sich in den Himmel holt. Da vorn, hinter dem Baum, sitzt er da nicht?«

Ich greife nach der Hand der Anneliese, da höre ich, wie von hinten der Peter ruft: »Fröhliche Weihnachten! Du fürchtest dich doch nicht etwa, Inge?«

»Nein, ich hab kei' Angst.«

Schweigend laufen wir nebeneinanderher.

»Bald gehst in den Krieg?«, frage ich schließlich.

Er nickt. »Zuerst einmal nur nach Hohenfels.«

Er klingt nicht unglücklich.

»Freust dich?«

»Dann kann ich mich wenigstens meiner Haut wehren und muss nicht im Keller sitzen und auf das warten, was als Nächstes passiert.«

Ich weiß nicht, was ich darauf antworten soll. Aber ganz sicher wäre es mir lieber, wenn der Peter nicht in den Krieg ziehen würde.

Als wir schließlich die Pfarrkirche erreicht haben, mischen wir uns unter die anderen Gläubigen, die herbeigeströmt sind, und verteilen uns über die beiden Hälften des Kirchenschiffs: Die Frauen und Mädchen nehmen wie immer auf der linken Seite Platz, und die Jungen und die wenigen Männer, die nicht im Krieg sind, auf der rechten. Obwohl mir vor Müdigkeit fast die Augen zufallen, bin ich doch vor Aufregung ganz durcheinander. Ich kann mich kaum auf die Worte des Pfarrers konzentrieren, der mit tiefer Stimme von seiner Kanzel herab die Weihnachtsgeschichte vorliest: »Es begab sich aber zu der Zeit, dass ein Gebot von dem Kaiser Augustus ausging, dass alle Welt geschätzt würde.«

Mein Blick schweift hinüber und sucht den Peter. Ich finde ihn neben dem Karl, genau wie wir alle hat auch er seinen Mantel, die Mütze und den Schal nicht abgelegt, denn in der Kirche ist es nur wenig wärmer als draußen. Als er meinen Blick bemerkt, schaue ich schnell weg.

»Da machte sich auch Josef aus Galiläa, aus der Stadt Nazareth, in das jüdische Land zur Stadt Davids auf, die da heißt Bethlehem, weil er aus dem Hause und Geschlechte Davids war.«

Und während der Pfarrer vorliest, wie Jesus geboren wird und der Engel zu den Hirten tritt, die sich auf den Weg zu dem Kindlein in seinem Stall machen, spüre ich, wie es auch in meinem Herzen ganz langsam Weihnachten wird. Die Aufregung fällt von mir ab, ganz feierlich ist mir zumute.

Auf dem Rückweg klingen unsere Stimmen weit durch die Nacht: »Stille Nacht, heilige Nacht, alles schläft, einsam wacht…«

Zu Hause essen wir gekochte Mettenwürste, und dann schlüpfen wir ins Bett. Friedlich ist es, der Krieg scheint weit weg. Noch ahne ich nicht, dass er uns im Laufe des kommenden Jahres ganz nah kommen wird.

4. KAPITEL: KRIEGSENDE

Am Abend, als die Sonne hinter dem Hof des Högabauern versunken ist, leuchtet der Himmel dahinter blutrot.

»Die Flieger sind wieder da«, sagt mit besorgter Stimme die Geißlmutter, die gerade dabei ist, Birnen einzukochen. Ein süßlicher Duft durchzieht das ganze Haus. Ich mag ihn nicht besonders, genauso wenig, wie ich eingekochte Birnen mag. Aber zu den Rohrnudeln gibt es nichts anderes.

»Der Högabauer sagt, sie werfen brennende Christbäume ab«, berichtet die Walburga.

Ich fürchte mich. Die Flieger kenne ich inzwischen gut. Sie zerbomben nicht nur unsere Städte, sondern es gibt auch die Tiefflieger, die mit Maschinengewehren schießen, mehr als tausend Schuss in der Minute. Sie zielen auf Züge, aber auch auf die Soldaten und Fahrzeuge, die durch das Lauterachtal zu den Kasernen fahren. Selbst auf Dörfer und Fußgänger haben sie es abgesehen. Wenn wir unterwegs sind und sie am Himmel donnernd herannahen hören, kriechen wir in die Sträucher am Wegesrand, damit sie uns nicht sehen. Und wenn wir gerade auf dem Feld sind, legen wir uns flach auf den Boden, bewegen uns nicht und getrauen uns kaum, zu atmen.

Die Geißlmutter seufzt, während sie die Nudeln ins Rohr schiebt. Dann wischt sie sich das Mehl von den Händen und blickt sorgenvoll die Straße hinab.

Beim Abendessen hören wir in der Ferne die Explosionen, und die Fensterscheiben, die uns noch geblieben sind, klirren. Einige sind schon vor längerer Zeit geborsten, denn die Druckwellen der Bomben, die auf die Städte ringsumher fallen, sind bis nach Ransbach zu spüren. Die Geißlmutter hat Pappe aus einem Schuhkarton geschnitten und die Scheiben damit notdürftig verklebt. Es gibt kein Glas mehr zu kaufen, und so regnet und windet es wenigstens nicht hinein. Die Kälte allerdings kriecht durch die Pappe hindurch und an den schwarzen Rollos vorbei, die aus einer Art Packpapier sind und die man um Punkt fünf Uhr nachmittags mit Schnüren herunterlässt, damit ja kein noch so kleiner, verräterischer Lichtstrahl nach draußen dringt. Es ist meine Aufgabe, sie am Abend so zu justieren, dass sie richtig sitzen und der Bauer, der für die Nachtwache zuständig ist, bei seinem abendlichen Rundgang nicht mit seinem eisenbeschlagenen Stab an die Tür klopfen muss, um eine bessere Verdunkelung anzumahnen. Die Bauern wechseln sich mit der Wache ab, jede Nacht dreht ein anderer im Dorf stapfend seine Runden.

Auch die Anneliese und ich gehen am Abend manchmal herum und kontrollieren die Verdunkelung. Wir stecken uns dann runde Dunkelplaketten mit einer Nadel vorne an die Mäntel, die wie glatte runde Knöpfe neonzitronengelb in die Dunkelheit hineinleuchten. Doch heute ist mir nicht danach. Der flammend rote Himmel über Nürnberg, der bis zu uns nach Ransbach leuchtet, macht mir Angst.

Vor dem Zubettgehen kommt der Högabauer herüber. Sein linkes Bein zieht er wie einen Stock hinter sich her, und sein von tiefen Falten durchzogenes Gesicht leuchtet unheimlich im Licht der Flammen, die in der Karbidlampe auf dem Tisch hin und her zucken.

Die Geißlmutter hat mir mehrere Kartenspiele beigebracht: 66, Lügen und Zwicken und 7 und 4, aber heute ist Schafkopf an der Reihe, und das spiele ich am liebsten, weil ich es am besten kann. Man muss auf seinen Nachbarn achten und bei jeder Karte darauf aufpassen, wie sie fällt.

»Was hast uns diesmal für eine Geschichte mitgebracht?«, fragt die Walburga.

»Beim Mühlenbauern stehen sie jetzt Schlange«, berichtet der Högabauer und klingt dabei so stolz, als habe er selbst dafür gesorgt.

»Kann er wieder mahlen?«, fragt die Geißlmutter und guckt ganz ungläubig.

Der Högabauer senkt die Stimme: »Und wie er das kann. Die Mühle arbeitet ab sofort jeden Samstag. Habt's noch ein Korn in der Scheune?«

»Ist sie nicht mehr verplombt?«, fragt die Walburga.

Der Högabauer sieht sich um, als wolle er sich vergewissern, dass niemand außer uns dreien ihm zuhören kann. Dann flüstert er mit fast unhörbarer Stimme: »Ja freilich ist sie noch verplombt. Nur eben am Samstag nicht: Der Kontrolleur hatte den Plombendraht durch alle Speichen des Antriebsrads gezogen und dann die Enden miteinander verbunden. Aber der Mühlenbauer hat das Rad abgeschraubt und durch ein anderes ersetzt. Und jetzt mahlen sie drinnen, während draußen immer einer Wache steht«, schließt er mit einem triumphierenden Grinsen. Er hat so viel Freude an dieser Geschichte, als habe er bei dieser List höchstpersönlich seine Finger im Spiel gehabt. Und auszuschließen ist das nicht, denn der Högabauer mit seiner Lautsprecheranlage und seinen Tonbändern ist ein rechter Techniker und mit allen Wassern gewaschen.

Wir spielen noch einige Partien, und dann sagt der Högabauer zu mir: »Du, Inge, glaubst eigentlich, dass ich die Karten lesen kann, wenn ich sie mir vor die Stirn halte?«

Er hält sich einen Packen Karten vor die Stirn, mit der richtigen Seite nach vorne, sodass wir drei Frauen sie sehen können.

»Nein«, sage ich. Denn ganz offensichtlich kann er ja nicht mit den Augen auf seine Stirn blicken.

»Ich halte dagegen. Ich sage dir, ich kann alle zweiunddreißig Karten ablesen, eine Karte nach der anderen.«

»Das glaube ich nicht«, entgegne ich und schüttele ganz entschieden den Kopf. Da hält er sich den ganzen Packen an die Stirn und zieht mit der freien Hand eine Karte nach der anderen ab.

»Das ist ein As, ein König, eine Dame, ein Zehner«, sagt er, und immer, immer hat er Recht.

Ich starre ihn ungläubig an, blicke dann zur Geißlmutter und zur Walburga, doch die verziehen keine Miene. Das gibt's doch gar nicht, wie macht er das?

Als der Stapel abgetragen ist, beginnt er von vorn. Ich bin ratlos, einfach nur ratlos. Nach etlichen Minuten aber blicke ich mich um, und da sehe ich, dass an der gegenüberliegenden Wand ein kleiner runder Spiegel hängt.

Das Gelächter der drei anderen ist groß, und schließlich falle ich ein. Schön ist das, einmal so richtig herzhaft lachen zu können, und fast fühle ich mich ein bisschen daheim. Behaglich räkele ich mich auf der warmen Ofenbank, und als meine Glieder so richtig schön durchgewärmt sind, mache ich mich auf den Weg ins Bett und lasse die drei Alten mit ihren Karten allein. Ich habe Angst, dass die Bomben auch über Ransbach abgeworfen werden, und möchte schon mal in den Keller hinuntergehen. So schlüpfe ich in meinen Trainingsanzug und lege mich auf eine der alten Strohmatratzen, die uns in den Nächten, in denen wir Bombenangriffe fürchten, als Notlager dienen. Ich kauere mich zusammen und falle alsbald in einen tiefen Schlaf. Noch ahne ich nicht, dass zur gleichen Zeit in Nürnberg einer der schlimmsten Angriffe des Krieges stattfindet. Zweitausend Menschen sterben, mehr als hunderttausend werden obdachlos. Es ist der 2. Januar 1945.

In Ransbach jedoch geht das Leben vorerst noch seinen gewohnten Gang. Es bleibt nun jeden Tag einen Hahnenschrei länger hell, und am ersten Schultag nach den Weihnachtsferien herrscht ein Schneesturm. In wogenden weißen Wellen umschwirren uns die weißen Flocken. Es sieht aus, als sei kein Durchkommen durch diese winterliche Wucht. Und so geht die Walburga voraus und bahnt uns Kindern einen Weg durch den hohen Schnee. Die größeren Buben, denen der Sturm nichts anzuhaben scheint, tragen kleine Erstklässlerinnen auf dem Rücken, die Anneliese und ich gehen allein. Als ich in der Schule ankomme, ist mein Rock ganz steif gefroren, und nachdem ich meine Holzschuhe ausgezogen habe und in meine selbst gemachten Hausschuhe geschlüpft bin, wärme ich mich am Ofen im Klassenzimmer auf.

Als die Schule aus ist, hat der Sturm ein wenig nachgelassen, und so rutschen wir auf der zugefrorenen Lauterach nach Hause. Es ist ein Riesenspaß. Immer wieder überbieten sich die Jungen dabei, wer von ihnen der Mutigste ist und sich am weitesten in die Mitte des Flusses traut. Die Anneliese ist ganz vorne mit dabei, und fast schon hat sie die andere Seite des Ufers erreicht, da bricht auf einmal das Eis, und sie steckt mit beiden Beinen im kalten Wasser.

»Hilfe!«, ruft sie und winkt mit den Armen. »Kommt schnell!«
Da ist das Geschrei und Gerufe laut. Wie sollen wir sie nun herausziehen? Wir überlegen hin und her, und dann ruft plötzlich jemand – keiner weiß, wer: »Fass einer den anderen an bis hin zur Anneliese, dann bilden wir eine Menschenkette vom Ufer bis zur Einbruchstelle!«

So gelingt es uns, sie ganz langsam zu bergen. Am ganzen Körper zitternd und eine Tropfspur hinter sich herziehend rennt sie durch den Schnee nach Hause. Ich blicke ihr nach und bin froh, dass sie nicht ertrunken ist. Meine Freundin, meine liebste Freundin. Beinahe hätte ich sie verloren!

»Inge!«, schallt es über den Hof, als ich am Abend einen großen grünen Korb Rüben in die Scheune trage, um die Schnitzelmaschine zu befüllen, die die Rüben zerhackt. Sie bilden das Kraftfutter für unsere Kühe – wenn sie sie unzerkleinert fräßen, würden sie ersticken. Als ich die Scheune erreiche, stehen dort schon die Walburga und die Geißlmutter an der Gsodmaschine, denn das Heu, das wir den Sommer über eingebracht haben, kann die Kühe allein nicht durch den Winter bringen. Wir müssen es mit Gerstenstroh strecken, das im Vergleich zu anderen Strohsorten noch das Weichste ist. Ich stelle meinen Korb ab und trete an das große Schwingrad, das mit zwei Messern besetzt ist. Dann helfe ich der Walburga, es per Hand anzutreiben. Von der Gsodbank aus schiebt die Geißlmutter die Strohballen und das Heu in die Maschine. Am anderen Ende kommen die gehäckselten Halme wieder heraus. Jeden Tag, bevor wir mit der Stallarbeit beginnen, müssen wir einen Berg voll Stroh und Heu für die Tiere schneiden. Doch ich beklage mich nicht. Ich bin inzwischen froh, dass ich genug zu essen und ein Dach über dem Kopf habe. In den Städten kann das kaum noch jemand von sich sagen. Ausgebombt sind sie dort, hinzu kommt, dass seit dem Vorrücken der Roten Armee ganz Ostpreußen vom Rest des Reiches abgeschnitten ist und die deutsche Bevölkerung über die gefrorene Ostsee nach Deutschland geflüchtet ist. Die Familie eines Nürnberger Kinderarztes, die mit Annelieses Eltern bekannt ist, hat nun im großen Saal bei der Anneliese ihr Lager. Maurer heißen die Leute, sie haben eine zwölfjährige Tochter, die Uschi heißt, und leben nur durch Leintücher abgetrennt von der Familie eines Lehrers, die mit ihren drei kleinen Kindern ebenfalls dort untergekommen ist. Eltern und Kinder schlafen auf umgedrehten Sitzbänken aus der Gaststube, die man zu Betten zusammengeschoben hat, und alle geben ihre Essensmarken bei Annelieses Mutter ab, von der sie nun abhängig sind wie ein Kind von seiner Amme. Die Uschi geht mit uns in die Schule, und von ihr wissen wir, was sich in jener Nacht abgespielt hat, als Nürnberg gebrannt hat. Sie hat uns von ihrer Flucht erzählt, von Verletzten, die mit Chemikalien verätzt worden sind, sodass ihnen eine schwarze Brühe aus dem Gesicht lief, und von den Trümmern und den vielen zerstörten Häusern, in denen überall noch Tote zu liegen schienen. Bei dem Gedanken an den Krieg bin ich froh, dass ich in der Scheune bei der Geißlmutter stehe und das Futter für die Kühe schneide.

Als wir fertig sind, trage ich es mit einer Kiepe in den Stall. Dort ist es dunkel, und der Geruch nach Dung steigt mir in die Nase, als ich eine Heugabel nehme und meine Ladung gerecht auf die Leni, die Liesl, die Lotte und die Laura verteile. Schnaubend senken sie ihre Mäuler und beginnen zu malmen. Etwas huscht um meine Füße. Es ist die Miezi, die von mir in den letzten Wochen an manchen Abenden keine Milch bekommen hat, aber deswegen gar nicht beleidigt ist. Sie kommt allein klar, ist eine gute Mausfängerin und braucht mich nun weniger als ich sie. Ich streiche über ihr Fell und flüstere ihren Namen. Sie umschnurrt mich, reibt ihren Rücken an meinen Knöcheln, und ich lasse sie gewähren, während ich meinen Melkschemel heranziehe und mich neben die Leni hocke. Ich rede mit leiser Stimme auf die Leni ein, streiche ihr über die Ohren, klopfe auf ihren Hintern, binde ihr mit einem Strick den Schwanz um den Fuß, damit sie ihn mir nicht um die Ohren haut.

»Ruhig, ruhig«, flüstere ich. »Brave Kuh, liebe Kuh, sei schön brav, heut' beginn' ich mit dir, magst mir deine Milch geben?«

Dann massiere ich ihr Euter und fange schließlich an zu melken. Ein feiner weißer Strahl rauscht in meine Kanne, stolz bin ich, dass ich nun melken kann wie eine Große. Doch mit einem Mal versetzt mir die Leni mit dem Fuß einen Stoß in den Bauch, so stark, dass ich mich mit dem Milchkübel im Hausflur wiederfinde. Er kippt um, die Milch läuft heraus, das sehe ich noch, bevor mir schwarz vor Augen wird.

Als ich wieder zu mir komme, liege ich in der Stube auf der Ofenbank. Ich rufe nach der Geißlmutter, und sofort eilt sie herbei und sieht mich fast schon ein wenig besorgt an. Ihr Blick tut mir gut.

»Was ist passiert?«

»Die Leni«, flüstere ich.

Die Geißlmutter blickt in Richtung Stall und nickt.

»Wie geht's dir, Meudl?«

Ich weiß gar nicht, was ich sagen soll. Ich richte mich auf und blicke an meinem Körper hinab, und in diesem Moment spüre ich eine dicke Schwellung an der Leiste. Und dann kommt der Schmerz. Er ist unheimlich, sehr stark. Ich lege mich wieder hin.

»Brauchst etwas?«, fragt die Geißlmutter.

Ich schüttele den Kopf. Was sollt' ich auch brauchen? Weh tut es halt, und wie.

»Ich geh' ins Bett«, erkläre ich und bemühe mich, meiner Stimme einen festen Klang zu geben. Sie soll nicht denken, dass ich wehleidig bin, das bin ich nämlich noch nie gewesen. Und so richte ich mich auf und ziehe mich die Treppe mehr hinauf, als dass ich laufe. Ohne noch mit dem Kamm durch meine Haare zu fahren, falle ich ins Bett.

Am nächsten Tag fühle ich mich wie zerschlagen. Ich schleppe mich die Treppe wieder hinunter und spüre dabei einen dumpfen, unablässigen Druck wie von einer schweren Last, die sich gleichmäßig über den ganzen Körper verteilt. An der Leiste habe ich einen dicken Bluterguss, auf keinen Fall kann ich so in die Schule gehen.

Die Geißlmutter sagt: »Nächstes Mal bindest der Leni die Hinterbeine mit einem Strick zusammen. Damit das nicht noch mal passiert. Hast Glück im Unglück gehabt. Kannst froh sein, dass die Verletzung nicht nach innen gegangen ist. Sonst hätte Krebs daraus entstehen können.«

Ich nicke. Recht hat sie. Ich kann trotz allem noch froh sein.

Nach dem Frühstück mache ich mir Umschläge aus Krautblatt, das ich mit dem Nudelholz platt schlage, bis der Saft austritt. Das lässt den Bluterguss zurückgehen. Eine Salbe gibt es nicht. Dazu hätte ich in die Apotheke gemusst, und so etwas gibt es in Ransbach nicht. Ohnehin erscheinen kleine Verletzungen wie meine in diesen Tagen nebensächlich. Der Krieg wird immer bedrohlicher. Mitte Januar fliegen die Alliierten schwere Luftangriffe auf Magdeburg, und Ende des Monats versenken die Sowjets vor der Küste Pommerns die Wilhelm Gustloff. Der Högabauer erzählt es uns, denn er hört immer noch den englischen Sender. Mehr als neuntausend Menschen sterben, während wir Kinder zum Schlittenfahren gehen, ausgestattet mit dicken Decken, die aus alten Soldatenmänteln genäht sind, von denen niemand weiß, wer sie dort zurückgelassen hat, wo man sie fand – etwa in einer alten Scheune. Uns Kinder interessiert nur, dass die Decken den Schnee davon abhalten, in unsere Röcke zu kriechen und uns zu durchnässen.

Am Sonntag ist die weiße Pracht zu einer matschigen, weißgrauen Pampe geworden, die von oben in die guten schwarzen Lederschuhe läuft, die ich nur zum Kirchgang anziehe und in denen ich schon die Zehen einziehen muss. In kürzester Zeit sind sie durchnässt. Kein noch so kleiner Sonnenstrahl findet seinen Weg durch die dicke Wolkendecke, als in der Ferne der Kirchturm von Utzenhofen auftaucht. Eng beieinander gehen wir, als wollten wir uns wärmen, dabei sind wir doch keine Kühe, sondern bloß eine Gruppe Schulkinder. Ich laufe mit der Anneliese und der Gertrud, auch die Edith ist da, und weiter hinten, bei den jungen Frauen, ist die Eva, die von innen heraus zu strahlen scheint und so elegant wie ein Fräulein aus der Stadt ausschaut in ihrem dunklen Mantel.

»Gibt's was Neues von der Eva?«, fragt die Edith, und damit gelingt es ihr, meine Gedanken von der Beichte abzulenken, die ich gleich ablegen muss und auf die ich mich nicht gerade freue. Die Beichte ist eine ganz schreckliche Sache für mich, denn wir müssen alle Gebote, die wir nicht eingehalten haben, aufsagen. Und immer, immer habe ich ein schlechtes Gewissen, dass ich irgendetwas vergessen könnte.

»Ja«, sagt die Anneliese und guckt, ob wir auch gespannt genug aussehen, bevor sie einen weiteren Brief hervorzieht. Atemlos starren wir sie an. Ich hatte schon gar nicht mehr daran geglaubt, dass der Fritz noch mal schreiben würde, aber er scheint es tatsächlich getan zu haben. Ganz leise beginnt die Anneliese zu lesen, und immer wieder wirft sie scheue Blicke nach hinten, um sicherzugehen, dass die Eva nicht in Sichtweite ist:

Meine herzallerliebste Eva,

ich muß Dir heute großen Kummer bereiten. Meinen letzten Brief wirst Du ja erhalten haben. Wir kommen nun nicht nach Südfrankreich, wie uns gesagt wurde, sondern nach Russland. Heute sind wir aus Hannover hierher gefahren, wo wir uns morgen Vormittag melden müssen. Dann geht es mit einem Sammeltransport nach Minsk, und von da aus weiter. Es tut mir ja so unendlich leid, daß ich Dich nicht mehr sehen kann. Wenn Du bei mir wärst, gingen wir ins Gasthaus Kemp, und ich würde gut aufpassen, dass Du nicht so schnell trinken würdest wie heute vor vier Wochen, denn sonst hätten wir danach wieder viel zu klären und zu erklären.

Liebe Eva, mein goldiges Herz, was habe ich nur getan, von Dir so sehr geliebt zu werden? Wenn ich die Hoteltreppe raufsteige, denke ich, Dich neben mir zu sehen. Die Erinnerung an unsere Tage wärmt mich von innen und macht mir Mut und Hoffnung für die vor mir liegende Zeit. Ich bin ja so tief in Deiner Schuld, dass dies Leben viel zu kurz wäre, um alles wiedergutzumachen. Aber ich werde mir Mühe geben, Dich immer gleich lieb zu haben. Ich möchte Dir so gerne noch so viel Liebes sagen, verspreche Dir aber, sehr aufzupassen, dass mir nichts passiert, viel an Dich zu denken und auch zu schreiben. So, nun muss ich schließen, wenn ich Zeit habe, schreibe ich Dir morgen noch mal. Bis dahin alle herzlichsten Küsse, es bleibt Dir Dein in inniger Liebe zugetaner, Dein unvollkommen geliebter Fritz (übrigens jetzt Lt.)

Wir schweigen ergriffen, während die Anneliese den Brief wieder zurück in ihre Schürzentasche steckt. Aber nach einigen Metern, in denen eine jede von uns ihren Gedanken nachhängt, kann die Edith nicht mehr an sich halten: »Aber das bedeutet ja, dass sie sich getroffen haben!«

»Da kannst du Gift drauf nehmen, dass sie das getan haben«, bestätigt die Anneliese.

»Wann soll das denn gewesen sein?«, frage ich ungläubig.

»Neulich war die Eva mal zur Probe in einem Haushalt in Kastl«, sagt die Anneliese. »Mir kam's gleich komisch vor, aber ich hab' natürlich nichts gesagt.«

»Zur Probe in einem Haushalt«, echot die Edith ungläubig, doch die Anneliese zuckt nur mit den Schultern.

»Und deshalb sieht sie jetzt so schön und glücklich aus«, sage ich und wünsche mir, später auch einmal eine solche Liebe in mir zu spüren wie die Eva. »Meinst du, sie haben auch vom Heiraten geredet?«

»Ja sicher, das glaube ich schon. Aber die Mutter sagt immer zur Eva, das hat keinen Wert, dann hat sie vielleicht ein Kind, und der Mann kommt nicht mehr heim.«

»Hat sie denn schon eine Aussteuer?«, erkundige ich mich.

»Sicher«, entgegnet die Anneliese. »Sie hat eine Truhe, und immer, wenn sie Geburtstag hat, oder auch zu Weihnachten bekommt sie ein Teil von ihrem silbernen Besteck, ein Handtuch oder ein Leintuch dort hinein. Und am Abend, wenn sie mal nicht arbeiten muss, stickt sie die Anfangsbuchstaben ihres Namens in die Stoffe. Ich habe auch so eine Truhe – du nicht?«

Sie sieht ganz erstaunt aus.

Ich schüttele den Kopf und verdränge die in mir aufsteigenden Gedanken.

Die Anneliese bemerkt das gar nicht, sondern wundert sich: »Bei uns bekommt jede Magd an Weihnachten etwas für ihre Truhe. Der Vater schießt Füchse, denen werden die Augen verglast, und sie werden mit Stoff gefüttert und zu einem Pelz gemacht, mit einer Schnappe im Mund, die in den Schwanz beißt zum Schließen.«

»Die Mägde?«, erkundige ich mich ungläubig.

Die Anneliese nickt und sieht so zufrieden aus wie die Gluckhenne, wenn sie auf ihren Eiern sitzt: »Und dann gehen sie zur Mitternachtsmette und zeigen voller Stolz ihren neuen Pelz.«

Schweigend laufen wir den restlichen Weg bis nach Utzenhofen, und ich versuche, nicht daran zu denken, wie viel schlechter ich es im Leben habe als meine Freundin. Als ich schließlich im Beichtstuhl knie und durch das Gitter hindurch das Gesicht des Pfarrers erblicke, sage ich: »Ich habe heimlich Briefe gelesen.«

Das Herz schlägt mir dabei bis zum Hals, denn ich bin mir sicher, dass er mich erkennt. Aber noch bevor er mich fragen kann, was für Briefe das waren, rede ich schnell weiter: »Und ich habe getötet.«

»Wen hast du denn getötet?«, erkundigt er sich mit milder Stimme.

»Fliegen«, sage ich und denke an die Leni, auf deren Flanke ich tatsächlich heute Morgen noch eine dicke Fliege entdeckt habe, die es irgendwie bis in den Winter hinein geschafft hat, zu überleben.

»Und unkeusch berührt habe ich mich auch, als ich mich gewaschen habe«, füge ich hinzu. Denn ich habe wirklich große Angst, irgendetwas zu vergessen. Das nämlich wäre die größte Sünde überhaupt.

»Dass du die Fliege getötet hast, musst du nicht beichten«, sagt er, und ich bin sehr erleichtert. »Aber das, was du sonst getan hast, war unrecht. Deswegen betest du jetzt als Buße ein Vaterunser und ein Gegrüßet seist du Maria, bittest um Verzeihung und gelobst Besserung.«

Ich neige den Kopf und verlasse den Beichtstuhl. Dann knie ich mich in eine Bank und vertiefe mich ins Gebet. Mein Körper entspannt sich, während ich leise vor mich hinflüstere. Es tut mir gut, meine Schuld abzulegen. Ich fühle mich Gott ganz nah, und das ist schön.

In der Nacht hat es geregnet. Die Felder glänzen in der Sonne, als seien sie mit Fett überzogen. Würde man hineintreten, versänke man knöcheltief im Schlamm.

»Der Heinz ist aus dem Krieg heimgekommen«, erzählt die Geißlmutter und gibt einen Schwung Eintopf in unsere Teller. Darin schwimmen gewürfelte Steckrüben, Kartoffeln und etwas

Speck. Hungrig tauche ich meinen Löffel hinein und verbrenne mir die Zunge, weil ich zu gierig bin.

Die Walburga hebt den Kopf. Die Geißlmutter nimmt sich selbst auch einen Schlag Suppe, während die Walburga abwartend innehält. Schließlich fragt sie: »Schon?«

»Er hat eine zerrissene Uniform angehabt und war abgemagert bis auf die Knochen«, erzählt die Geißlmutter. »Die Dübabäuerin hat ihn in der Scheune im Heu versteckt. Er ist desertiert.«

»Desertiert!«, ruft die Walburga aus und lässt den Löffel sinken. Die Geißlmutter nickt. »Wenn sie ihn finden, wird er mausradikal umgebracht, und der Dübabauer und die Bäuerin auch.«

Die Walburga bekreuzigt sich und murmelt: »Jesus Maria und Josef!«

In den nächsten Tagen kommen zwei weitere deutsche Soldaten nach Ransbach, und auch sie werden versteckt. Anders als der Heinz tragen sie aber nicht mehr ihre Uniformen, sondern blaue Arbeitsanzüge. Der Högabauer kommt am Abend auf eine Partie Schafkopf herüber und erzählt, während er die Karten mischt, dass sie sie von einem Warenhaus in Amberg bekommen haben: »Die waren dort eingelagert, und der Besitzer hat gesagt, man darf sie nehmen für die Soldaten, die am Schluss fahnenflüchtig werden. Und das hat man getan, sodass die Männer in voller Uniform und mit Gewehren ins Warenhaus hineingegangen sind und hinten im blauen Anton und mit anderer Miene wieder hinaus.«

Die Walburga hebt ab und fragt: »Und was hat man mit den Uniformen gemacht?«

Der Högabauer ist nun beim Geben: »Die hat man in den Feuerlöschteich geworfen.«

Die Walburga guckt ihn mit offenem Mund an, und auch ich finde das äußerst spannend. Nur die Geißlmutter sitzt auf der Ofenbank und blickt konzentriert auf ihre Karten, als gehe sie das alles gar nichts an. Dabei weiß ich genau, dass auch sie sich für diese Männer interessiert. Im Wechsel mit den anderen Bäuerinnen bringt sie ihnen etwas zu essen und tut ansonsten so, als seien sie nicht da. Alle im Dorf wissen von diesen Männern, und alle decken sie. Es gibt in Ransbach niemanden mehr, der noch an einen Sieg glaubt, und so

163

will keiner diesen jungen Männern die Fahnenflucht verübeln. Ein jeder nimmt dabei in Kauf, dass er das eigene Leben riskiert.

*

Der Frost hat sich die Natur untertan gemacht. Die Kristalle des Raureifs verwandeln die vertrockneten Dolden in wahre Traumblüten. In der Luft hallen die Schreie der Häher und Elstern aus dem Wald, obwohl kein Windhauch geht. Auf der Wiese suchen sich Rotkehlchen und Grünlinge ihr Futter. Die Tage laufen eintönig dahin, der Frost lässt alles erstarren.

»Kommst mit zu den Bauern raus? Die Mutter hat gesagt, 's ist mal wieder an der Zeit«, fragt die Anneliese, und ein breites Lächeln steht auf ihrem Gesicht. Die Schlittenfahrt zu den drei großen, reichen Bauern draußen auf dem Weiler gehört zu den wenigen Höhepunkten in unserem Leben, und außerdem habe ich ihr vom Gemeinschaftsschwein erzählt.

»Natürlich«, rufe ich, »ich sag' nur schnell der Geißlmutter Bescheid!«

Wenig später ziehen wir den Schlitten hinter uns her, der mit Zucker, Marmelade, Nudeln, Salz, Schuhcreme und Bürsten beladen ist. Es ist ein sonniger Samstagvormittag, die Kühe sind gemolken, der Stall ausgemistet. Es wird ein schöner Tag werden, und ich spüre ein kleines warmes Glück in meiner Brust, das dort schon lange nicht mehr war. Wir laufen eine halbe Stunde durch den hohen Schnee ins Birdol hinauf, und dann taucht der erste Hof vor uns auf. Mächtig und doch geduckt erscheint er mir in seiner ganzen Pracht hinter dem braunen Stockzaun, der von Sträuchern umrahmt ist und weiße Schneehütchen trägt. Ein großer Garten umgibt das Haus und verleiht ihm noch mehr Würde und Größe, als es ohnehin schon besitzt. Und hinter dem Hof wölben sich hohe Kastanien, auch einen Obstgarten gibt es dort, das weiß ich. Es ist ein solcher Reichtum, wie ich ihn sonst nur im Pfarrhaus erlebt habe, und in meinen kühnsten Träumen schaffe ich es nicht, mir vorzustellen, ich könnte ein solches Leben führen wie die Kinder dieses Bauern.

Die Anneliese klopft an die Tür, und einer der Söhne des Bauern, wenig jünger als wir, öffnet. Er hat einen blonden Haarschopf, geht mit uns in die Schule und rennt gleich wieder weg, die Mutter rufen. Sie tritt herbei, eine große, stolze Frau. Ich sehe sie im Winter manchmal, wenn ich nach Allersberg laufe oder nach Hohenfels zum Brotkaufen und sie mit ihrem Mann im gepolsterten Pferdeschlitten vorbeifährt. Schon von Weitem höre ich sie dann kommen, denn der Schlitten ist mit Glöckchen besetzt, die ihn ankündigen. Und wenn er sich dann nähert und vorbeizieht, kann ich einen Blick auf die Insassen erhaschen, die in Polstern und Decken aus Schaffell ruhen. Meist sitzen der Bauer und die Bäuerin auf dem Schlitten, und während er vorne auf dem Bock sitzt und die beiden Haflinger antreibt, von denen einer eine weiße Blesse hat und der andere eine schwarze, thront die Bäuerin hinten und winkt mir. Eine gestrickte Mütze hat sie auf und um den Hals trägt sie einen Pelz, in dem sie aussieht wie eine Fürstin. Ich winke stets zurück und wünsche mir in diesen Momenten nichts mehr, als auch einmal in einem solchen Schlitten mitzufahren.

»So, jetzt kommt's wieder ihr zwei, und bringt mir die Ware. Mögt's hereinkommen?«, fragt sie nun und öffnet die Tür noch ein Stück weiter. Sie trägt heute nicht die Mütze, sondern einen geflochtenen blonden Zopf und sieht fast noch schöner aus.

Schnell schlüpfen wir hinein ins Warme, und dann führt sie uns in die Stube, wo sie uns mit Milch, Hefezopf, Butter und Honig bewirtet. Köstlich schmeckt es, einfach nur köstlich. Dankbar kauen wir und sind ein wenig verlegen.

»Mögt's noch ein Stück?«, fragt sie lächelnd, nachdem wir unser erstes vertilgt haben. Als wir schüchtern nicken, schneidet sie noch zwei dicke Scheiben ab und legt sie auf unsere Teller. Wie im Schlaraffenland ist es, und ich kann mich gar nicht sattsehen an dem Reichtum und der Pracht, die uns umgibt.

Die Anneliese aber wirft mir die ganze Zeit schon Blicke zu, dass ich mich nun endlich nach dem Schwein erkundigen soll, und so fasse ich mir schließlich, als ich schon fast aufgegessen habe, ein Herz und frage: »Sie haben sicher auch Schweine, oder?«

Verwundert sieht mich die Bäuerin an. Sie hält den Kopf leicht schräg und lächelt dabei: »Sicherlich haben wir auch Schweine.«

»Schlachten Sie sie auch?«, erkundige ich mich.

»Wir schlachten sie auch«, erwidert sie, und ihr Lächeln ist noch genauso herzlich wie zuvor.

Eine Stille entsteht, und dann sagt die Anneliese: »Wir fragen nur, weil …«

Die Bäuerin sieht sie abwartend an.

»Weil wir auch ein Schwein haben«, ergänze ich, da die Anneliese keinerlei Anstalten macht, ihren Satz zu Ende zu führen.

»Ja, genau«, ergänzt die Anneliese, »und da dachten wir, wir fragen mal nach.«

»Und jetzt müssen wir auch wieder nach Hause«, sekundiere ich, denn ich bemerke, dass sich Verwirrung auf dem Gesicht der Bäuerin breitmacht.

»Nehmt’s noch ein paar Äpfel und Walnüsse mit?«, fragt sie.

Wir nicken eifrig, und ich denke an das Gesicht, das die Mutter machen wird, wenn ich ihr solche Schätze bringe. Und so machen wir uns mit vollen Bäuchen und zwei Säckchen voller Äpfel und Nüsse wieder auf den Heimweg, nicht ohne uns für Speis und Trank zu bedanken und uns höflich zu verabschieden.

»Das war ja wohl nichts«, raunt die Anneliese, als wir einige Meter vom Haus entfernt sind.

»Aber was hätten wir denn auch fragen sollen?«, antworte ich.

»Recht hast. Und egal ist es außerdem. Eine feine Frau ist sie, die Bäuerin. Und schau, wie viel sie uns gegeben hat!«

Und so setzen wir uns wieder auf unsere Schlitten und sausen mit vollen Bäuchen den Berg hinunter zurück nach Ransbach, und unterwegs stoße ich ein fröhliches »Juchuu« aus, das durch die klare Winterluft hallt und in den Himmel aufzusteigen scheint. In so einem Haushalt wie dem der Bäuerin möchte ich später einmal Dienst tun. Und ich werde alles, was in meiner Macht liegt, tun, um das zu erreichen.

Am Abend ruft mich die Geißlmutter in die Stube. Als ich hereinkomme, sitzt sie am Spinnrad und erklärt mir: »Das Spinnen könntest auch allmählich lernen, Inge. Setz dich da her, und schau zu, wie ich’s mach’!«

Ich ziehe mir einen Stuhl heran und nehme neben ihr Platz. Gut tut das Sitzen am warmen Kachelofen nach dem Tag draußen im Schnee. Die Geißlmutter hat ein Tuch über ihren Schoß gelegt, darauf liegt ungesponnene Schafwolle, die so aussieht, als sei sie gerade erst geschoren worden. Sie riecht auch noch genauso wie Mecki und Blocki, und dazwischen sehe ich kleine Hölzchen oder Stöckchen, die bei der Wäsche nicht aus dem Schaffell herausgespült worden sind. Dünne Stränge zieht die Geißlmutter von der Wolle ab und führt sie in Richtung Spinnrad, das sie mit den Füßen antreibt. Kurz bevor die Wolle in der Öffnung des Spinnrades verschwindet, wird sie auf magische Weise zum Faden, der sich dann brav auf die Spule rollt. Als die Spule nach etwa zwanzig Minuten voll ist, nimmt die Geißlmutter sie heraus und sagt: »Jetzt bist du dran.«

Ich setze mich, lege das Tuch auf meinen Schoß und greife mir einen Batzen Wolle aus dem Korb zu meinen Füßen. Sie fühlt sich fettig an und recht luftig. Das Fett allerdings ist sehr nützlich, merke ich bald, denn es hält die Wolle zusammen, sodass sie sich wie von selbst in das Spinnrad zieht, als ich es mit den Füßen antreibe. Zwar ist mein Faden ziemlich unregelmäßig und längst nicht so dünn wie der der Geißlmutter, auch reißt er mir immer wieder ab, aber ich bin recht zufrieden mit meinen Bemühungen, und die Geißlmutter scheint es auch, denn sie blickt mich wohlwollend an. »Mir scheint's, das Spinnen hast im Blut«, sagt sie anerkennend. »Mach nur weiter so, Meudl, das gibt eine feine Wolle, wenn dein Faden erst noch dünner wird.«

Ich spüre, wie sich meine Wangen röten ob des seltenen Lobes. Immer dünnere Batzen reiße ich von dem Ballen in meinem Schoß ab, und während sich die Geißlmutter und die Walburga, die eben hereingekommen ist, leise über den Krieg unterhalten und darüber, dass nun auch Dresden bombardiert wird, bekomme ich nach und nach ein Gefühl dafür, wie ich die Wolle anfassen muss, damit sie mir nicht abreißt. Dresden ist weit weg, das weiß ich. Viel weiter als Nürnberg.

Als meine Spule voll ist, tun mir die Finger weh, aber ich bin zufrieden. Das Spinnen macht mir Spaß, und ich hoffe, dass ich bald wieder einmal in die Stube darf, um meine Arbeit fortzusetzen.

Vorerst aber ist daran nicht zu denken. Durch den ehemals festen und sauberen Schnee, der zu einer wässrigen, schmutzig weißen Pampe verkommen ist, laufe ich am Sonntagnachmittag nach Hause. Doch als ich in die Stube trete, ist niemand daheim. Die Geschwister werden im Dorf unterwegs sein, denke ich mir, aber die Mutter müsste eigentlich da sein. Ich suche sie und finde sie schließlich in ihrem Schlafzimmer im Bett.

»Gut, dass du kommst, Inge«, begrüßt sie mich. Sie sieht sehr blass aus, und das ganze Zimmer riecht so, als habe sie schon eine lange Zeit allein darin gelegen. Ich trete zum Fenster und öffne es. Von draußen klingen die Kirchenglocken zu uns herein. Es schlägt gerade drei, und ein kleiner Sonnenstrahl verirrt sich herein und wirft seinen hellen und kalten weißen Strahl zu uns ins Zimmer.

»Was ist mit dir?«, frage ich. »Geht es dir nicht gut?«

Sie stöhnt leise. »Scheint, das Kindle will heut' kommen.«

Sofort kriecht die Erinnerung an den Georg in mir hoch, und eine kalte Hand umgreift mein Herz.

»Soll ich Hilfe holen?«, frage ich ängstlich.

»Die Geißlmutter, sei so gut. Hol die Geißlmutter her, Inge.«

Ich nicke und stürze hinaus. In Windeseile laufe ich zurück zum Geißlhof, wo die Geißlmutter dabei ist, unsere Karbidlampe zu stopfen. Unter- und Obersatz liegen auseinandergeschraubt vor ihr, gerade hat sie die grauen Steine hineingelegt.

»Bitte, komm schnell zur Mutter!«, rufe ich. »Das Kindle möcht' kommen!«

Sie blickt auf und wischt sich die Hände an der Schürze ab. Dann schraubt sie die beiden Teile wieder zusammen.

»Ich füll' nur noch schnell Wasser ein«, sagt sie.

Wenig später ist die Lampe wieder zugestöpselt, und die Geißlmutter legt sich ihren schwarzen Mantel um, bindet sich das dunkle Kopftuch, legt sich ein Dreiecktuch darüber und folgt mir mit ihrem kranken Fuß langsam hinaus auf die Straße.

Zurück bei der Mutter, heißt sie mich, vor dem Zimmer zu warten.

»Bereite eine Schüssel mit heißem Wasser und frische Leintücher vor«, trägt sie mir auf, »und bring auch eine Schere, zum Abnabeln des Kindes.«

Ich nicke und laufe davon, um alles zusammenzusuchen. Dann hocke ich mich vor der Zimmertür auf den Boden und lausche auf die Geräusche, die ihren Weg zu mir herausfinden. Ich höre die beiden Frauen leise miteinander sprechen, und immer wieder stöhnt die Mutter, bis ihr Stöhnen schließlich in einen langen Schrei mündet, wie damals, als der Georg geboren wurde. Doch dann erklingt das Schreien eines Säuglings. Ich springe auf, und gerade in diesem Augenblick öffnet sich die Tür, und die Geißlmutter reicht mir eine Schüssel voller Blut: »Du hast ein Brüderchen bekommen, den Hans«, sagt sie mit einem Lächeln. »Leer das auf den Misthaufen.«

Überglücklich nehme ich die warme Schüssel entgegen und laufe mit der dampfenden Flüssigkeit hinaus auf den Hof. Ich bin unendlich froh, dass der Hans überlebt hat. Er ist ein Glückskind, denke ich.

In den folgenden Wochen laufe ich öfter zur Mutter und betrachte den kleinen Hans, der meistens nur in seinem hölzernen Bettstadel liegt und schläft. Ich genieße die Unschuld und Ruhe, die dieses kleine Wesen ausstrahlt. Denn rings um uns herum wird die Lage immer bedrohlicher. Die Amerikaner, so ist zu hören, kommen immer näher, und der Bürgermeister fordert uns auf, Panzersperren zu errichten, damit sie nicht durchkommen. Der Messbauer fällt also einige Bäume, die Frauen legen Zweige auf den Weg und streuen Nägel, über die wir am Palmsonntag mit unseren Palmstöcken nach Utzenhofen zur Prozession laufen. Wie diese Sperren jemals Panzer aufhalten sollen, ist mir und allen anderen schleierhaft, doch zumindest an diesem Tag gelingt es mir, die Gedanken an den Feind zu vergessen und stattdessen Christi Einzug in Jerusalem zu gedenken. Besonders stolz bin ich auf meinen Palmstock, aus dessen Spitze schneeweiße Holzbüschel sprießen, die die Geißlmutter mir mit einem Messer geschabt hat. Obenauf sitzt einer von Tante Mariannes dicken schönen Weihnachtsäpfeln, der von dichten Buchsbaumzweigen eingefasst wird. Gerade angemessen scheint mir das, denn heute ist nicht nur ein Feiertag, sondern auch das erste Mal, dass die Anneliese und ich im Kirchenchor singen. Der Sohn des Messmers hat uns vor einigen Wochen gefragt. Er ist der Organist und der Meinung, dass wir gut singen können. Mit vor Stolz ge-

schwellter Brust singe ich das »Jesus zieht in Jerusalem ein«, und
mein »Hosianna!« steigt hoch hinauf über die Häupter der Gemeinde, die auf den Holzbänken Platz genommen hat, ins Kir-
chenschiff. Auf dem Rückweg von der Kirche stecken wir unsere
Palmstöcke in die Äcker, um diese vor Unheil zu schützen, und zumindest eine kleine Weile lang sieht es so aus, als könnten wir dem
Krieg die Stirn bieten. Allzu schnell aber geht dieser Augenblick
vorbei.

Die Tage werden allmählich länger, und abends, wenn ich vom Melken komme, höre ich nun wieder den Schrei der Zugvögel, die aus
ihren Winterquartieren zurückkommen. Wo werden sie ihre Nester bauen? Dicke, schwarze Käfer kommen aus der Erde, als habe
die Sonne sie daraus hervorgezogen. Die Blüten der Schlehe öffnen sich, und die malvenfarbenen Büschel des Wiesenschaumkrauts
entfalten sich. Am frühen Abend, als die Geißlmutter und ich gerade die Verdunkelungsrollos herunterlassen, reißt der Dübabauer
die Haustür auf und stürmt herein. Er scheint sehr schnell gelaufen
zu sein, denn er atmet laut und heftig und platzt, immer noch nach
Luft ringend, sofort mit seiner Neuigkeit heraus: »Der Feind steht
zwanzig Kilometer vor dem Ort!«
    Die Geißlmutter hält in ihrer Bewegung inne, die Hände erstar-
ren in der Luft.
    »Ein deutscher Feldgendarm war heute beim Bürgermeister. Er
hat gesagt, der Feind steht bei Weihermühle, und hat gedroht, wer
die weiße Flagge hisst, wird erschossen«, fährt er fort, nun schon
etwas langsamer atmend. »Und wer den Befehl gibt, die weiße
Flagge zu zeigen, wird auch erschossen. Wir sollen Widerstand leisten bis zum letzten Atemzug.«
    »Großer Gott!«, ruft die Geißlmutter aus.
    Die Walburga, die am Spinnrad sitzt und alles mitangehört hat,
fährt sich mit einer müden Geste über die Augen.
    »Wo soll das noch hinführen?«, murmelt sie.
    »Der Messbauer hat gesagt, es wird überlegt, die Lauterach-
brücke zu sprengen«, weiß der Dübabauer zu berichten, »und der
Högabauer war dagegen. Er hat gesagt: ›Mit ihren Panzern kommen

sie auch ohne Brücke über den Fluss.‹ Deswegen wollen sie ihn jetzt erschießen. Sie haben ihn mitgenommen nach Hohenfels.«

Eine Totenstille herrscht plötzlich im Raum. Dann stürzt die Walburga ohne ihre Dunkelplakette hinaus und ruft: »Ich lauf' schnell hinüber zum Högahof. Ob ich was helfen kann!«

Der Dübabauer rennt ihr nach. Immerhin hat er ein Licht dabei, und so schnell, wie er gekommen ist, verschwindet er wieder in der Nacht.

»Und ich bitte den Herrgott, ihm zu helfen« seufzt die Geißlmutter, faltet die Hände zum Gebet und wendet sich dem Herrgottswinkel zu.

Unschlüssig stehe ich in der Stube. Ich weiß nicht, was ich nun tun soll. Helfen kann ich dem Högabauern nicht, so viel steht fest. Beten mag ich aber auch nicht, so allein mit der Geißlmutter in der Stube. Nach einigem Überlegen nehme ich mir einen heißen Backstein aus dem Ofen und gehe hoch in unsere Schlafstube. Doch obwohl sich bald eine schöne Wärme in mir ausbreitet, finde ich keinen Schlaf. Ich stelle mir vor, wie der Högabauer hingerichtet wird und der Feind Ransbach erobert. Ich weiß nicht viel über den Krieg, aber ich habe den blutroten Himmel über Nürnberg vor Augen, und die Druckwellen der Bomben konnte ich am eigenen Leib spüren. Für den Fall, dass der Feind nach Ransbach kommen sollte, fürchte ich um unser Leben.

Und dann kommt am nächsten Tag doch alles ganz anders als erwartet. Eine helle Mittagssonne steht über dem Tal. Recht angenehm wärmen mich ihre Strahlen schon, doch innerlich bin ich ganz kalt, als ich die Beete im Bauerngarten für die nächste Aussaat lockere und Giersch, Quecke und Miere jäte. Dieser Krieg, dieser elendige Krieg! Ganz in Gedanken bin ich, als plötzlich ein großer schwarzer Wagen mit verdunkelten Scheiben in schnellem Tempo an unserem Hof vorbeifährt, gefolgt von einem LKW. Sie halten vor dem Högahof, und ich laufe ins Haus, um der Geißlmutter zu berichten, was vor sich geht. Sie bekreuzigt sich mehrmals und murmelt: »Wenn bloß der Herrgott meine Gebete erhört hätt'!«

Am Nachmittag treffe ich im Hof die Walburga. Sie lächelt mich

171

an: »Der Högabauer ist zurückgekommen. Musst dir keine Sorgen mehr machen. Sie haben ihn laufen lassen.«

»Einfach so laufen lassen?«, frage ich. Das kann ich mir nicht vorstellen, wo sie ihn doch erschießen wollten.

»Nicht einfach so, sondern er hat ihnen einen Handel angeboten. Sechs Kühe und ein Pferd hat er ihnen versprochen, und als sie ihn zurückgebracht haben, haben sie's gleich ausgesucht.«

Sie schüttelt den Kopf – ob über das Glück des Högabauern oder die Gier derer, die ihn erschießen wollten, weiß ich nicht.

Ich bin unendlich erleichtert. Der Krieg war kurz davor, mein eigenes Leben zu berühren, nicht nur über den Mangel an Nahrung oder gutem Essen, sondern ganz unmittelbar. Aber so schlimm ist es nicht gekommen, der alte Högabauer lebt. Und der Feind hat sich auch noch nicht blicken lassen in Ransbach. Obwohl der Messbauer die Räder von seinem LKW abgeschraubt hat, damit niemand ihn stehlen kann. Er steht aufgebockt bei ihm in der Scheune, und die Messbäuerin übt das Fahren darauf.

Fast schon bin ich versucht zu glauben, dass es so schlimm doch nicht werden wird.

*

Pollen wirbeln durch die Luft. Die Ulmen öffnen ihre bescheidenen Blüten, die Haselnusssträucher am Wegesrand zeigen ihre kleinen roten Knospen, und die Weiden ihre wunderschönen und seidigen Kätzchen. Die Bienen aus dem Bienenstand des Högabauern schweben über die Wiese, auf der sich in den letzten Tagen Primeln, Löwenzahn und Veilchen geöffnet haben.

»Setz mi' im April, komm i', wann i' will, setz mi' im Mai, dann komm i' glei'«, murmelt die Walburga. Wir knien nebeneinander im Küchengarten und drücken Kartoffeln in die Erde, braune Erdklumpen vor Augen und kein Ende in Sicht. Ich könnte glatt vergessen, dass es etwas anderes gibt als diesen Garten, wenn ich es nicht besser wüsste und nicht auch noch die Felder zu bestellen und die Kühe zu versorgen hätte, die immer noch im Stall stehen und unruhig darauf warten, dass sie endlich wieder hinausdürfen. Noch gut kann ich mich daran erinnern, wie sie sich an dem Tag aufgeführt haben, als ich meinen Dienst bei der Geißlmutter angetreten habe. Ganz wild sind sie zum Hausflur hinausgestürmt und -gesprungen.

Doch auf einmal wird die Monotonie meiner Arbeit durch lautes Gegacker unterbrochen, das vom Hof zu uns herüberschallt. Nach einem kurzen Seitenblick auf die Walburga lasse ich meine Arbeit liegen und laufe vors Haus, um herauszufinden, was los ist. Gerade als ich um die Ecke biege, sehe ich, wie die Geißlmutter eins meiner inzwischen zum Huhn gewordenen Biberle an den Hinterbeinen durch die Luft schwingt und mit dem Kopf auf den Hackstotzen schmettert. Es gibt einen lauten Schlag, dann ist eine Ruh'. Das Biberle hängt schlaff an ihrem Arm, die Flügel lahm, der Hals verdreht.

Als die Geißlmutter mich sieht, winkt sie mich heran. Ich trete näher, und sie sagt: »Jetzt ist es bewusstlos. Es spürt nichts mehr, das tut ihm nichts mehr.«

Dann schlägt sie ihm mit dem Beil den Kopf ab.

Ich weiß, dass dies der Lauf der Dinge ist, aber dennoch renne ich in die Scheune, um nach den anderen Hühnern zu sehen. Gesund und munter stolzieren sie umher, nicht ahnend, welches Schicksal ihnen bevorsteht.

»Hilfst mir beim Rupfen?«, ruft die Geißlmutter zu mir herüber.

Ich gebe vor, dass ich sie nicht höre. Und gehorche nicht. Ich werde es halt nächstes Mal beichten. Die Miezi kommt herbeigelaufen, und ich nehme sie auf den Arm und vergrabe mein Gesicht in ihrem Fell. Wieder einmal kommt es mir so vor, als sei sie die Einzige, die zu mir hält. Und wieder nehme ich mir vor, alles dafür zu tun, dass ich später einmal ein besseres Leben habe.

In der Nacht klopft es an der Tür. Ich höre es nur undeutlich durch meinen tiefen Schlaf hindurch, und in der Früh sitzt in der Stube ein Mann, der so elend aussieht, als sei sein Tod nicht mehr weit. Er hat eingefallene Wangen, aber einen aufgedunsenen Körper, stumpfe Augen und struppiges Haar. Ganz gebeugt hängt er am Tisch, als sei alle Kraft aus ihm gewichen und als müsse er seinen ganzen Willen zusammennehmen, um auch nur den Löffel zu heben. Sein Blick streift mich eher beiläufig, als sei ich gar nicht lebendig.

»Der Wilhelm ist aus Russland gekommen«, sagt die Geißlmutter, und mir wird klar, dass er der jüngere Bruder vom Horst
ist.

Vorsichtig schlüpfe ich auf die Ofenbank und beschließe, erst einmal gar nichts zu sagen. Nicht, dass die Miezi auch noch dran glauben muss, wo doch der Horst schon deren Kinder getötet hat.

In den folgenden Tagen erfahre ich nach und nach mehr über die
Flucht, die der Wilhelm hinter sich hat. Er ist mit einem Kameraden
bei Nacht und Nebel aus russischer Gefangenschaft ausgebrochen
und hat sich auf den Heimweg gemacht. Bei Tage hielten sich die
beiden versteckt, bei Nacht robbten und gingen sie vorwärts, immer
nach Westen. Unterwegs aßen sie, was ihnen unterkam: Sie schnitten sich mit dem Taschenmesser Scheiben von gefrorenen Rössern
ab, die erschossen auf den Feldern niedergesunken waren, sie stah-
len Korn aus den Stadeln der Bauern, und wenn sie einen Güterzug
sahen, sprangen sie im Schutz der Dunkelheit auf und versteckten
sich zwischen der Ware, bis der Morgen graute. Monatelang dauerte
das, und der Wilhelm hatte nicht gedacht, dass er seine Heimat noch
einmal wiedersehen würde.

Nun aber weicht die Blässe Tag für Tag ein wenig mehr aus seinem Gesicht, und er beginnt, uns im Stall zu helfen und kleinere
Reparaturen am Haus vorzunehmen. Alles in allem scheint er ein
friedlicher Zeitgenosse zu sein, und als ich ihn eines Abends dabei beobachte, wie er der Miezi übers Fell streicht, lege ich meine
Furcht vor ihm ab und trete zu ihm hin.

»Ist's dein Kätzchen, deins ganz allein?«, fragt er mich.

Ich nicke verlegen.

»Ich hatte früher auch eins, als ich so alt war wie du«, erzählt
er mir. »Es war ein Albino-Kätzchen, weiß mit roten Augen. Eine
große Seltenheit. Hast sicher noch keins gesehen, oder, Meudl?«

»Noch nie«, bestätige ich.

»Sie hatte große Probleme, wenn die Sonne schien. Dann hat sie
sich meistens versteckt. Aber in der Nacht war sie gut, da hat sie
Mäuse gefangen wie keine Zweite«, erzählt er.

»Die Miezi ist auch eine gute Jägerin.«

Wir tauschen uns über die Eigenschaften unserer Katzen aus, und

174

ich denke gerade, dass er wirklich viel netter ist als sein Bruder, da tauchen auf einmal die Anneliese und die Gertrud auf und wollen mich überreden, mit zum Mühlenbauern zu kommen.

»Komm doch mit, Inge, wir lernen tanzen, die älteren Mädels spielen Mundharmonika«, locken sie mich.

Verlegen blicke ich zum Wilhelm, der alles mitangehört hat.

»Es geht nicht, ich muss noch schaffen«, erkläre ich den beiden.

Wir wechseln ratlose Blicke, und ich ärgere mich darüber, dass die beiden nicht warten konnten mit ihrem Vorschlag, bis der Wilhelm ins Haus gegangen ist. Denn dass ich die Erlaubnis bekäme zu gehen, war ja wirklich nicht zu erwarten. Wenn, dann müsste ich heimlich gehen.

Doch zu meiner großen Überraschung lächelt der Wilhelm und sagt: »Kannst ruhig gehen, Inge. Brauchst ja auch mal deinen Spaß. Und wenn du heimkommst, schleichst dich einfach herein. Ich lass' dir die Tür offen.«

Ungläubig sehe ich ihn an, doch er zwinkert mir nur zu und wendet sich dann ab.

Bevor ich auch bloß auf die Idee komme, sein Angebot auszuschlagen, nehmen mich die Anneliese und die Gertrud in ihre Mitte und laufen mit mir aus dem Dorf hinaus. Sie ziehen mich fast ein wenig mit, weil ich immer noch recht zögerlich bin, und wie um mich abzulenken, erzählt die Anneliese, dass bei ihnen in der Küche beinahe gestohlen worden wäre.

»Da ist eine Schublade im Schrank, nein, keine Schublade, zwei Türchen, und da haben die Diebe alles, was sie erbeutet hatten, reingeschmissen, als ich sie erwischt habe.«

»Wer?«

»Die Weiber, die zum Helfen da sind. Zufällig bin ich hereingekommen, als sie gerade dabei waren, und da habe ich gedacht: Ja, du lieber Gott, was machen die für ein Zeug?«

»Was haben sie denn stehlen wollen?«

»Was sie erwischt haben. Ein Wienerle war dabei, und allerhand Fleisch.«

»Was hast du dann gemacht?«

»Ich habe es der Mutter erzählt, und die hat gesagt: ›Mädle, die haben nichts zu essen, und das machen die aus lauter Not.‹ Und so ist's halt.«

»So ist's«, bestätigt die Edith, und dann tauchen vor uns die Lichter der vorderen Mühle auf, und wir schlüpfen hinein.

In der großen Stube haben sich im Schein mehrerer Öllampen schon etliche Tänzer versammelt, die ich größtenteils aus der Schule kenne. Die Edith sehe ich, den Alois – einen schlanken Jungen mit braunen Augen – und auch den Peter, der mit dem Karl vom Messbauern beieinandersteht, der nun auch als Flakhelfer dient. Vor allem aber sind die Größeren da, die Eva mit ihren Freundinnen Irmgard und Gerda, und auch zwei junge Männer in blauen Antons, die ich noch nie gesehen habe. Der eine von ihnen ist dunkelhaarig, der andere blond, sie sehen blass und erschöpft aus und bleiben ganz für sich.

»Hat der Peter heut' frei?«, frage ich die Anneliese.

»Freilich, was glaubst, warum wir dich heut' abgeholt haben?«, gibt sie zurück, und ich stoße ihr den Ellenbogen in die Rippen.

»Und weißt du, wer die beiden jungen Männer da drüben sind?«, frage ich sie.

Sie schüttelt den Kopf: »Keinen blassen Schimmer.«

Da klatscht der Mühlenbauer in die Hände: »Die Buben hier herüber und die Meudl auf die andere Seite«, weist er uns an, und ich stelle mich mit meinen Freundinnen an der Wand entlang auf. Mir gegenüber, an der anderen Wand, steht der Peter mit dem Karl. Schmal schaut er aus und doch kräftig, und ich frage mich, ob er sich auch so freut, mich zu sehen, wie ich mich freue, dass er da ist.

Nun holt der Mühlenbauer seine Mundharmonika hervor und beginnt, eine muntere Mazurka zu spielen, und ohne dass er die Tänzer lange bitten muss, treten sie hervor und fordern ihre Damen zum Tanz auf. Gespannt verfolge ich, wie die beiden jungen Männer in ihren blauen Antons auf die Eva zustreben und nahezu gleichzeitig vor sie treten. Sie zögert nicht eine Sekunde, sondern erwählt den Dunkelhaarigen, der einen Hauch früher bei ihr stand, wobei sie dem Blonden ein Lächeln schenkt, das ihm wohl Mut genug machen wird, es beim nächsten Mal wieder zu probieren. Der

Alois fordert die Anneliese auf, die Gertrud und die Edith tanzen miteinander, und gerade als ich schon alle Hoffnung fahren lassen will, tritt der Peter vor mich hin und fragt: »Magst auch tanzen?«

Vor Freude wird mir ganz warm. Zu gern würde ich ja tanzen, bloß kann ich es nicht. Aber soll ich ihm das sagen?

Als habe er meine Gedanken gelesen, sagt er: »Mazurkatanzen ist keine Kunst. Komm einfach, und lass dich von mir führen, dann wird es schon gehen.«

Und dann nimmt er meine Hand – seine ist ganz warm und stark – und zieht mich in den Kreis der anderen Tänzer, wo ich ihm einfach alles nachmache und hoffe, dass ich mich nicht gar zu dumm anstelle. Zuerst fühle ich mich arg unsicher, doch nach und nach geht es besser, und erst nach sieben oder acht Tänzen, als der Mühlenbauer schließlich einen Walzer spielt und »Kusswalzer!« in die Runde ruft, hält der Peter inne. So abrupt kommt dieser Kusswalzer daher, dass ich fast ein bisschen enttäuscht bin.

Dem Peter bleibt das nicht verborgen: »Magst gleich in der Mitte stehen bleiben, Inge?«

Erschrocken weiche ich zurück und rufe: »Um Gottes willen, nein!«

Schnell laufe ich ihm davon und eile an meine Wand zurück, wo die Anneliese bereits auf mich wartet und mir ihre Hand reicht, um mich in den großen Kreis zu ziehen, den wir alle nun in der Stube bilden. Der blonde junge Mann tritt allein in die Mitte. Er hat ein Kissen in der Hand und dreht sich tanzend um sich selbst, wobei er uns Weiber ausgiebig mustert und das Kissen schließlich, so als sei ihm das gerade erst eingefallen, der Eva zuwirft. Dann schlendert er ganz langsam in ihre Richtung, so als habe er gar keine Eile. Er tritt vor sie hin, sie blicken sich kurz in die Augen, knien dann einvernehmlich nieder und geben sich einen schnellen Kuss auf den Mund, bevor sie wieder aufstehen und miteinander tanzen.

Atemlos verfolge ich das Geschehen und halte dabei ganz fest Annelieses Hand.

»Das hast mir nicht gesagt, dass ihr Kusswalzer tanzt«, flüstere ich ihr zu.

»Freilich nicht. Sonst wärst ja nicht mitgekommen, hab' ich Recht?«

Sie lacht.

Die Eva verabschiedet nun ihren Tänzer und wirft das Kissen dem Dunkelhaarigen zu, der es wiederum, als er mit Werfen an der Reihe ist, an die Christel vom Messbauern weitergibt. Die wirft es zum Peter herüber und ist vor dem Kuss so aufgeregt, dass ihre Wangen sich röten. Die meinen aber auch, das spüre ich, und am liebsten würde ich die Augen im entscheidenden Moment verschließen, aber dann lasse ich sie doch auf, denn meine Neugierde ist noch größer als mein Unbehagen. Viel zu sehen gibt es freilich nicht, nur ganz flüchtig streifen sich die Lippen der beiden, da springen sie wieder auf, und der Peter lässt seinen Blick durch den Raum schweifen, bis dieser wie zufällig an mir hängen bleibt.

Als wir voreinander knien, schlägt mein Herz ganz laut, und ich bin froh über die Musik, die noch ein wenig lauter ist. Ich vergesse den Kuss, den der Peter zuvor der Christel gegeben hat, und auch, dass er sicher schon bei Sonnenaufgang wieder nach Hohenfels muss. Ich erwidere einfach seinen Kuss, ganz schnell nur berühren unsere Münder einander, da ist es auch schon wieder vorbei. Ich bin aufgeregt und froh, zugleich aber frage ich mich auch, ob ich alles richtig gemacht habe, und beim anschließenden Tanz wage ich es nicht, den Peter anzusehen. Wir reden nicht, während wir uns bewegen, aber alles fühlt sich richtig an.

Als die Musik pausiert, gehen wir jeder auf unsere Seite zurück. Ich bemühe mich, ihn von dort aus nicht ununterbrochen anzusehen. Wenn er fort ist, werde ich ihn ja auch nicht sehen können. Besser, ich gewöhne mich schon mal daran.

Auf dem Heimweg laufen wir getrennt voneinander. Der Peter mit dem Karl voraus, ich mit meinen beiden Freundinnen hinterdrein.

»Geht der Peter morgen wieder fort?«, erkundige ich mich bei der Anneliese.

Sie nickt. Ich warte darauf, dass sie mich aufzieht. Aber sie schweigt, und auch der Gertrud fällt nichts ein. Und so scheint es mir, als seien die beiden einverstanden mit dem, was zwischen dem

178

Peter und mir ist. Mein Herz ist froh, und auch der nächste Tag ist für mich ein Sonnentag, obgleich am Morgen dunkle Wolken in einem nassen Himmel hängen.

»Zeit zum Mistbreiten«, sagt die Geißlmutter beim Frühstück. Ich nicke und löffele die warme Ofenkartoffel aus, die vor mir auf dem Tisch liegt. Ein komischer Morgen ist das. Als gäbe es den gestrigen Abend gar nicht. Als sei ich immer noch das Hütemeudl und nicht eine junge Frau. Doch so lange ich auch überlege, es fällt mir nichts ein, was sich nun auch äußerlich so plötzlich hätte ändern können. Und so belade ich den Wagen, lege der Lise und der Lotte mit routinierten Bewegungen ihr Joch auf und spanne sie ein. Auf dem Stoppelfeld führt die Geißlmutter die Kühe in langen Reihen hin und her und hält zwischendurch immer wieder an, damit die Walburga und ich mit der Kralle kleine Haufen von dem eisenbereiften Wagen ziehen können, die wir gleichmäßig auf dem Feld aufschütten. Dann breiten wir jeden einzelnen Haufen aus, indem wir den Mist schön gleichmäßig von der Holzgabel schütteln. Es ist eine monotone Arbeit: runterziehen, Mist schütteln. Runterziehen, Mist schütteln.

»Achte darauf, dass du den Mist überall gleich dick ausbreitest und keine Stellen vergisst«, mahnt die Walburga.

»Warum?«, frage ich.

»Sonst gibt es später im Getreide Magerflecke, wo es zu wenig gab, und Lagerflecke, wo zu viel lag.«

Ich kann mir schon denken, dass die Geißlmutter dann schimpfen würde, daher gehorche ich. Immerhin stinkt der Mist nicht mehr, sobald wir ihn verteilt haben. Der Regen sorgt nicht nur dafür, dass er das Feld düngt, sondern nimmt ihm auch seinen Geruch.

Am Abend tun mir die Arme weh, und meine Laune ist miserabel. Ich habe Recht behalten mit meinen Gedanken, dass ich den Peter nach unserem Kuss nicht mehr allzu oft sehen werde. Denn nun ist er fort, und ich habe so viel Arbeit auf dem Geißlhof, dass ich besser daran tue, nicht immer an ihn zu denken. Sonst geht sie mir nur noch schwerer von der Hand, die Arbeit. Und so schlüpfe ich ganz allmählich wieder in mein Leben zurück, und der Abend beim Mühlenbauern verblasst jeden Tag ein bisschen mehr in meiner Erinnerung.

Ohnehin überrollen uns nun die Ereignisse, obwohl wir doch keine Städter sind und der Krieg bisher einen Bogen um uns gemacht hat. In den kommenden Wochen werden München und Stuttgart besetzt – wer weiß, wo der Peter jetzt ist –, und schließlich, während wir Sonnenblumen säen und Gewürze in den Küchengarten setzen, begeht Adolf Hitler in seinem Bunker unter der Reichskanzlei Selbstmord. Der Högabauer, der nach seinem unfreiwilligen Ausflug nach Hohenfels schon wieder ganz der Alte ist und mit seinem lahmen Bein fast jeden Abend zu uns herübergestakt kommt, erzählt es uns und bringt gleich noch mehr Nachrichten aus dem Krieg zu uns: Mussolini ist erschossen worden, und die Rote Armee hat eine sowjetische Fahne auf dem Reichstag gehisst.

Bloß die Anneliese hat gute Nachrichten, als ich sie in der Schule treffe: Das Heidele ist wieder aufgetaucht.

»Es ist zur Eva zurückgekommen, besucht hat es sie, ein richtiger Bock ist's geworden, und es hat eine Ricke gefunden und hat Junge bekommen, die hat es ihr wohl zeigen wollen!«

»Hat es etwa immer noch gedacht, sie sei seine Mutter?«, fragt die Gertrud, die auch dabeisteht.

»Ja, freilich, und dann hat sie es gerufen, ›Heidele‹ hat sie gerufen, und dann kam es ganz nah zu ihr her, und die Ricke und die Jungen hinterdrein.«

»Das hat ihr sicher gutgetan, oder? Weil sie doch vom Fritz nichts mehr hört«, mutmaße ich.

»Sicher hat es das. Es ist ganz schlimm mit ihr. Sie schreibt Brief um Brief, überallhin, und fragt, wo der Fritz ist. Und immer bekommt sie dieselbe Antwort: ›Wir führen hier den totalen Krieg, wir haben keine Zeit für solche Sachen.‹ Fürchterlich ist das, ganz fürchterlich. Sie weint die ganze Zeit.«

»Beim Messbauern ist eine Frau aus der Schweiz«, weiß die Gertrud. »Die pendelt aus, welche Leute noch am Leben sind, und welche nicht. Sie macht auch Tischrücken und Ähnliches. Da muss dann jeder eine Hand auf den Tisch legen, und daraufhin kommt der ganze Tisch ins Schweben.«

»Hast dabei zugesehen?«, will ich wissen.

Sie schüttelt den Kopf »Aber viele aus dem Dorf gehen hin. Das weiß ich von der Mutter. Es kommen alle möglichen Leute, die Auskunft von ihr haben wollen. Die Eva könnt' auch hingehen.«

Und ich gleich mit, denke ich. Doch dann passiert so viel auf einmal, dass ich nicht einmal mehr Zeit habe, an den Peter zu denken.

Denn als ich am Nachmittag vom Hüten komme, sehe ich den Bürgermeister in Begleitung mehrerer amerikanischer Soldaten den Weg zum Geißlhof heraufkommen. Sie gehen schnell, und es sieht so aus, als hätten sie etwas Wichtiges vor. Ich eile in den Garten und rufe die Geißlmutter, die gerade Kohlsamen in die feuchte Erde drückt. Als sie herangehumpelt kommt, stehen die Männer bereits im Hof. Der Bürgermeister tritt vor und fragt: »Haben Sie deutsche Soldaten im Dorf gesehen?«

Mir gefriert das Blut in den Adern, denn ich vermute, dass sie uns nun auf der Stelle erschießen werden.

»Nein«, erwidert die Geißlmutter, und ich kann hören, dass ihre Stimme anders klingt als sonst. Unsicherer.

»Keine deutschen Soldaten?«, vergewissert sich der Bürgermeister. Ich wundere mich über ihn, denn er muss doch auch von den Männern wissen, die sich im Dorf versteckt halten.

»Keine!«, sagt die Geißlmutter, nun mit etwas festerer Stimme.

Die Amerikaner haben dem Wortwechsel schweigend beigewohnt, sie haben sicherlich kein Wort verstanden. Nun ziehen sie ebenso wortlos wieder ab, den Bürgermeister nehmen sie in ihre Mitte.

Reglos blicken wir ihm nach. Die Geißlmutter wischt sich mit einer müden Bewegung über das Gesicht.

»Wenn bloß der Krieg endlich vorbei wär'«, murmelt sie. »Was machen sie mit dem Bürgermeister?«, frage ich.

»Das weiß ich nicht. Wir sollten für ihn beten. Die Sache ist noch nicht ausgestanden.«

Und sie soll Recht behalten. Am Abend, als wir gerade beim Essen sitzen, sind plötzlich Schüsse am Rande des Dorfes zu hören. Die Geißlmutter hebt lauschend den Kopf, dreht das gute Ohr zum Fenster. Es sind einzelne Schüsse, und es scheint kein Gegenfeuer zu geben. Die Walburga fängt den prüfenden Blick der Geißlmutter auf und zuckt leicht mit den Schultern. Ratlos verfolge ich ihren Blickwechsel.

»Sie schießen aus dem Dorf heraus«, sagt schließlich die Geißlmutter. »Dem Feind entgegen«, ergänzt die Walburga.

»Wer?«, frage ich und nehme mir mit der Gabel noch etwas
Sauerkraut aus der Schüssel im Ofen.

Ich erhalte keine Antwort.

Am späten Abend geht der Bürgermeister abermals von Haus zu
Haus, diesmal allein. Seine Miene ist ernst, sein Gang ist schwer,
die Schultern hängen herab, und der Blick hebt sich nur halb zum
Gruße, als die Geißlmutter ihm die Tür öffnet. Der ehemals stolze
und hoch aufgerichtete Mann wirkt gebrochen, geradezu zusam-
mengesunken, und mit tonloser Stimme verkündet er uns: »Ihr
müsst weiße Tücher hinaushängen. Wir müssen uns ergeben. Der
Feind ist vor dem Ort.«

Unsere Leintücher liegen schon bereit, ebenso die aller anderen
Ransbacher Bürger. Nach einer Viertelstunde ist das ganze Dorf
weiß beflaggt. Aber in der Dunkelheit ist dies für die Amerikaner
nicht mehr zu sehen.

Als wir zu Bett gehen, steigen wir in den Keller hinab, wie jede
Nacht seit dem Näherrücken der Amerikaner. Mit den Kleidern, die
wir auch am Tage anhatten, legen wir uns auf die dünnen Matratzen
und decken uns mit einigen alten Decken zu. So müde bin ich, dass
ich fast sofort einschlafe, obwohl mein Lager karg ist und die Luft
abgestanden riecht.

In der Nacht erwache ich durch ein lautes Pfeifen. Ich schlage
die Augen auf und orientiere mich. Neben mir sind die Geißlmutter und die Walburga, beide sind schon wach und haben sich halb
aufgerichtet.

»Flakgranaten«, sagt die Walburga. »Sie beschießen uns mit Granaten.«

»Weil der Heinz und die Seinen sie heute beschossen haben«, fügt
die Geißlmutter hinzu und faltet die Hände zum Rosenkranzbeten.
Die Walburga und ich tun es ihr gleich, und so sitzen wir in diesem
kleinen Kellerloch, das uns sowieso nicht schützen kann vor einem
Granateneinschlag, und fürchten um unser Leben, während unser
Gebet das Pfeifen draußen nur notdürftig übertönt. Voller Angst
denke ich an die Mutter, an die Rosmarie, den Adolf, die Johanna

und meinen neugeborenen Bruder Hans, wie sie da in unserem kleinen Keller hocken. Ich male mir aus, dass sie getroffen sein könnten, verwundet, blutend, hilflos. Die Bilder vom Georg kommen zurück, von meinem leblosen Bruder, sie vermischen sich mit Bildern der leblosen Mutter, meines reglosen Selbst, und auf einmal springe ich auf, zur Tür.

»Wohin willst?«, ruft die Geißlmutter entsetzt.

»Heim, ich muss heim zur Mutter, ich muss nach ihnen sehen!«, rufe ich, und dann stürme ich die Treppe hinauf und durch die Haustür auf die Straße, renne sie hinab, durchs Dorf, während rings um mich her die Granaten pfeifen. Fast habe ich unser Haus erreicht, doch auf einmal ist das Pfeifen direkt über mir. Ich werfe mich zu Boden, ohne nachzudenken. Die Angst ist es, die mich niederdrückt in den Staub, und in meinem Kopf hämmert es: »Jetzt bist du tot.«

Reglos bleibe ich liegen, wie unter Schock. Ich spüre meine Glieder gar nicht mehr, alles um mich ist nur noch Dunkelheit und Pfeifen. Hart ist die braune Erde unter meiner Wange, ich bin ausgeliefert, ich werde die Mutter nie wiedersehen. Wie der Georg werde ich in meinem Sarg liegen, und die Mutter und die Geschwister werden an meinem Grab stehen und weinen.

Auf einmal aber verstummt das Pfeifen, und es gibt einen Knall, eine Explosion. Steine fliegen umher und prallen gegen Hauswände, so laut ist es, dass ich denke, ich sei mittendrin. Doch dann hebe ich den Kopf und sehe, dass die Granate nicht in unser Haus eingeschlagen hat, sondern eine Straße weiter, genau zwischen zwei Häuser. Sie hat ein riesengroßes Loch gerissen und die Hauswände beschädigt, aber alle Häuser stehen noch.

Mit letzter Kraft schleppe ich mich nach Hause, öffne die schmale Kellertür und rufe in die Dunkelheit hinab: »Lebt ihr noch?«

»Inge!«, schallt es zurück.

Um die Stimme der Mutter zu hören, bin ich bis nach Hause gelaufen. Und nun, da ich weiß, dass sie am Leben ist, wird mir so leicht ums Herz, dass ich singen könnte, obwohl ich soeben erst dem sicheren Tod entronnen bin. Denn die Mutter ist diejenige, die ich am meisten brauche auf der Welt. Mit bebendem Herzen steige

183

ich hinab in den Keller, wo die Mutter, die Rosmarie, der Adolf und die Johanna zusammengekauert hocken, mit Gesichtern, die von der Furcht gezeichnet sind. Nur der kleine Hans liegt in eine Decke gehüllt auf der Matratze der Mutter und schläft mit seinen glatten Wangen und den langen Wimpern so sorglos, als befinde er sich immer noch in ihrem Bauch. Glückskind, denke ich abermals.

Als die Mutter mich erblickt, verändert sich ihr Blick, sie wird ganz lebendig und ruft aus: »Inge, wo kommst her, wie siehst aus? Bist du verrückt geworden, da draußen herumzuspringen?«

»Ich hatte solche Angst um euch«, stoße ich hervor, und dann falle ich ihr um den Hals, drücke sie ganz fest an mich und fange an zu weinen.

Irgendwann in der Nacht verstummen die Granaten, es ist gespenstisch, und wir trauen dem Frieden nicht. Als wir in der Früh auf die Straße treten, sehen wir, dass das ganze Dorf getroffen worden ist. In vielen Wiesen, in den Gärten und auf vielen Straßen gibt es Einschläge, aber kein Haus wurde zerstört, und auch nicht die Schule oder die Kirche. Alles ist ganz ruhig, sodass die Johanna und ich uns schließlich auf die Straße stellen und einen Ball hin- und herkicken, der aus Lumpen besteht, die fest zu einem Knäuel zusammengebunden sind. Ganz vertieft sind wir in unser Spiel, da stehen plötzlich drei Soldaten mit Helm und Gewehr vor uns.

In gebrochenem Deutsch fragt der eine: »Noch deutsche Soldat?«

»Nix, weg!«, rufe ich, zu Tode erschrocken. Mit der Hand bedeute ich ihnen, weiterzuziehen. Doch sie rühren sich nicht, und der Wortführer hält das Gewehr schussbereit auf uns.

»Die Russen kommen, die Russen kommen, der will uns erschießen!«, rufe ich ins Haus hinein und weiß nicht mehr ein noch aus.

Die Mutter, den Hans auf der rechten Hüfte tragend, stürzt hinzu. Abermals fragt der Soldat: »Noch deutsche Soldat?«

Sie hebt die linke Hand, zum Zeichen, dass sie sich ergibt, und schüttelt wortlos den Kopf. Die Johanna und ich heben ebenfalls beide Hände.

Die Soldaten beratschlagen sich kurz in einer fremden Sprache. Dann nicken sie uns fast höflich zu und ziehen weiter.

»Das waren Amerikaner, Inge, keine Russen«, berichtigt mich die Mutter, kaum dass sie um die nächste Ecke sind.

Mir ist es gleich.

Kurz darauf fährt eine Kolonne von Panzerspähwagen durch den Ort. Die langen Rohre schwenken von links nach rechts und werden auf uns Einwohner gerichtet, die wir in einer Mischung aus Angst und Faszination an der Straße stehen. Ich vermute, dass sie aus diesen langen Rohren in der Nacht die Granaten herausgeschossen haben, und frage mich, was sie nun vorhaben. Aus Furcht stelle ich mich in die zweite Reihe und beobachte das Geschehen zwischen der Mutter und der Johanna hindurch. Es ist ein lautes Getöse und Geratter, und die Männer dort droben sehen furchtbar grimmig aus. Ich kann mir nicht vorstellen, dass sie einfach vorbeifahren. Und das tun sie auch nicht. Genau auf unserer Höhe hält ein Panzer an und richtet sein Kanonenrohr auf die Mutter, die den Hans auf dem Arm hält. Mir stockt der Atem, und die Mutter wird so blass, als sei ihre letzte Stunde gekommen. Einer der Männer steigt ab, vielleicht will er uns auch auf eine andere Art umbringen … Die Menschen um uns herum weichen zurück, nur die Mutter mit dem Hans und wir beiden Schwestern bleiben wie angewurzelt stehen. Ich bin so steif vor Schreck, dass ich kein Bein vors andere hätte setzen können, selbst wenn ich auf die Idee gekommen wäre. Die Knie der Mutter zittern verdächtig, wie gelähmt sehen wir zu, wie der Soldat einen Fuß vor den anderen setzt, bis er direkt vor uns steht. Dort greift er mit einer Hand in die Hosentasche und zieht einen Dollarschein heraus.

»Für deine Kinder«, sagt er und steckt ihn der Mutter zu.

Dann steigt er wieder in den Panzer, und sie fahren weiter.

Von diesem Tag an kommen die Panzerspähwagen fast jeden Tag. Sie fahren durch Ransbach nach Hohenfels, wo sie den deutschen Stützpunkt eingenommen haben. Nach und nach gewöhnen wir uns an die Kolonnen, laufen aber stets weg, wenn sie kommen, und verstecken uns. Denn nur weil einer der Soldaten der Mutter etwas geschenkt hat, bedeutet das in unseren Augen noch nicht, dass sie alle nur Gutes im Schilde führen.

Eines Tages aber, als wir wieder davonlaufen wollen, rufen die Soldaten etwas, was wir nicht verstehen. Wir drehen uns zu ihnen um und sehen, dass sie uns anlachen und uns zuwinken. Auch werfen sie kleine Päckchen von ihren Panzern hinab auf die Straße.

»Was ist denn das?«, fragt die Anneliese, und wir bleiben stehen.

»Ich rühr das nicht an«, erkläre ich.

»Aber vielleicht ist's etwas Gutes«, mutmaßt der Karl und macht einen Schritt auf die Panzer zu.

Die Soldaten winken ihm, er solle näher kommen.

So tritt er noch weiter vor, hebt geschwind eines der Päckchen auf und rennt damit in geduckter Haltung zurück zu uns, weg von den Amerikanern.

Seine Beute steckt in einem beigefarbenen Papier mit braunen, gezackten Linien, auf dem in großen Lettern »Hershey's Chocolate« geschrieben steht.

»Schokolade!«, ruft er aus.

Sofort laufen wir los und klauben auf, was wir zu fassen bekommen: Nicht nur Schokolade, sondern auch Käse gibt es – Käse in kleinen, flachen Dosen, die an Tabakdosen erinnern. Und dann hebt die Uschi, die Tochter des Kinderarztes, der mit seiner Familie bei Annelieses Eltern untergekommen ist, etwas Kleines und bunt Verpacktes auf, das uns ganz und gar unbekannt vorkommt.

»Chewing Gum«, liest sie vor, es hört sich an wie »Tschewinggam«.

Ratlos blicken wir sie an, und sie genießt ihren Wissensvorsprung, den sie in der Realschule in Nürnberg erworben hat. »Dafür werdet ihr eure Seligkeit verkaufen«, sagt sie. »Das ist Kaugummi.«

Sie reißt die Packung auf und gibt jedem von uns einen Streifen von der grauen Masse.

»Nicht schlucken, nur kauen«, weist sie uns an.

Wir stehen da und kauen auf dem nach Pfefferminz schmeckenden Streifen herum, und keiner von uns denkt noch an die Amerikaner, die uns lachend beobachten.

Von diesem Tag an laufen wir jedes Mal auf die Straße, sobald wir ihre Panzer herannahen hören. Und wenn sie an uns vorbeifahren, rufen wir, was die Uschi uns beigebracht hat: »Good morning, good night, good evening, thank you!«

*

Es wird nun mit jedem Tag wärmer, der Weißdorn duftet, und die Blüten der Schlehe bringen die ersten Früchte hervor. Die Luft ist erfüllt von einem Summen und Jubilieren, das wie Musik in den Ohren klingt.

So ziehen die Tage dahin, und wir gewöhnen uns an die fremden Männer in unserem Dorf. Doch dann bekommt die Eva Post von einem Soldaten, den sie nicht kennt.

»Sie hat gleich gemerkt, dass etwas Schlimmes passiert sein muss«, erzählt die Anneliese, als wir den Kalvarienberg zum Hüten hinauflaufen. Beide tragen wir bunte Kopftücher gegen die Sonne, und die Kühe trotten brav vor uns her, sodass unsere Stöcke ausnahmsweise einmal kaum zum Einsatz kommen.

Ich halte den Kopf gesenkt, denn ich ahne, was nun kommt.

»In dem Brief stand, dass der Fritz ihn gebeten hat, ihr zu schreiben, falls ihm etwas zustößt«, fährt die Anneliese mit leiser Stimme fort.

»Und dass der Fritz gefallen ist. Es hat ihm die ganze Kopfdecke abgehoben, das war alles aufgerissen. Erst hat er noch gelebt, aber später, im Lager, ist er gestorben.«

Wortlos laufen wir weiter, immer weiter, den Berg hinauf.

»Hat ihn eine Kanone getroffen?«, frage ich schließlich, während ich mit den Augen den Horizont fixiere.

»Ja, er lag im Graben, und da hat ihn eine Granate getroffen.«

Dieser saublöde, dumme Krieg.

»Und hat er noch etwas gesagt, der Fritz?«

»Dass der andere ihr schreiben soll.«

»Jetzt ist sie todtraurig, oder?«

»Ja, es ist fürchterlich. Sie heult die ganze Zeit. Sie sagt, er war ihre größte Liebe, und das sei der traurigste und schmerzlichste Tag ihres Lebens.«

Ich überlege. »Wurde er schon beerdigt, oder bringt man ihn heim?«

»Er ist in einem Massengrab. Die Eva hat noch nicht einmal ein Loch, in das sie hineinheulen kann.«

»Das ist doch grausam«, sage ich.

»Und wie das grausam ist. Ah, pfui Teufel! Den Krieg soll der

Teufel holen!«, schimpft die Anneliese und schlägt mit dem Stock gegen einen Brombeerbusch, der am Wegesrand wächst.

Ein paar Tage später ist der Krieg vorbei. Die alten Leute des Dorfes stehen zusammen auf der Straße, sie haben es im Radio gehört. Sie sagen: »Jetzt sind die Amerikaner über ganz Deutschland, jetzt sind wir erledigt, der Krieg ist zu Ende.« Ich höre es und weiß nicht, was ich denken soll. Es ist doch gut, wenn der Krieg zu Ende ist, oder? Warum sind sie dann nicht froh?

Als ich am Abend vom Melken komme, stehen zwei fremde Männer und eine Frau im Hof, die gestenreich auf die Geißlmutter einreden. Zu ihren Füßen stehen Koffer und Rucksäcke, aus denen sie Kleiderstoffe ziehen und der Geißlmutter hinhalten. Neugierig trete ich näher.

»Ich lasse sie Ihnen für ein Dutzend Eier und ein Pfund Butter«, höre ich den Mann sagen.

Die Geißlmutter schüttelt den Kopf. »Ich brauche keinen Kleiderstoff. «

»Ein Dutzend Eier und ein halbes Pfund Butter«, bietet der Mann.

Wieder lehnt die Geißlmutter ab. »Ich habe schon genug Stoff, aber keine Zeit zum Nähen.«

»Dann vielleicht eine schöne Bettwäsche?«, fragt die Frau und holt eine Blümchengarnitur aus ihrem Koffer.

Die Geißlmutter beugt sich vor, um die Qualität zu begutachten, und fühlt mit den Fingern daran herum.

»Die ist schon recht verschlissen«, befindet sie, »die kann ich auch nicht brauchen.«

»Für ein Kilo Mehl«, bittet der Mann.

Die drei sehen mager aus, fällt mir auf. Wahrscheinlich geht es ihnen wie uns auch: Sie werden für ihre Lebensmittelmarken auch nicht immer das bekommen, was ihnen zusteht. Aber da sie aus der Stadt zu kommen scheinen, haben sie keinen Garten, kein Vieh und kein Feld, um den Verlust auszugleichen. So ähnlich wie die Mutter und wir Kinder, als wir nach Ransbach gezogen sind und die Not so groß war, dass ich kurz darauf zur Geißlmutter gegangen bin.

188

Drei Jahre ist das nun schon her.

Der zweite Mann holt nun einen Kasten aus seinem Rucksack und öffnet ihn. Darin liegt ein komplettes Silberbesteck: Gabeln, Messer, Suppenlöffel, Kaffeelöffel, Kuchengabeln und sogar Fischmesser.

Die Geißlmutter bekommt große Augen. So etwas Prachtvolles hat sie ganz offensichtlich noch nie gesehen. Und ich auch nicht.

»Sind sechzig Teile«, murmelt der Mann leise. Die Frau blinzelt, als hätte sie etwas im Auge. Als sie bemerkt, dass ich sie ansehe, blickt sie schnell zu Boden.

Es entsteht eine lange Pause.

Schließlich sagt die Geißlmutter: »Drei Säcke Kartoffeln tät' ich dafür bieten.«

Der Mann und die Frau sehen einander an. Dann fordert die Frau: »Dazu noch zwei Pfund Mehl, zwei Pfund Butter, zwei Kilo Fleisch und zwölf Eier.«

Die Geißlmutter sieht die beiden an und macht den Mund auf. Dann schließt sie ihn wieder, und schließlich sagt sie: »Einverstanden. Inge, lauf in den Keller, und hol den Leuten, was sie verlangen.«

Ich renne davon und packe geschwind zwei Rollen Butter, Mehl, Eier und das Fleisch in ein paar Lagen Papier. Dann eile ich damit zurück in den Hof, wo die Frau den Kasten mit dem Besteck in den Händen hält und ganz traurig guckt. Die Lebensmittel verschwinden in einem der Rucksäcke, und dann gehen die drei mit der Geißlmutter in die Scheune und kommen kurz darauf jeder mit einem Sack Kartoffeln wieder heraus. Per Handschlag verabschieden sie sich und machen sich sodann zu Fuß davon.

»Hamsterer«, sagt die Geißlmutter und schlurft kopfschüttelnd zurück ins Haus, den Kasten mit dem Silber unterm Arm. »Arme Teufel.«

Am Abend laufe ich heim zur Mutter, um ihr von den Hamsterern zu erzählen. Schon aus der Ferne sehe ich ein eisenbereiftes Fuhrwerk mit zwei schwarzbraunen Zugpferden und einem Planwagen im Hof. Wer das wohl sein mag? Ich zerbreche mir den Kopf, aber ich habe keine Idee. So bleibe ich vor Überraschung auf der Schwelle stehen, als ich die Tür geöffnet habe. Der Vater sitzt in der Stube. Er trägt seine graue Soldatenuniform mit den Metallknöpfen, die graue Kappe und seine Knobelbecher: kurze, schwarze, genagelte Lederstiefel. Als er mich sieht, sagt er: »Dünn bist geworden. Bekommst nichts G'scheites zum Fressen?«

Ich trete an den Tisch und gebe ihm die Hand: »Grüß dich, Papa.«

Die Mutter sitzt dabei und schweigt. Der Hans liegt in ihrem Arm und schläft, der Gerhard rutscht auf dem Boden herum und spielt mit Murmeln. Wir sehen uns an, der Vater und ich, ein paar Sekunden, dann frage ich: »Woher hast denn die Pferde?«

»Die wurden zu Kriegszeiten beschlagnahmt, und nach Kriegsende wusste keiner mehr, wohin damit. Jetzt gehören sie mir. Ich kann sie behalten. Wir können mit der Landwirtschaft anfangen, du musst nicht mehr zur Geißlmutter gehen. Ich brauch' dich jetzt daheim.«

Ich starre ihn an. Lange, sehr lange habe ich mir nichts mehr gewünscht, als nach Hause zurückkehren zu dürfen. Aber das war, als er im Krieg war. Wieder mit ihm unter einem Dach zu wohnen, kann ich mir nur schlecht vorstellen. Noch zu gut sind mir die Schläge in Erinnerung, die er immer verteilt hat, wenn er betrunken war.

»Freust dich nicht?«, fragt die Mutter, doch sie sieht gar nicht fröhlich dabei aus. Es sind ihre ersten Worte, seit ich in die Stube gekommen bin. Ich frage mich, ob sie froh darüber ist, dass der Vater wieder da ist.

»Doch, doch«, murmele ich. Doch tief in mir drin ist es ganz kalt.

Noch am gleichen Abend laufe ich zurück auf den Geißlhof und in die Scheune. Ich finde die Miezi und nehme sie auf den Arm.

»Kommst mit mir nach Hause, Miezi, gell? Bleibst nicht ohne mich hier. Das kannst mir nicht antun. So wie der Vater mich daheim braucht, brauch' ich dich.«

Ich blicke in ihre großen grünen Augen, und sie blickt ganz ruhig zurück, als verstehe sie jedes Wort.

Anderntags verabschiede ich mich von der Geißlmutter, die Miezi trage ich dabei auf dem Arm. Verlegen und mit gemischten Gefühlen stehe ich vor der Frau, die in den letzten drei Jahren meine Herrin war, und weiß nicht, was ich sagen soll. Sie war bös' zu mir, und dann auch wieder gut, und ich frage mich, was sie über mich denkt. Doch dann stellt sich heraus, dass sie sich nicht allzu viele Gedanken macht, sondern mein Fortgehen mit Fassung trägt. »Kannst ja nicht ewig bei uns bleiben«, sagt sie. »Und jetzt ist ja auch der Wilhelm wieder da. Wir werden schon fertig.«

Ich nicke mit einer Mischung aus Erleichterung und Ernüchterung, packe mein Bündel und mache mich mit der Katze auf den Heimweg. So unglücklich ich auch in der ersten Zeit bei der Geißlmutter war, hat sie sich doch zu guter Letzt als akzeptable Herrin herausgestellt. Ich bin mir nicht sicher, ob es mir beim Vater nicht sogar schlechter gehen wird als bei ihr.

Und meine Vorahnungen trügen mich nicht. Der Vater schafft Kühe an, wir bewirtschaften unsere Felder, und er beginnt wieder zu trinken. Das erste Mal, als er aus dem Wirtshaus kommt, schlägt er mit der Faust gegen die Haustür, wohl, weil er sie nicht gleich aufbekommt. Die Rosmarie, die Johanna, der Adolf, der Gerhard und ich liegen schon im Bett. Von unten hören wir es donnern, Glas splittert, Schläge hallen durch die Dunkelheit zu uns herauf.

»Mei, jetzt kommt der Papa mit einem Rausch«, flüstert die Rosmarie, und dann kommt die Mutter mit dem Hans hereingehuscht und schließt die Zimmertür hinter sich ab. Mit vereinten Kräften schieben wir unseren Kleiderschrank davor, damit der Vater sie nicht aufschlagen kann, verteilen uns auf die Betten und horchen ängstlich darauf, was als Nächstes geschieht.

Wir hören ihn die Treppe hinaufpoltern, mit ungleichmäßigen Schritten, immer wieder innehaltend. Er brüllt: »Wo seid ihr?«

Wir halten zitternd die Luft an.

Er rüttelt an unserer Türklinke, stark, immer stärker, doch der Schrank hält ihm stand. Der Hans beginnt zu weinen.

»Schhhht«, macht die Mutter und streichelt seinen Kopf.

Ich denke an die Miezi und sehne mich weit weg von hier, hinein in eine bessere Welt. Vergebens, wie ich weiß.

Der Vater tobt noch eine Weile, dann hören wir ihn ins Eltern-schlafzimmer schlurfen. Von unten pfeift ein kalter Russenwind durch unsere geborstene Haustür und unter unserer Zimmertür hindurch. Viel zu kalt ist er, dabei ist doch Sommer. Doch niemand verliert auch nur ein Wort darüber. Wir trauen uns nicht einmal, zu flüstern. In drangvoller Enge, aneinandergeschmiegt und halb über-einander liegen wir in unseren beiden Doppelbetten. Wir sind alle so froh, dass wir in Sicherheit hinter unserer Tür sind, dass uns jede Regung als zu gefährlich erscheint.

Wie lange noch?, denke ich, als ich mit offenen Augen an die Decke starre und versuche, den Kopf vom Adolf zu ignorieren, der auf meinem angewinkelten Arm ruht. Wie lange muss ich das noch aushalten?

Die Antwort freilich kenne ich: Bis ich mit der Schule fertig bin, führt kein Weg am Vater vorbei.

Und so sind die kommenden drei Jahre erfüllt von Schlägen und dem Wunsch, endlich fortgehen zu können von diesem Mann. Er macht uns allen das Leben zur Hölle mit seiner Trunksucht und sei-nen Launen. Der einzige Moment, in dem er mal richtig zufrieden wirkt, ist, als er unsere alte Küche abreißt. Den Schutt bringen wir an einen alten Feldweg, wo man ihn benutzen kann, um die Schlag-löcher zu füllen. Kurz darauf erzählt der Mühlenbauer, er habe dort draußen auf dem Weg ein Goldstück gefunden.

Da wird der Vater hellhörig und nimmt mich mit, um den Schutt-berg zu durchsuchen, den er dort so nichtsahnend aufgetürmt hat. Tatsächlich finde ich ein Silberstück, und er selbst findet ein Gold-stück.

»Der ehemalige Wirt aus dem Gasthaus wird Geld versteckt ha-ben«, mutmaßt der Vater und man sieht ihm an, dass er mit dem Hauskauf der Mutter zufrieden ist.

Er bringt den Fund zur Bank und löst die Münzen dort ein.

Doch auch das ändert nichts daran, dass es einfach nichts mehr zu essen gibt. Daran kann auch der Marshallplan nichts ändern. Man muss froh sein, wenn man etwas zu beißen hat. In den Städten ist es kaum besser. Der Peter besucht die Höhere Handelsschule in Nürnberg und kommt nur an den Wochenenden heim. Dann sieht er blass und müde aus, und jede Frage, ob es dort besser sei als bei uns im Dorf, erübrigt sich. Ohnehin bekomme ich ihn kaum zu Gesicht. Die meiste Zeit hockt er in seinem Zimmer und lernt. So als habe es unseren Kuss nie gegeben.

Mein Leben als Hütemädchen aber geht immer weiter, nur dass ich nun eben nicht mehr bei der Geißlmutter hüte, sondern daheim. Als ich kurz nach meinem fünfzehnten Geburtstag mit der Schule fertig werde, hoffe ich, nun aus eigener Kraft Geld verdienen zu können. Ich möchte gern Kindergärtnerin oder Näherin werden. Aber auf dem Arbeitsamt in Amberg sagt man mir, dass es keine Lehrstelle für mich gibt. Und so bleibe ich weiter zu Hause, um satt zu werden. Ich will warten, bis sich die Lage am Arbeitsmarkt ein wenig bessert und ich doch noch eine Lehrstelle finde.

Und dann, als ich gerade sechzehn Jahre alt geworden bin, kommt die Währungsreform: Alles Geld wird abgewertet auf zehn Prozent seines Werts. Was vorher hundert Reichsmark waren, sind von einem Tag auf den anderen nur noch zehn Mark. Das ist nicht viel. Da ich aber gar nichts habe, trifft es mich auch nicht. Im Gegenteil: Ich bekomme, wie jeder Bürger, vierzig Mark. Beim Bürgermeister kann ich sie mir auszahlen lassen, und das ist ein schönes Gefühl. Mein erstes eigenes Geld. Vorsichtig streiche ich mit der Hand über die glatten Scheine. Ich rieche sogar an ihnen, doch sie haben keinen eigenen Geruch. Zu gern würde ich mir von dem Geld in der Stadt die Zöpfe abschneiden und eine Dauerwelle machen lassen. Aber ich kann mir schon vorstellen, wie der Vater da toben würde. Also lasse ich es. Ohnehin hat die Mutter andere Ideen.

»Kauf dir etwas zum Anziehen, Inge. Für eine Garnitur, ein paar Strümpfe und ein Kleid wird es schon reichen.«

»Mama, da werd ich nicht viel kriegen mit dem Geld.«

Sie aber beharrt darauf. Und ich gehorche, so wie ich immer gehorcht habe. Doch es wird das letzte Mal sein. Denn eine Woche später ist der Küchenboden abermals übersät von geborstenem Geschirr. Der Vater liegt davor auf dem blanken Boden und schläft. Die Mutter hat ihm eine Decke übergelegt und ist dabei, Bratkartoffeln aufzusammeln, die er am Vorabend mitsamt der Pfanne durch die Luft geschleudert haben muss. Er hatte wieder einmal einen

Rausch, und nachdem er die Küche verwüstet hat, muss er im Flur niedergesunken sein, um sich auszuschlafen. Immerhin hat er niemanden verletzt, denke ich. Aber wie die Mutter das nur aushält, einen solchen Mann zu haben?

Und da wird mir klar, dass es vorbei ist. Dass ich von zu Hause weggehen werde. Ich kann nicht länger mit diesem Mann zusammenleben, auch wenn das bedeutet, dass ich keine Ausbildung machen kann und vermutlich immer arm bleiben werde. Ich beschließe, fort aus Ransbach zu gehen und mir eine Stellung als Magd zu suchen. Die Miezi lasse ich schweren Herzens zurück, und den Peter versuche ich zu vergessen.

5. KAPITEL: BEIM ADLERWIRT

Die imposante graue Kirche reckt ihren Turm hoch in den dunkler werdenden Himmel, als ich den Kirchplatz von Lauterhofen erreiche. Eine lange Reise liegt hinter mir, obgleich Ransbach nur zwanzig Kilometer entfernt ist. Die Hannelore hat hier eine Stellung. Von ihr habe ich erfahren, dass der Adlerwirt eine Magd sucht. Und so habe ich antelefoniert und mein Kommen angekündigt, habe in der Früh meinen Koffer genommen, bin die acht Kilometer bis zum Bahnhof gelaufen, vorbei an Felsen und Weizenfeldern, immer der sich durch das Tal windenden Lauterach folgend. Keiner Menschenseele bin ich begegnet, und ich hatte auch nicht das Glück, dass jemand mit einem Baumfuhrwerk vorbeigekommen ist, der mich ein Stück hätte mitnehmen können. In Lauterach bin ich in den Zug gestiegen, und über Kastl habe ich schließlich mein Ziel erreicht, das mir bisher nur wegen der Anstalt für Lungenkranke bekannt war, die es hier gibt. Die Hannelore hat mir erzählt, dass es dort einen ganzen Stall voller Ziegen gibt und dass die Patienten Ziegenmilch zu trinken bekommen und jeden Tag durch den Ziegenstall gehen müssen, weil das gut für die Lunge ist. Das Klinikum befindet sich am Ortsrand und wird von Nonnen betrieben. Alles machen sie selbständig, sie haben einen Schuster, einen Schreiner und einen Bäcker auf ihrem Gelände.

Den Kirchplatz säumen mehrere bunt gestrichene Geschäfte, mir gegenüber liegt ein Haus mit einem schönen erdfarbenen Anstrich und weißen Sprossenfenstern. Ich passiere den Marktbrunnen und gehe auf die schwere und etwas verschnörkelte Eingangstür zu, auf der in schwarzen Lettern der Schriftzug »Zum Adlerwirt« prangt. Ein Schild, auf dem ein schwarzer Adler abgebildet ist, hängt ebenfalls am Haus, und neben der Eingangstür gibt es eine Stange mit Eisenringen, an der die Gäste ihre Rösser anbinden können.

Die Familie Scheer betreibt eine Landwirtschaft mit einem Dutzend Schweinen, zwei Dutzend Kühen und etlichen Stück Jungvieh. Sie metzgern selbst und haben ein Brauhaus. Zwei Generationen leben unter einem Dach, und die Hannelore wusste zu berichten, dass die Frau der jungen Leute ziemlich hochmütig sein soll: »Sie kommt aus kleinen Verhältnissen und kann jetzt Herrschaftsfrau spielen. Nimm dich bloß in Acht vor ihr.«

Am Telefon habe ich mit der alten Frau gesprochen. Sie hat mir gesagt, dass ich nur vorbeikommen soll und gleich anfangen kann. Doch als ich nun in die Gaststätte trete, bin ich doch sehr nervös. Ich gehe vorbei an den Männern, die am Stammtisch sitzen und mich neugierig beäugen, hinüber zur Theke, hinter der eine kräftige und dunkelhaarige junge Frau steht, ein wenig älter als ich selbst.

»Zur Frau Scheer?«, fragt sie mich und sieht kurz von ihrer Arbeit auf.

»Ja, bitte«, sage ich. Man scheint mich zu erwarten, und ich denke mir, dass das ein gutes Zeichen ist.

Sie führt mich durch eine rückwärtige Tür hinaus in den Hof, der mit groben Steinen gepflastert und von mächtigen Kastanien überdacht ist. Ich folge ihr mit meinem Koffer, der mir inzwischen schwer wie Blei am Arm hängt. Doch meine Augen sind ganz wach und nehmen die neue Umgebung neugierig in sich auf. Direkt an das Haupthaus grenzt ein großer Stall, in dem ich die Schweine und Kühe vermute. Gegenüber liegt der Heustadel, und dann gibt es noch einen Hühnerstall und einen Rossstall, unter dessen weit ausladendem Dach eine Werkstatt mit Ambossen, Essen, Feilen, den verschiedensten Zangen und unzähligen Hämmern in allen möglichen Größen eingerichtet ist. Und alles ist voller Schwalben und Spatzen, die durch ein Oberlicht im Stadel herein- und herausfliegen und ihre Nester ringsumher gebaut haben, dass es eine Art hat.

Durch eine andere Tür führt mich das Mädchen wieder zurück ins Haupthaus und in die Küche, in der ein weiteres Mädchen mit rötlichen Haaren der Frau zur Hand geht, die die junge Chefin sein muss: Sie ist sehr schlank, ihre langen blonden Haare sind zu einer Schnecke gesteckt. Sie trägt eine blaue Bluse mit weißen Ornamenten darauf, schwarze Schuhe mit kleinen Absätzen und darüber eine weiße gestärkte Trägerschürze, die so sauber ist, dass sie sie noch nicht lange anhaben kann. Als wir hereinkommen, lässt sie ihre Arbeit ruhen und kommt auf mich zu, und obwohl ich keine besondere Erwartung habe, bin ich nun doch sehr überrascht: Sie ist so blass und ihre Haut so durchscheinend, dass ich mir nicht denken kann, wie sie einem so großen Hof wie dem des Adlerwirts vorstehen will.

»Du bist die Inge?«, fragt sie mich.

Ich nicke.

»Kannst gleich anfangen. Die Babett soll dir eure Kammer zeigen, da kannst deinen Koffer abstellen. Und dann kannst noch schnell vor der Brotzeit die Kühe melken«, sagt sie. Ihr Blick ist nicht unfreundlich, aber sehr bestimmt.

»Freilich«, sage ich, obwohl ich nicht darauf gefasst bin, weil ich doch gerade erst angekommen bin und zudem gehofft hatte, dass sie vielleicht schon Melkmaschinen haben.

Sie sieht meine Überraschung und fügt hinzu: »Hast einen Stallburschen, der dir mit dem Ausmisten helfen muss. Und Selbsttränken haben wir auch.«

»Und … und was tät' ich an Lohn bekommen?«, frage ich.

»Das besprichst mit dem Bauern«, sagt sie und entlässt uns mit einem ungeduldigen Wedeln der Hand. Die Babett macht kehrt, und ich folge ihr gehorsam nach. Beim Hinausgehen werfe ich noch einmal einen Blick zurück auf die Chefin. Wie eine Städterin sieht sie aus. Und ein ganz klein wenig so, als sei sie gerade erst aufgestanden. Obwohl es doch schon fast Abend ist.

Über eine morsche Treppe steigen wir vom Gasthaus hinauf in den angrenzenden Stall, in dessen Dachgeschoss die Schlafkammern der Dienstboten liegen. Als die Babett die Tür zu unserem Reich öffnet, stoße ich mir den Kopf, weil die Decke so niedrig ist. Das Zimmer ist komplett vollgestellt. Neben den drei Bettgestellen aus einfachen Brettern, die mit groben Leintüchern und Kopfpolstern aus Stroh bedeckt sind, stehen darin ein alter Tisch mit Waschschüssel und ein wackeliger Stuhl. Außerdem gibt es einen alten Kasten, eine Truhe und einige gefüllte Mehlsäcke. Es ist so eng, dass ich mich kaum umdrehen kann. Ein winziges Fenster gibt die Aussicht auf den Misthaufen frei.

Seufzend stelle ich meine Tasche ab. So habe ich mir mein neues Leben nicht vorgestellt.

»Wie viel zahlen sie dir?«, frage ich die Babett.

Sie zögert kurz, dann sagt sie: »Vierzig Mark.«

Ich nicke. »Nicht gerade viel.«

Sie zuckt mit den Achseln. »Man kann froh sein, wenn man eine Arbeit hat.«

»Und wer schläft hier noch?«, frage ich und deute auf das dritte Bett.

»Die Liese, die du unten in der Küche gesehen hast. Die mit den roten Haaren.«

»Und die Bedienungen, die im Adler servieren? Wo schlafen die?«

»Die Brunhilde und die Elfriede? Ach«, sie lacht, »die gehen abends heim.«

Dann fügt sie mit geheimnisvoller Stimme hinzu: »Aber die Liese, das ist ein ganz armes Meudl, man hat sie daheim hinausgeworfen.«

»Warum?«, frage ich erstaunt.

Die Babett blickt mich mit einer überlegenen Miene an, weil sie mehr weiß als ich: »Sie hat ein Kind!«

»Von wem denn?«

»Das war ein Soldat, und die Liese hat sich nichts dabei gedacht, oder was weiß ich. Die war so ein riegeldummes Mensch, die hat nicht mal gewusst, dass sie ein Kind bekommen kann, wenn sie sich mit jemandem einlässt. Und er war viel älter als sie, und dann hat sie halt das Kind gekriegt.«

»Und von ihm hat sie nichts mehr gehört?«

»Nichts mehr. Der ist ab, fort, weg. Und hat nichts mehr von sich hören lassen. Der hatte bestimmt schon ein Weib, weißt du.«

»Wenn man die Schürze nicht hochhält, dann kann man auch nichts hineinlegen«, sage ich und komme mir sehr erwachsen vor.

Die Babett sieht mich ganz komisch an, und so füge ich schnell hinzu: »Und wer zieht das Kind jetzt auf?«

»'s ist bei ihren Eltern. Die haben einen Kolonialwarenladen in Amberg. Die Mutter macht alles, der Vater ist gelähmt, den pflegt sie auch noch. Er hat, wie heißt das noch, Multiple Sklerose.«

»Die arme Mutter«, rutscht es mir heraus.

»Ja, ja. Die Mutter von der Liese schafft wie ein Feind«, stimmt die Babett mir zu.

Und dann macht sie auf dem Absatz kehrt, und mir bleibt nichts anderes übrig, als mich auf den Weg zum Melken zu machen. Ich schlüpfe aus meinen guten Kleidern, die ich für die Reise getragen habe, hinein in mein Stallgewand. Bevor ich wieder hinuntergehe, sehe ich mich noch ein wenig in unserer Kammer um. Ich blicke in die Truhe, in der die Kleider von der Liese und der Babett liegen, und lege meine dazu. Dann öffne ich den alten Kasten, der etwas mehr zu bieten hat: eine Brennschere und ein Stück Seife, ein schön besticktes Osterei und ein weißes Säckchen. Ich öffne es. Darin liegen getrocknete graue Samen, die ich noch nie gesehen habe. Sorgsam schließe ich den Kasten wieder, dann laufe ich die Stiege hinunter und zurück in den Hof. Mit seiner Vielzahl von Gebäuden und Stallungen beeindruckt er mich mehr, als ich mir gedacht hätte. Doch darf ich mich nun nicht ablenken lassen, und so laufe ich direkt in den Stall. An seiner Außenwand liegt ein großer, überdachter Brunnentrog, der vom Bach gespeist wird. Daneben hängen unzählige Sensen, Gabeln und Rechen. Innen stehen hinter einer Mauer die Milchkühe, gegenüber die Jungrinder und in einer eigenen Box der Stier, der durch eine Kette und einen Nasenring gesichert ist. Vom Stalljungen sehe ich weit und breit nichts, dafür entdecke ich mehrere Butterkübel, eine Milchzentrifuge und zwei etwa fünfjährige Jungen, die mich neugierig anstarren.

»Wer seid's denn ihr?«, rufe ich ihnen lächelnd zu.

Sie kommen hinter der Ecke hervor, wo sie sich halb versteckt hatten, und treten näher.

»Ich bin der Willi, und das ist der Fidewarm«, sagt der Größere von beiden und blickt mir nun ganz selbstbewusst in die Augen.

»Der Fidewarm?«

Der Kleinere von beiden sagt mit wichtiger Miene: »Eigentlich heiße ich Walther. Aber alle sagen immer nur Fidewarm zu mir.«

»Fidewarm?«, frage ich nochmals und verkneife mir ein Lachen. Aber er nickt nur ganz ernst und scheint sich gar nicht daran zu stören. Also gehe ich zur Tagesordnung über und sage: »Und ich bin die Inge.«

Ich beuge mich zu ihnen hinunter. Sie tragen identische Lederhosen, haben blonde Locken, hübsche Pausbacken und sehen einander recht ähnlich, auch wenn ich nicht glaube, dass sie eineiige Zwillinge sind.

»Wollt ihr mir helfen?«

Sie nicken eifrig, und so machen wir uns zu dritt ans Melken. Die beiden halten den Schweif der Kühe, damit die mir mit ihren Schwanzhaaren keine Ohrfeige geben können. Und ich nehme mir eine Kuh nach der anderen vor, reinige Euter und Zitzen, stupse die Euter ein bisschen an, so ähnlich wie das Kälbchen beim Trinken, bilde mit Daumen und Zeigefinger einen Ring und setze am oberen Teil der Zitze an, um sie in die Länge zu ziehen. Und schon rauscht die Milch in den Blecheimer, wobei ein singender Ton entsteht und sich ein schöner Schaum obenauf bildet. Ich komme gut voran, doch ist es vollkommen ausgeschlossen, dass ich es schaffen werde, die zwei Dutzend Kühe vor der Brotzeit zu melken. Gerade als ich mir überlege, ob ich deswegen Ärger bekommen werde, taucht der Stalljunge auf. Er scheint in meinem Alter zu sein und begrüßt mich mit einem knappen Nicken.

»Der Bauer hat mich gebraucht«, entschuldigt er sich lapidar.

»Kannst da drüben anfangen«, sage ich und deute auf die Reihe der gegenüberliegenden Kühe, die uns mit ihren großen Augen anglotzen.

»Bist die neue Magd, oder?«, fragt er quer über die Stallgasse hinweg, nachdem er sich einen Melkschemel herangezogen hat.

»Die bin ich.«

»Ich bin der Friedrich.«

»Und seit wann bist schon hier?«, erkundige ich mich.

»Ein gutes Jahr. Seit der junge Bauer übernommen hat.«

»Ist's ein guter Platz?«, frage ich.

Er zögert und wirft einen Blick auf die beiden Buben, die unserer Unterhaltung folgen.

»Ganz schlecht ist's nicht. Die Chefin kann gut kochen.«

»Gott sei Dank,« sage ich.

Gemeinsam melken wir die Kühe zu Ende, und als wir fertig sind, kleiden wir uns abermals um und treten dann in die Gaststube, wo alle anderen schon in einer Ecke abseits des normalen Gastbetriebs versammelt sind. Am Herrschaftstisch sitzen die Großeltern und der Chef mit der Chefin und den drei Kindern. Am Dienstbotentisch haben sich die Babett, die Liese und der Knecht eingefunden, der weit über zwanzig und nicht gerade gut aussehend ist. Unter den strengen Blicken des Bauern huschen der Friedrich und ich zu ihnen und drücken uns auf die Bank. Kaum dass wir uns gesetzt haben, faltet der Bauer die Hände: »Lieber Gott, sei unser Gast, und segne, was du uns bescheret hast.«

Die anderen fallen in sein Gemurmel mit ein, doch ich kann unmöglich so einfach beten. Viel zu aufgeregt bin ich! So viele Menschen auf einem Haufen, die ich alle nicht kenne und mit denen ich doch nun unter einem Dach leben werde! Ich linse hinüber zum Herrschaftstisch und betrachte den Bauern, der ein kariertes Hemd trägt und eine Hose mit Hosenträgern. Er hat ein glatt rasiertes Gesicht, dunkle Augen unter buschigen Brauen, einen strengen Blick und große, schwielige Hände. Neben ihm sitzt seine Frau, und links und rechts von ihnen die beiden Buben und deren älterer, etwa neunjähriger Bruder, der seinerseits neugierig zu mir herüberschaut. Auffallend hübsch ist er, mit großen blauen Augen und zwei Grübchen, und ich kann mir denken, dass er der Eltern ganzer Stolz ist. Gegenüber haben die Großeltern ihren Platz, die ich nur von hinten sehe. Der Großvater hat einen gekrümmten Rücken und scheint schon sehr alt zu sein, die Großmutter wirkt jünger und rüstiger. Sie trägt einen dunklen, geriffelten Baumwollrock mit breitem Bund und eine dunkle Stoffjacke mit rundem Ausschnitt, unter der eine weiße Bluse hervorschaut.

Da hat der Chef bemerkt, dass ich gar nicht mitbete. Sein Blick trifft meinen, und ich erschrecke so furchtbar, dass mir ganz heiß wird. Schnell senke ich den Kopf und beginne, die Lippen zu bewegen, auch wenn ich keine Ahnung habe, was ich gerade beten soll. Heilfroh bin ich, als das Gebet zu Ende ist und wir mit dem Essen beginnen können. Auf dem Tisch steht eine große Schüssel Milch, obenauf hat sich Rahm gebildet. Mit dem Löffel fahren wir

201

hinein und brocken ein Brot hinein, das vor uns auf dem Tisch liegt. Scheu sitze ich zwischen den anderen und fühle mich noch ein wenig fremd. Doch sind sie nicht unfreundlich zu mir, sondern scheinen genauso neugierig wie ich. Die Babett will wissen, woher ich komme, und die Liese fragt, wie alt ich bin. Der Knecht, so stellt sich heraus, heißt Sepperl und stammt direkt aus Lauterhofen. Er ist recht ruhig und in sich gekehrt, wirkt aber einfach und willig. Der Friedrich nimmt alles, was wir reden, mit wachen Blicken auf, während er ein Stückchen Brot nach dem anderen auf seinen Löffel legt und in die Milch brockt.

»Weißt eigentlich, dass elf Bewerberinnen vor dir da waren?«, fragt die Babett keck.

»Nein«, antworte ich überrascht. »Elf? So viele? Und was war an denen nicht recht?«

»Die eine hatte die Nägel lackiert«, zählt die Liese auf, »die andere war frech«, macht die Babett weiter. »Die nächste hatte nicht genug Erfahrung, und die übernächste schien faul.«

»Und du«, beendet die Liese die Aufzählung, »du siehst ehrlich aus, und von dem her, was du der Großmutter am Telefon erzählt hast, könntest es schaffen.«

Ich erröte, doch plötzlich ruft die Chefin vom Herrentisch zu uns herüber: »Friedrich, kannst frei die Milch auch leer essen, brauchst nicht auf jeden Löffel ein Stück Brot legen!«

Ich denke zuerst, ich hätte nicht recht gehört, aber da nimmt der Friedrich schon das letzte Stückchen Brot wieder von seinem Löffel herunter und legt es zurück auf den Tisch.

Eine betretene Stille herrscht bei uns am Tisch, da beginnen die drei Buben herüben ein Getuschel, und der Bauer donnert dazwischen: »Jetzt macht doch, dass ihr esst und eure Goschen haltet, damit ihr fertig werdet!«

Recht wütend schaut er dabei aus, und mit den Händen zieht er die Hosenträger weg von der Brust und lässt sie wieder zurückzischen, dass es ein wenig so wirkt, als peitsche er sich selbst aus.

Die Chefin wendet sich der Großmutter zu und sagt so laut, dass jeder im Raum es hören kann: »Ich hab' zwar doppeltes Glück gehabt mit den Zwillingen, aber auch die dreifache Arbeit.«

Am Abend will ich eben mit der Babett und der Liese hinauf in die Schlafstube steigen, da ruft der Bauer mich zu sich in die Stube.

»Wie alt bist, Meudl?«

Er sitzt am Tisch vor dem Herrgottswinkel, über dem auf ein weißes Leinentuch gestickt der Spruch »An Gottes Segen ist alles gelegen« hängt. Eine lange Eckbank schmiegt sich an die eine Wand, auf der anderen Seite stehen vier Stühle, und der ganze Raum ist mit Parkett ausgelegt.

»Sechzehn.«

»Und schaffen kannst, als wärst schon groß?«

Er mustert mich von oben bis unten, wie ein Stück Vieh komme ich mir vor. Beklommen nicke ich.

»Vierzig Mark kriegst im Winter, und fünfzig im Sommer«, erklärt er in einem Ton, der keinen Widerspruch erwartet.

Ich lasse den Blick über den Kachelofen mit seinen großen, grünen Kacheln und der breiten Ofenbank streifen, über dem sich der Kaminabzug befindet. Socken und Pullover hängen zum Trocknen daran. Vierzig Mark! Mein erstes selbstverdientes Geld wird das sein! Ich kann noch gar nicht glauben, dass ich wirklich eine Stellung habe.

»Einverstanden.«

»Dann ab mit dir ins Bett. Morgen um fünf beginnt der Tag.«

Ich werfe ihm noch einen scheuen Blick zu, dann laufe ich in die Küche, um Wasser zum Waschen zu holen. Die Brunhilde, eine Blonde, und die Elfriede, die dunkel ist, schlüpfen gerade in ihre Alltagskleidung. Ich grüße sie scheu, doch sie beachten mich kaum. Wahrscheinlich fühlen sie sich als etwas Besseres. Mit meiner Wasserschüssel trete ich in den langen Gang, der vom Gasthaus hinüber ins Wohnhaus führt und auf dem sich die Plumpsklos befinden. Die dürfen wir mitbenutzen. Als ich schließlich die Stiege hinauf zu den Dienstbotenzimmern steige, höre ich aus der Stube, in der die beiden Männer wohnen, leise Stimmen. Ich bleibe einen Augenblick vor der Tür stehen, nur einen winzigen Augenblick, da höre ich, wie der Friedrich sagt: »Man merkt es an ihrem Benehmen. Wenn man sich schon nicht mit anderen Leuten abgibt oder redet, dann sieht man da schon, dass eine Abneigung besteht.«

Der Sepperl antwortet: »Ich denke mir, ein Mensch, der anständig ist und schafft, mit dem rede ich ja gerade, dass er bleibt. Und wenn der Hunger hat, dann gebe ich ihm zu essen.«

»Und schicke nicht nach dem Schlachten Pakete zur Verwandtschaft, nach Stuttgart und überallhin, und auch zu den Schwestern von der Frau Scheer«, ergänzt der Friedrich.

»Wir dürfen nur schaffen«, ärgert sich der Sepperl.

»Vom Charakter her ist sie herrschsüchtig«, setzt der Friedrich hinzu.

»Und ihr Mann ist ihr ähnlich.«

Leise gehe ich weiter. Die beiden reden über den Chef und seine Frau, das ist mir klar. Ein wenig mulmig wird mir zumute. Aber dann beschließe ich, dass ich mir erst einmal nichts davon zu Herzen nehmen werde. Kommt Zeit, kommt Rat, denke ich mir.

*

»Mädchen, aufstehen! Die Gastwirtschaft wartet!«, schallt es die Treppe hinauf.

Ich schlage die Augen auf, und mir fällt alles wieder ein: Ich bin beim Adlerwirt, und neben mir schlafen die Babett und die Liese! Sofort bin ich hellwach und springe aus dem Bett. Alles ist neu für mich, und ich bin sogar neugierig auf die Arbeit. Flugs schlüpfe ich in mein Arbeitsgewand und wasche mir an der Schüssel auf dem Tisch das Gesicht, sodass ich schon bereitstehe, als die Babett und die Liese gähnend aus ihren Federn schlüpfen. Stockdunkel ist es draußen, und wir haben nur eine Kerze, die uns den Weg hinunter in die Gaststube leuchtet. Dort freilich gibt es elektrisches Licht, und wir können zumindest sehen, wo wir putzen müssen. Viele schöne Sachen gibt es hier, Zinn und wunderschönes Pferdegeschirr.

Die Liese huscht hinaus und kommt kurz darauf mit einem Korb voller Holz und Reisig zurück, um im Ofen und auch im Wohnzimmer anzuheizen. Die Babett, die eine auffällig schöne rote Schürze mit kleinen Blümchen drauf trägt, bringt eine Schaufel voller Glut aus dem Herd und legt sie in den Ofen. Die Liese legt das Reisig darauf, und schon fängt es Feuer. Die Babett setzt einen Kessel mit Wasser auf, weil der Chef gerufen hat, dass sie der Chefin einen Tee bringen soll. Dann spannen wir jede ein Tuch über einen Putzkübel, geben Asche darauf und schütten heißes Wasser darüber, um ein schönes Putzwasser zu erhalten. Auf dem Reibbrett kniend bürsten wir den Buchsbaumboden in der Gastwirtschaft und in den Fremdenzimmern, wir bürsten den langen Gang, die Küche und die Toiletten.

»Hast eine schöne Schürze«, sage ich zur Babett, die neben mir ist.

»Sie kennt die Geschichte noch nicht, Babett, erzähl sie ruhig noch mal«, lässt sich die Liese von hinten vernehmen.

»Der Stoff ist von zwei scheußlichen Wasserpolacken«, sagt die Babett mit leiser Stimme. »Es war eine fürchterliche Zeit, gegen Kriegsende. Es wurde geklaut und eingebrochen. Ich war in Stellung in Amberg, und es kamen so genannte Wasserpolacken – Polen. Wir hatten Angst vor ihnen, weil sie brutal waren. Wir mussten Milch bei ihnen abliefern. Sie haben uns alle bedroht, auch mich, als ich einmal im Kuhstall war. Dafür haben sie dem Bauern einen riesigen Ballen von diesem roten Stoff dagelassen. Die drei Töchter vom Bauern bekamen jede ein Dirndl, sogar ihre Puppen bekamen daraus Kleider genäht. Und wir Mädchen haben Schürzen bekommen.«

Sie streicht mit der Hand über ihre Schürze, und ich sehe sie neidisch an und nähere mich dabei den Räumen der jungen Herrschaften.

»Da darfst frei nicht hinein, Inge«, ruft die Babett. »Ihr Wohnzimmer und ihr Schlafzimmer putzt die Chefin selbst!«

Sie wirft den Kopf zurück und lacht. Spöttisch klingt es, und die Liese wirft mir einen Blick zu, den ich nicht deuten kann. Die Babett aber bemerkt ihn und macht kehrt, um einen Eimer Fegesand zu holen. Nun gilt es, niederzuknien und mit dem Sand auf den breiten Bohlen herumzureiben, um den Dreck abzuschmirgeln. Anschließend wischen wir das Gemisch aus Sand und Schmutz wieder auf, und dazu singen wir: »Mariechen saß weinend im Garten, im Grase lag schlummernd ihr Kind. In ihren blonden Locken spielt' leise der Abendwind, sie saß so still und träumend, so einsam und so bleich, dunkle Wolken zogen vorüber, und Wellen schlug der Teich.«

Das Frühstück nehmen wir in der Küche ein. Die Babett kocht Kaffee, der Friedrich und der Sepperl kommen aus dem Stall hinzu, und dann sitzen wir an einem kleinen Tisch in der Ecke und essen Schwarzbrot mit Marmelade. Die anderen haben freilich alle ihr eigenes Gläschen dabei, während ich von der Marmelade nehme, die uns Dienstboten zugedacht ist. Schnell merke ich, warum die anderen sie nicht so mögen. Sie ist arg gestreckt, und als ich noch darüber nachdenke, dass ich auch gern eine eigene Marmelade hätte, aber nicht weiß, wo ich sie hernehmen soll, fragt die Liese: »Magst einmal meine probieren, Inge?«

Dankbar lächele ich sie an und nehme mir einen Löffel voll.

»Die Herrschaften sitzen derweil in der Stube und essen Brötchen, Butter und Schinken«, sagt der Friedrich und sieht recht unzufrieden aus.

»Aber am Sonntag bekommst ein Stück Zopf, das ist doch dann gut«, entgegnet die Babett. Es hört sich so an, als wolle sie die Herrschaften verteidigen.

In diesem Augenblick tritt die junge Frau Scheer in die Küche, sie hat ihren Zeigefinger erhoben und streckt ihn uns anklagend hin. Darauf ist eine Staubschicht zu sehen.

»Unter dem Tisch ist auch in der Stube«, sagt sie und mustert uns Weiber der Reihe nach.

Schweigend senken wir die Köpfe, bis sie schließlich wieder abzieht.

»Blöde alte Schachtel«, flüstert die Babett, als sie außer Sichtweite ist.

Die Liese wirft ihr einen scharfen Blick zu, doch die Babett streckt ihr die Zunge heraus.

Ich stehe auf und mache mich auf den Weg in den Stall.

In den folgenden Wochen gewöhne ich mich allmählich an das Leben auf dem Hof. Zu meinen Aufgaben gehört das morgendliche Putzen, das Striegeln und Melken der Kühe, wobei der Friedrich und beim Melken der Chef das Sagen hat, während der Sepperl sich um die Säue und Rösser kümmert. Die kleinen Kälbchen muss ich zudem versorgen, sie können noch nicht an die Selbsttränke gehen.

Beim Kochen muss ich helfen, und das Waschen und Anziehen der Kinder fällt in meinen Bereich. Zudem gehe ich dem Sepperl und dem Chef auch in der Landwirtschaft zur Hand, ebenso wie die Liese und die Babett. Arbeit ist auf dem Adlerhof immer mehr als genug für alle da, und wir Dienstboten halten in der Regel fest zusammen. Freilich fällt mir auf, dass die Babett sich oft heraushält, wenn's ums Schaffen geht. Wenn ich dann die Liese frage, wo sie ist, verdreht die bloß die Augen und schweigt.

So gut ich mich mit den Dienstboten verstehe, so fremd bleiben mir die jungen Herrschaften. Die Chefin ist herrisch, und der Chef geht sehr wüst mit den Kühen um. Er schlägt die Tiere. Einmal sage ich etwas dagegen, und er erwidert: »Sei bloß ruhig, sonst bekommst auch was ab.«

Dazu blickt er mich mit wütenden dunklen Augen an und zieht an seinen Hosenträgern, dass es nur so knallt. Ich laufe davon, bevor ich eine Mistgabel oder eine Peitsche zu spüren bekomme. Von diesem Augenblick an habe ich eine schreckliche Angst vor ihm. Gar nicht auszudenken, was er mit mir täte, sollte ich mir einmal etwas zuschulden kommen lassen!

Seine drei Buben indes schließe ich schnell in mein Herz. Zu süß sind sie, und lauter dummes Zeug machen sie. Der Sepperl hat große Laubhaufen im Hof aufgetürmt, in die sie mit lautem Gejuchze hineinspringen, wieder und wieder, bis sämtliches Kastanienlaub rundherum verteilt ist. Insbesondere die Hühner aber, die immer so schön auf einem Bein in der Sonne stehen und lang gezogene, glucksende Laute von sich geben, haben es ihnen angetan. Gleich in meiner ersten Woche beim Adlerwirt nehmen sie ein leeres Krautfass, drehen es mit der Oberseite nach unten und sperren drei Hennen und einen Gockel hinein. Als ich hinzukomme, weil ich das aufgeregte Gegacker höre, erklären mir der Willi und der Fidewarm mit einem unschuldigen Blick: »Die legen jetzt Eier, und die verkaufen wir dann.«

Den Vogel aber schießt ihr älterer Bruder, der Michel, ab. Es ist ein warmer Abend im September, und unter lautem Gekrächze ziehen die ersten Saatkrähen in gradlinigem Flug über den Geißlhof hinweg, auf dem Weg in ihr Winterlager. Ich will eben das Fenster am Hühnerstall schließen, in dem die rechte untere Scheibe als Tür fungiert. Es muss in der Nacht verschlossen werden, damit der Fuchs nicht hineinkommt. Da sehe ich den Michel mit eingezogenem Kopf im Stall sitzen und mich mit einem Blick ansehen, als wolle er nicht entdeckt werden. Ich trete ein, und da sehe ich, dass er zwei Küken vor sich liegen hat, denen der Kopf fehlt.

»Um Himmels willen, Michel, was ist passiert?«, frage ich erschrocken.

Er schlägt schuldbewusst die großen blauen Augen nieder.

»Was ist passiert?«, frage ich abermals.

»Ich wollte wissen, was innen drin ist«, sagt er leise.

»Innen in den Küken?«, vergewissere ich mich.

Er schweigt. Da sehe ich das blutige Messer, das neben ihm im Stroh liegt.

»Du hast die Küken aufgeschnitten? Die lebendigen Küken?«

Er nickt. »Schlägst mich jetzt?«

Ich bin fassungslos, aber gleichzeitig kann ich ihm nicht böse sein. Er war halt einfach neugierig, und eine Armut, so wie ich sie in seinem Alter habe erdulden müssen, kennt er nicht. Für ihn war es ein Spiel, die Küken aufzuschneiden. Und wenn es nicht so traurig wäre, würde ich ihn fast um seine Unbekümmertheit beneiden. Denn sein ganzes Handeln ist schon jetzt das eines jungen Herrn, der einmal den Hof übernehmen wird. Sorglos und selbstbewusst ist der Michel, so schön und stark und unverletzbar, wie ich gern gewesen wäre als Kind und es bis heute nicht geworden bin. Als ich an diesem Abend im Bett liege, kommen mir wieder die Träume in den Sinn, die ich in seinem Alter hatte. Keiner davon ist bisher wahr geworden. Nicht ein einziger. Und so wie es aussieht, wird sich das auch nicht ändern.

In den kommenden Wochen vergeht der Sommer, doch das Wetter bleibt schön. Tropfen von Licht tanzen über die sich gelb verfärbenden Blätter der Laubbäume. Wenn wir zum Hüten gehen, ist es in der Früh schon recht kühl, aber sobald die Sonne am Himmel steht, kommt die Wärme zurück. Wir Mädchen pflücken Boskop, Grafensteiner und Cox Orange, und einen Teil davon zerkleinern wir, um sie im Stadel in die große Presse zu leeren. Körbeweise verschwinden die Stücke darin und kommen als Saft wieder heraus. Und am nächsten Tag tragen wir Eimer voller Saft in den Keller, wo wir ihn in die großen, ovalen Mostfässer füllen, die oben ein Loch haben, damit Gas und Schaum während der Gärung entweichen können.

»Jetzt kann er schaffen«, sagt der Chef und klingt fast zufrieden, als er unser Werk begutachtet.

»Seine Zeit wird er brauchen, bis er vergoren ist«, fügt der Großvater hinzu.

»Aber dann wird es ein starker Most«, entgegnet der Chef.

Der Großvater nickt und lacht. »Wirst ihn mit Wasser verdünnen können.«

Ich putze einen der Eimer aus und lausche der Unterhaltung der beiden Männer. Sie sind so ungleich, dass ich mich manchmal frage, warum sie so gut miteinander auskommen. Der jähzornige Chef und der gutmütige Großvater, der immer ein Schmunzeln auf den Lippen hat und mir zuzwinkert, wenn ich ihm über den Weg laufe. Ich mag den Großvater, und er scheint mich auch zu mögen.

Und auch die Babett sucht meine Nähe – wohl, weil die Liese einen Bogen um sie macht, wenn sie kann. Anderntags will sie mir nach dem Melken einige graue Samen in die Hand schütten, die so aussehen wie jene, die ich in dem Kasten in unserer Schlafstube entdeckt habe.

»Was ist das?«, frage ich und verweigere die Annahme. Ich leere meinen vollen Milcheimer über ein Tuch in ein spezielles Geschirr, um den Dreck herauszufiltern.

Sie lacht. »Mohn ist das, Inge, Mohn. Kennst keinen Mohn?«

Ich schüttele den Kopf und fühle mich ausgelacht. Was sie bloß manchmal für ein blödes Weib sein kann!

»Kannst ihn aussaugen, das ist gut«, sagt sie und macht es mir vor, indem sie eine Handvoll Samen in den Mund steckt und darauf herumsaugt.

Ich fülle die Milch aus dem Geschirr in eine große Milchkanne, die vierzig Liter fasst. Anschließend wasche ich das Geschirr aus und hänge das Tuch zum Trocknen auf. Währenddessen überlege ich, ob ich es ihr gleichtun soll. Ich weiß nicht viel über Mohn, bloß dass man ihn zum Backen verwenden kann, das habe ich einmal gehört. Mir waren in einem Garten in Herborn einige rote, weiße und lilafarbene Blüten aufgefallen, die ich noch nie zuvor gesehen hatte. Da die Besitzerin gerade an der Straße stand, fragte ich sie, was das für seltsame Pflanzen seien.

Sie blickte mich überrascht an: »Das ist Mohn, Meudl«, erklärte sie mir.

»Wozu brauchen Sie den?«, fragte ich weiter.

»Wir mahlen ihn und backen damit. Oder wir machen Öl daraus«, sagte sie und rollte das R so stark, wie es nur die Flüchtlinge aus dem Sudetenland tun.

Ganz in Gedanken stelle ich die Milchkanne in einen Bottich mit kaltem Wasser, um sie zu kühlen. Dann schöpfe ich einen Teil der Milch ab und fülle sie in kleine Häfelchen, die ich auf den Fenstersims stelle. Sie soll sauer werden, damit Buttermilch daraus wird.

»Dann gib mir halt ein paar«, sage ich und strecke die Hand aus. Sie legt einige Körnchen hinein, und dann tue ich es ihr gleich und schiebe sie in den Mund.

»Man wird frei davon besoffen«, fügt die Babett hinzu, als sie sicher sein kann, dass ich meinen Mohn schön ausgelutscht habe.

Ungläubig schaue ich sie an. Sie wirkt vollkommen nüchtern auf mich, und sie hat doch auch davon genommen.

»Die Brennschere, gehört die eigentlich dir?«, frage ich.

»Ah, hast herumgeschnüffelt?« Sie wirkt eher amüsiert als ärgerlich.

»Nein«, verteidige ich mich, »ich habe nur nach einem Platz geschaut, wo ich meine Kleider hineinlegen kann. Und dabei bin ich auf die Brennschere gestoßen.«

Sie lacht, als glaube sie mir kein Wort. Keck ist sie schon, die Babett.

»Wenn du dir mal Locken machen willst, kannst sie nehmen«, sagt sie großzügig.

Ich nicke, kann mir aber nicht denken, dass ich mich irgendwann einmal hübsch machen werde. Der Peter sieht es ja nicht mehr.

Am Abend spannt der Chef die Pferde ein und zieht die Genossenschaftsdreschmaschine vom Lammwirt herüber. Die Babett sitzt mit auf dem Bock und sieht ganz munter aus. Ich aber spüre den Mohn in meinem Blut. Mir ist ein wenig schwindelig, und ich frage mich, ob die Babett ihren Mohn wirklich gelutscht hat. Ich nehme mir vor, sie zu fragen, doch lässt sie sich nach der Brotzeit nicht mehr blicken. Ich frage mich, was sie treibt, während die Liese und ich das Geschirr spülen. Ganz in Gedanken bin ich, da sehe ich eine kleine Maus.

»Sieh mal«, sage ich.

Die Liese fackelt nicht lange. Sie packt sie, schlägt mit der Hand drauf, um sie zu betäuben, und wirft sie in den Ofen.

»Wo ist eigentlich die Babett?«, frage ich.

Die Liese setzt wieder einen ihrer komischen Blicke auf, aber damit gebe ich mich nun nicht mehr zufrieden. »Wenn du's weißt, kannst es mir ruhig sagen. Glaub nur nicht, dass ich nicht merke, dass etwas nicht stimmt.«

»Die Babett«, setzt die Liese an, dann macht sie eine Pause und vergewissert sich, dass wir allein sind.

»Die Babett – der Chef geht zur Babett.«

Ich brauche einen Augenblick, um diese Nachricht zu verdauen, und die Liese sieht mich mit einer Mischung aus Stolz und Abscheu an. Dann bricht es aus mir heraus: »Aber sie ist doch mit uns im Zimmer, wann geht er denn … und wo?«

»Sie finden schon etwas. Mal sind sie oben auf dem Dachboden. Ich habe sie schon gesehen, als ich Schrotmehl heruntergeholt habe. Und in der Brauerei habe ich sie auch schon erwischt.«

»Weiß die Chefin davon?«, frage ich.

»Ja, freilich. Jeder weiß es. Und der Sepperl hat mir erzählt, bevor ich herkam, waren österreichische Mädchen da. Die sind von heute auf morgen gegangen. Und die eine hat ein Kind erwartet. Er hat gesagt: ›Pass nur auf, Liese. Der Chef steigt allen Weibern nach. Bis er eine hat.‹«

»Wollte der Adlerwirt nie zu dir gehen?«

»Nein, nein, das traut er sich nicht. Ich würde mich ja auch schämen vor der Chefin. Das würde ich niemals zulassen. Freilich, einmal hat er es bei mir auch probiert. Da war die Babett noch nicht da. Aber da habe ich ihm gleich klargemacht, dass er mir so nicht kommen kann.«

»Erzähl!«

»Er hatte zu viel getrunken und ist mir begegnet, als ich im Dunkeln mit der Laterne über den Hof bin. Und dann wollte er zutraulich werden. Weil er halt zu viel getrunken hatte. Aber ich habe geschimpft: Was fällt Ihnen ein? Sind Sie noch bei Sinnen? Gehen Sie ins Bett! Wenn Sie nicht aufhören, dann schreie ich so laut, dass es alle hören!«

»Und wie war das dann am nächsten Morgen?«

»Ich habe nichts gesagt.«

»Da saß er am Herrschaftstisch und du am Dienstbotentisch?«

»Ja.«

»Und die Chefin – warum wehrt sie sich nicht, wenn er zu anderen Frauen geht?«

»Er geht nicht gut um mit ihr. Er schlägt sie«, raunt die Liese.

»Warst du schon vor der Chefin beim Adlerwirt?«

»Nein. Aber jetzt, da ich sehe, wie er mit ihr umgeht, da wundere ich mich doch, dass sie zu ihm gekommen ist. Mei, ist sie dumm, dass sie so einen wüsten Kerl geheiratet hat! So eine schöne Frau!«

»Und die Babett, was sagt die?«

»Die meint, die Frau Scheer merkt es nicht. Und der Chef, der meint das auch. Sonst würde er ja nicht immer ausgerechnet zur Babett sagen, dass sie der Chefin einen Tee bringen soll.«

»Was für ein schlechter Mann«, entfährt es mir. »Was für ein blutschlechter Mann!«

Als ich an diesem Abend neben der Babett und der Liese in der Schlafkammer liege, kann ich lange nicht einschlafen. Immer wieder stelle ich mir die Babett mit dem Chef vor, aber meine Fantasie reicht nicht aus, um das Bild scharf zu zeichnen. Ich weiß nichts über die Liebe. Außer jenem Kuss beim Mühlenbauern habe ich noch nichts erlebt.

Steil ragt in der Früh die Dreschmaschine in der Scheune auf, ein hohes hölzernes Gestell auf vier Eisenrädern. Als ich mit der Stallarbeit fertig bin, zieht gerade die Sonne herauf, und ich geselle mich zum Friedrich und zum Chef, die bereits begonnen haben, die Garben auf die Maschine hinaufzuwerfen. Ich werfe einen kurzen Blick auf den Chef, den ich nun mit anderen Augen sehe, dann klettere ich hinauf und helfe dem Sepperl, der die Garben in die Trommel gleiten lässt, die ich aufschneide und vor ihm auf den Tisch breite. Er quittiert meinen Dienst mit einem Nicken. Gebückt schaffen wir Seite an Seite, ich schneide und fächere auf und sammele in einer Hand die Schnüre, er befüllt die Trommel. Eine schwere Arbeit ist das, und wenn wir uns aufrichten würden, würden wir mit dem Kopf die Decke der Scheune berühren, so hoch ist die Maschine. Laut ist es. Der Staub legt sich in unsere Münder, Nasen und Ohren. Am Mittag machen wir eine Pause. Die Chefin hat besonders gut gekocht, eine Suppe und danach Schweinefleisch, Kartoffelsalat und Kraut, weil wir so kräftig schaffen. Doch obwohl ich großen Hunger habe, esse ich den Kartoffelsalat mit einer gewissen Zurückhaltung. Mir kommt in den Sinn, wie ich mich in meiner ersten Woche über die Herstellung desselben gewundert habe.

»Meudl, fangt's an mit Salatputzen und Kartoffelschälen«, hat die Chefin gesagt, als wir mit der Stallarbeit fertig waren, »ich komm dann zum Kochen.«

Die Babett, die Liese und ich hantierten mit Schüsseln und Töpfen. Ein Geklapper und Geschnatter war das, der warme Küchendunst rötete uns die Wangen und ließ die Scheiben beschlagen. Wir kochten einen riesigen Berg Kartoffeln, schälten sie und schnitten sie in Scheiben. Die Chefin kam sodann herbei, gab alle Zutaten in eine große Steingutschüssel und machte den Salat mit der Hand an.

Erschrocken starrte ich sie an. Mit der Hand!

Sie bemerkte meinen Blick und blickte auf: »Ach, Inge«, sagte sie, »so viel Kartoffelsalat macht man mit der Hand. Der wird ganz anders, wenn man ihn mit der Hand anmacht.«

Immerhin ist heute genug zu essen für alle da, und so mache ich mich gesättigt wieder an die Arbeit hoch oben auf der Dreschmaschine. Hand in Hand schaffe ich mit dem Sepperl. Der Nachmittag kommt und der Abend, und gerade als ich mein Kreuz gar nicht mehr spüre und mich frage, wann es Zeit ist für eine weitere Pause, fährt er mich an: »Streng dich an, Inge, oder soll ich alles allein machen?«

Nach einer Schrecksekunde fange ich mich und funkele ihn an: »Die Garben sind groß, ein wenig kannst sie ruhig auch selbst ausbreiten, ich bin nicht dazu da, sie dir so herzurichten, dass du gar keine Arbeit mehr damit hast!«

Dann mache ich auf dem Absatz kehrt und springe hinunter zur Liese und zur Babett, die schon damit beschäftigt sind, das Korn in Säcke zu füllen. Ich greife mir ein Büschel ausgedroschenes Stroh und tue es dem Friedrich gleich, der es zu Bündeln bindet, die wir als Streu für den Stall nutzen werden.

Die Liese blickt mich an und tut so, als ob sie von unserem Streit nichts mitbekomme hätte: »Du tätest Ärmelschoner brauchen. Schau, das harte Stroh hat dir die Ärmel zerrissen.«

Ich bin so wütend, dass ich gar keinen rechten Blick für meine Ärmel habe. Ohnehin trage ich ein altes Kleid, und Ärmelschoner habe ich nun mal nicht. Auch tut mir der Rücken viel zu weh, als dass ich mir darüber nun noch Gedanken machen wollte. Und der Ärger über den Sepperl schnürt mir die Kehle zu. So gut habe ich mich immer mit ihm verstanden! Und nun geht er mich völlig unverhofft so an!

Halb zwölf in der Nacht ist es, als wir das letzte Bündel Stroh wieder hinauf auf den Dachboden gebracht haben. Als wir bei Sonnenaufgang weitermachen, habe ich eine Entzündung im Gesicht. Es ist eine dicke Kruste, als hätte sich Schorf auf einer Wunde gebildet. Sie juckt fürchterlich. Aber keine Verletzung, sondern Dreck und Staub, vermischt mit Schweiß, haben dazu geführt, dass sie sich gebildet hat.

»Das wird von selbst wieder gut«, sagt die Babett, nachdem sie ganz nah gekommen ist, um es anzusehen.

»'s wird von unreinem Blut kommen«, vermutet die Liese.

Von den Herrschaften nimmt indes keiner Notiz von meiner Entzündung. Bloß der Michel fragt, ob ich mir wehgetan habe. Er sucht seit jenem Vorfall im Hühnerstall meine Nähe, als wolle er es mir danken, dass ich ihn nicht verraten habe. Oft fragt er mich vor dem Essen, warum er nicht bei mir am Dienstbotentisch sitzen darf.

Ganz nah kommt er in diesen Momenten, so als suche er Schutz an meinem Körper, und ich fahre mit der Hand durch seine Locken und berühre seinen kleinen Kopf. Er tut mir leid, denn seine Eltern geben ihm nicht genug Wärme.

Der Oktober kündigt sich mit einem starken Ostwind an, der die Blätter von den Bäumen fegt, als gehörten sie nicht dorthin. Ich hocke im dunstig warmen Stall und putze die Kühe. Es ist Samstag, die Verwandtschaft kommt zu Besuch, und der Friedrich und ich müssen alles auf Vordermann bringen. Mit dem Eisenstriegel bearbeite ich das Fell der Resi, das ganz verkrustet ist von Kot und Dreck. Sie trägt ein Kälbchen, ihr Leib wölbt sich bereits, und es ist noch schwieriger als sonst, die Bollen so zu lösen, dass es ihr nicht wehtut und nicht allzu viele Haare mit ausgerissen werden. Aber ich bin vorsichtig, denn ich will nicht riskieren, dass sie ausschlägt.

»Jetzt sei nur zufrieden, das vergeht wieder«, muntere ich sie auf, und tatsächlich lässt sie mich gewähren.

Als der gröbste Dreck entfernt ist, fahre ich mit der ovalen Bürste über die Stelle am Hals, wo die Kette scheuert.

»Das tut dir schon gut, oder, Resi?«, frage ich sie.

Sie steht ganz ruhig da, und ich drücke noch ein wenig fester, fahre vom Kopf bis zum Schwanz, während der Friedrich sich neben mir an der Berta zu schaffen macht. Als ihr Fell schön glänzt, hole ich einen Eimer, gebe ein wenig Soda hinein und füge klares Wasser hinzu, um den Schwanz zu waschen.

»Damit du schön und sauber bist und mit einem vollen Bauch daliegen kannst, wenn der Besuch kommt«, erkläre ich ihr.

Als alle Kühe sauber sind, bin ich an der Reihe. Mit kaltem Wasser säubere ich Hände und Gesicht, dann suche ich mir einen guten Reisigbesen heraus und kehre den Hof. Ich bin zufrieden, dass ich meine Ruhe habe. So eintönig diese Arbeit ist, so gut gefällt sie mir doch. Ich mag es, wenn danach alles schön sauber ist.

Gegen Mittag schlüpfe ich in mein neues Kleid, das ich mir von den vierzig Mark gekauft habe, die ich in Ransbach bekommen habe. Es ist aus einem leichten Wollstoff, blau kariert mit großen Karos, und ich fühle mich sehr gut darin. Die Liese und die Babett

decken gerade den Tisch, und ich helfe ihnen, indem ich die Dampf-
nudeln aus dem Ofen hole. Als die Herrschaften Platz genommen
haben, trage ich sie aus der Küche herein, kratze sie aus ihrer Kachel
heraus und lege jedem eine auf den Teller: dem Chef, der Chefin,
dem Großvater, der Großmutter, dem Willi, dem Fidewarm, dem
Michel und schließlich dem Sepperl, dem Friedrich, der Liese und
der Babett. Dann ist die Kachel leer, und ich muss eine neue herein-
holen. Da der Chef seine Dampfnudel schon gegessen hat, beginne
ich abermals bei ihm, auch der Sepperl und der Friedrich möchten
noch eine, dann erst kann ich meinen Teller füllen. Gerade habe ich
den ersten Bissen in den Mund geschoben, da höre ich, wie der Chef
den Michel anbrüllt:

»Heiland, Sakrament! Kannst grad rausgehen in den Saustall,
wenn du hier so schmatzt!«

Und schon springt der Bub auf und läuft hinaus, bevor er eine
Watschen kassiert.

»Hör es dir an, und dann kommst wieder herein!«, ruft der Vater ihm nach.

Nun ist es so still, dass man eine Stecknadel würde fallen hören.
Stocksteif sitzen der Willi und der Fidewarm da und wagen kaum
noch, zu atmen.

Bis ich meine Dampfnudel gegessen habe, lässt sich der Michel
nicht mehr blicken, und als die Liese eine weitere Kachel hereinholt
und leert, taucht er auch nicht wieder auf. Leid tut er mir, der Bub.
Da passt es gerade zu meiner Stimmung, dass es keinen Nachschlag
für mich gibt und ich hungrig vom Tisch aufstehe.

Am Nachmittag kommt die Verwandtschaft: die Schwester der
Chefin mit ihrem Mann und drei Kindern. Sie haben ein Käsege-
schäft in Amberg, und ich vermute, dass sie es sind, denen die Chefin nach dem Schlachten Pakete schickt. Der Herr Betschel hat Locken und vorne eine Glatze. Er ist sehr groß und stattlich, wie ein
Gelehrter, und hält sich ganz aufrecht, so als wolle er zeigen, was er
ist. Seine Frau hingegen wirkt hochherrschaftlich in ihrer Vornehm-
heit und Blässe, sie ist fast so schmal wie ihre Schwester und sehr
gut gekleidet. Den ganzen Nachmittag sitzen sie in der guten Stube
und reden über die Landwirtschaft.

»Schön stehen die Kühe da«, lobt der Herr Betschel mich, als er später mit dem Chef aus dem Stall tritt. Dazu blickt er mir auf die Brust und nicht ins Gesicht. Schweigend denke ich mir, dass er auch nicht besser ist als der Chef, obwohl er aus der Stadt kommt und so fein tut. Doch auch das ist mir jetzt gleich, denn ich habe mich mit der Hannelore verabredet. Wir wollen ins Wanderkino gehen, das beim Lammwirt gastiert und »Der Hofrat Geiger« zeigt.

Sie wartet schon, als ich schließlich angelaufen komme. Ein Dirndl hat sie an, recht fesch sieht sie aus. Ich kann kaum glauben, dass sie meine Schwester ist, als ich sie so stehen sehe, und komme mir in meinem neuen Kleid fast ein wenig ärmlich gekleidet vor.

»Hast was Neues von daheim gehört?«, frage ich sie.

Sie nickt. »Die Mutter hat angerufen, vom Wäldchen ist ein Fuchs heraufgekommen. Sie hat Wäsche aufgehängt, und er hat vor ihren Augen eine Henne geholt!«

»Wie ist er denn hineingekommen ins Gehege?«, frage ich.

»Er hat's unten aufgescharrt.«

»Ah, ja, aufgescharrt. Und dann ist er unten durch den Zaun hindurchgekommen.« Ich schüttele den Kopf über die Unverfrorenheit des Fuchses. Die Mutter tut mir leid.

»Konnte sie ihn nicht verscheuchen?«

»Nein. Er hat nur ein paar Federn und Blut zurückgelassen.«

Wir schweigen, während wir eine Mark Eintritt bezahlen. Als hätte es die Mutter nicht schon schwer genug, denke ich. Ganz in Gedanken an daheim bin ich, als wir in den Saal hineingehen wollen, da steht plötzlich die Liese hinter mir: »Du sollst sofort heimkommen. Der Adlerwirt tobt vor Wut, weil du weggegangen bist, ohne es ihm zu sagen.«

»Das ist doch nicht dein Ernst, oder?«, fragt die Hannelore. »Die Inge kann doch wohl mit mir ins Kino gehen, wenn sie Feierabend hat!«

»Wegen meiner schon, aber der Adlerwirt verlangt, dass sie sofort heimkommt.«

»Das kommt überhaupt nicht in Frage«, sagt die Hannelore. »Wir haben schon den Eintritt bezahlt, und jetzt schauen wir den Film an. Und danach geht die Inge heim, sag ihm das. Gell, Inge?«

Ich nicke beklommen, während die Liese uns ungläubig ansieht.

»Das ist mutig«, sagt sie schließlich und zieht ab.

Die Hannelore zwinkert mir aufmunternd zu, und ich bemühe mich, mein ungutes Gefühl zu verdrängen. Aber so richtig wohl ist mir nicht, während wir dem Hofrat Geiger und seinem treuen Diener Ferdinand dabei zusehen, wie sie unter einigen Mühen die schöne Marianne zurückerobern. Es wäre sicher besser gewesen, wenn ich gleich zurück auf den Hof gelaufen wäre, als die Liese mich holen wollte. Und so verabschiede ich mich nach dem Ende des Films recht schnell und laufe in der Dunkelheit des Abends zurück zum Adlerwirt. Doch je näher ich komme, desto langsamer werde ich. Ich fürchte mich. Wenn der Chef mich erwischt, könnte das ein böses Ende nehmen. Leise und vorsichtig laufe ich über den Hof, immer an der Wand entlang. Hoffentlich entdeckt mich niemand! Die Liese kommt mir in den Sinn, die dem Chef nachts begegnet ist und ihn abwehren musste. Schreckliche Angst habe ich, dass er mich sehen könnte. Doch ich gelange heil in unsere Stube und ziehe mit einem erleichterten Seufzer die Tür hinter mir zu.

»Seid ihr noch wach?«, flüstere ich ins Dunkel hinein.

»Ja freilich«, kommt es von der Liese zurück.

»Einen rechten Mut hast«, ergänzt die Babett.

»Hat der Bauer getobt?«, frage ich.

»Und wie er getobt hat«, sagt die Liese. »Er ist ganz narrisch dagesessen und hat seine Wut an den Buben ausgelassen.«

Ich kleide mich aus und wasche mir Gesicht und Hände, kämme mein Haar und schlüpfe in mein Nachthemd aus geblümtem, angerautem Baumwollstoff.

Gottlob sind die Nächte noch nicht so kalt, dass man einen heißen Ziegelstein bräuchte – mir den zu holen, das hätte ich mich nun wirklich nicht getraut. Und so steige ich erleichtert ins Bett und räkele mich unter der Daunendecke, als plötzlich laute Schritte auf der Treppe zu hören sind.

Schnell wie der Blitz schießt die Liese aus dem Bett und schließt die Tür ab. Da hämmert der Adlerwirt auch schon dagegen und brüllt: »Komm sofort heraus, Inge, ich weiß, dass du dort herinnen bist!«

Mucksmäuschenstill kauern wir da und wagen es nicht, uns zu regen.

»Komm heraus, habe ich gesagt, oder es setzt was!«, brüllt der Bauer.

Mit bangen Blicken luge ich hinüber zur Liese und zur Babett, aber sie sind genauso starr vor Schreck wie ich selbst.

»Heiland, Sakrament! Herauskommen sollst, Inge, hast gehört!«

Und dazu donnert er wie von Sinnen gegen die Tür, dann wieder wirft er sich mit der Schulter dagegen, dass sie nur so wackelt. Immer tiefer krieche ich unter meine Decke und bete, dass sie hält. Denn ich habe keinen Zweifel daran, dass der Bauer ebenso wie der Vater zuschlagen wird, sollte er sich erst einmal Einlass verschafft haben.

Nach einer Ewigkeit zieht er ab. Mit schweren Schritten poltert er die Treppe wieder hinunter, nicht ohne noch eine letzte Verwünschung gegen mich ausgestoßen zu haben: »Warte nur, bis der Morgen da ist. Dann kannst was erleben!«

Wir hören ihn über den Hof laufen und ins Haus gehen. Noch immer sprechen wir kein Wort. Dann sage ich: »Ich geh'.«

»Bist narrisch? Wo willst denn hin?«, fragt die Liese.

»Heim.«

»Mitten in der Nacht?«

»'s wird schon irgendwie gehen. Hier bleib' ich nicht!«

»Verrückt bist«, lässt sich nun auch die Babett vernehmen.

Doch ich bin fest entschlossen, denn alles erscheint mir besser, als am nächsten Morgen dem Chef ausgeliefert zu sein. Schnell schnüre ich meine wenigen Habseligkeiten in ein Bündel und verabschiede mich von den beiden.

»Sagt's ihm morgen, ihr wisst nicht, wo ich bin«, trage ich ihnen auf. »Sagt's, ich bin erst gegangen, als ihr schon schlieft, nicht, dass er seine Wut auch noch an euch auslässt.«

Und dann schleiche ich mich davon, über den Hof, auf den Kirchplatz und fort in die Dunkelheit. Zur Hannelore werde ich gehen. Und in aller Herrgottsfrühe den ersten Zug nehmen. Den Adlerwirt will ich nie wieder sehen. Nur um den Michel, um den tut es mir leid. Ihn hatte ich wirklich in mein Herz geschlossen. Hoffentlich wird er mich nicht so vermissen wie ich ihn.

Als ich am nächsten Tag in Lauterach aus dem Zug steige, bin ich mir schon nicht mehr ganz so sicher, ob es eine gute Idee war, zurück zu den Eltern zu gehen.

Die Hannelore hat mir den Kopf zurechtgerückt: »Was meinst – dass sie sich freuen? Sie haben doch auch kein Geld, meinst, sie wollen dich durchfüttern?«

Doch zurück zum Adlerwirt kann ich auch nicht. Und so bin ich auf alles gefasst, als ich gegen Abend Ransbach erreiche. Vorsichtig öffne ich die Haustür und trete in die Stube.

»Hallo?«

Die Mutter tritt aus der Küche, den Hans auf dem Arm. Groß ist er geworden, und als er mich sieht, huscht ein Lächeln über sein Gesicht.

Wenigstens einer, der sich freut. Unser Glückskind.

Die Mutter nämlich schaut mich mehr irritiert als begeistert an.

»Warum bist gekommen?«, fragt sie.

Ich zögere einen Moment, weil sie mich gar nicht begrüßt. »Der Adlerwirt wollte mich schlagen, weil ich aus dem Haus gegangen bin, ohne ihm vorher Bescheid zu sagen.«

Ich erzähle ihr die ganze Geschichte, und während ich rede, fallen mir Miezis Junge wieder ein und wie ich schon einmal zurück zur Mutter gelaufen bin und keinen Trost gefunden habe.

»Da wird der Vater aber nicht erfreut sein«, sagt sie.

Gern wüsste ich, ob wenigstens sie sich freut. Aber ich wage nicht, zu fragen. Denn ich fürchte die Antwort.

Und tatsächlich findet der Vater klare Worte, als er vom Feld heimkehrt: »'s kommt nicht in Frage, dass du hierbleibst. Bist alt genug, um zum Schaffen zu gehen. Man läuft nicht gleich beim ersten Streit davon!«

»Aber er wollte mich schlagen!«, rufe ich.

Und während ich's sage, kommt mir in den Sinn, dass dies den Vater wohl kaum beeindrucken dürfte.

Er misst mich mit einem kalten Blick: »Ich sag' dir eins, Inge.

220

Du gehst wieder zurück, und wenn ich dich eigenhändig hintragen muss! Und zwar gleich morgen!«

»Aber...«

»Nichts aber. Ich dulde keinen Fresser im Haus, der selbst für sich sorgen könnte!«

Die Mutter steht da und verzieht keine Miene. Wie immer, wenn der Vater tobt. Wie immer, wenn ich sie brauche. Ich spüre sie wieder, meine Verlassenheit. Aber mir ist klar, dass alle Widerworte zwecklos sind. Und so nicke ich nur und steige hinauf in unsere Kammer, wo ich mich in den Schlaf weine.

*

Der Adlerwirt nimmt mich wieder zurück, als sei nichts geschehen. Und ich bin fast froh darüber, dass es so ist. Der Vater bringt mich mit dem Pferdefuhrwerk zurück zu ihm, gleich in der Früh geht es los, vorbei an taubenetzten Wiesen und einem dichten, nach Pilzen riechenden Nebel, der die Bäume hoch verschleiert und die Vögel niedrig fliegen lässt. Während wir schweigend nebeneinander auf dem Bock sitzen, steigt das Weiß allmählich empor, die Luft wird klarer und wärmer, und die Sonne schimmert hindurch. Als sich die beiden Männer in der Stube gegenübersitzen und über mich reden, benimmt sich der Vater so, als sei ich gar nicht da. Und als sei ich gar nicht seine Tochter, sondern ein Stück Vieh, das er nicht mehr weiter durchfüttern will und das er beim neuen Käufer anpreist.

»Schaffen kann sie, die Inge, das hat sie zu Hause bewiesen«, erklärt er dem Adlerwirt.

Der nickt, und dann rauchen sie eine Pfeife zusammen.

Als der Vater wieder fährt, denke ich mir, dass ich hier wenigstens ein besseres Essen als daheim habe.

Ich habe das Gefühl, dass zu Hause alle froh sind, mich wieder los zu sein. Und auch, dass auf dem Adlerhof die Freude überwiegt, mich wiederzuhaben. Der Michel wirft sich in meine Arme, als er mich sieht. Und die Liese und die Babett lachen mich an.

»Bist wieder da, Inge?«, ruft die Babett.

»Froh und heiter geht es weiter!«, entgegne ich. Keine von beiden fragt, warum ich so schnell zurückgekommen bin. Ich denke mir, dass sie die Antwort schon kennen. Sie werden auch nicht hier sein, weil es bei ihnen zu Hause alles im Überfluss gibt.

Und dann geht es wirklich froh und heiter weiter. Wenigstens eine Zeit lang. Die Kinder ziehen mit kleinen Säckchen in den Wald, um Bucheckern zu sammeln, denn es ist ein richtiges Bucheckernjahr. In der Mühle wird der Chef sie zu Öl pressen lassen. Am Abend, bevor wir zum Essen gehen, steckt mir der Michel eine zu: »Magst? Ich hab' sie für dich mitgebracht.«

»Natürlich mag ich. Ich bin ganz scharf auf Bucheckern. Danke, Michel«, sage ich und stecke sie in den Mund.

»Ich hab' heut' dem Sepperl beim Heumachen geholfen«, erzählt der Bub mir stolz.

»Tüchtig bist. Wirst einmal ein rechter Bauer werden.«

Er strahlt mich an. Der Michel ist mir wirklich sehr ans Herz gewachsen. So ein lieber Kerl ist er.

Und so füge ich mich wieder ein in das Geschehen auf dem Adlerhof. Ich helfe bei der Heuernte, ernte Spätkartoffeln und Möhren, pflücke Apfel, Birnen und Holunderbeeren und helfe beim Einmachen. Eines Tages dann, ich bin gerade beim Melken, werfe ich einen Blick auf die Resi und bemerke einen zähen, glasigen Schleim in ihrer Schamspalte. Ihre Beckenbänder sind eingefallen, und jetzt fällt mir auch auf, wie unruhig sie ist: Sie legt sich nieder und steht wieder auf, legt sich abermals nieder und steht wieder auf.

»Resi, ruhig, Resi, mag dein Kindle heut' kommen?«

Ich beuge mich zu ihr und streiche über ihren Kopf, doch sie schüttelt mich ab. Ich beobachte sie noch eine Weile, dann laufe ich hinüber zum Großvater: »Ich glaube, bei der Resi regt sich jetzt etwas.«

Er legt seine Pfeife beiseite und folgt mir in den Stall. Gleich sehe ich, dass inzwischen die Fruchtblase geplatzt ist, und ein Blick hinüber zum Großvater zeigt mir, dass er es auch gesehen hat. Die Resi liegt nun da und scheint starke Wehen zu haben. Jedenfalls sind ihre Augen geweitet und flackern unruhig.

»Lauf hinaus, und hol den Chef und den Sepperl«, trägt mir der Großvater auf.

Der Chef ist gerade vom Feld hereingekommen und steht im Hof.

»Schnell, das Kälbchen von der Resi kommt!«, rufe ich ihm zu, und dann laufe ich gleich weiter in den Saustall, wo der Sepperl, der wohl gerade vom Aushacken zurückgekommen ist, die Schweine füttert.

Unterwegs treffe ich den Michel, der nach Hühnernestern sucht.

»Warum rennst so?«

»Das Kindle von der Resi will kommen!«

Er springt auf und läuft mir hinterdrein. Als wir zurück in den Stall kommen, steht der Chef da.

»Hast schon dazugelangt?«, fragt er den Großvater.

Der kniet vor der Kuh nieder und fährt mit dem Arm in ihre Scheide.

»Der Muttermund ist offen. Es liegt richtig, da ist der Kopf«, murmelt er, »ganz vorne dran ist er. Aber groß ist's, richtet die Seile hin.«

Ich mache Schlaufen in die Seile und lege sie bereit, und dann warten wir, bis die Füße kommen, und binden sie an. Zu dritt ziehen wir, der Chef, der Sepperl und ich, während der Großvater und der Michel am Rande stehen und gucken, was mit dem Kälbchen geschieht. Während ich ziehe, überlege ich, ob wir der Resi nicht wehtun, aber die Kommandos des Chefs lassen mir keine Wahl: »Ziehen, ziehen, habt's keine Kraft, man könnt' ja meinen, ihr bekommt nichts zum Essen, jetzt packt halt mal an!«

»Zurücklassen!«, ruft er schließlich, »Inge, hast ein Schmalz für mich?«

Ich reiche ihm den Topf mit dem Schmalz, und er nimmt sich einen Batzen voll, kniet abermals vor der Kuh nieder und schmiert es in ihren After hinein. Nun kommen auch der Willi und der Fidewarm hinzu und stellen sich wie die Orgelpfeifen neben ihrem Bruder auf.

Ich trete hinter den Kopf der Resi und kraule sie zwischen den Hörnern: »Halt aus, es ist gleich vorbei. Dann hast ein kleines Kindle«, flüstere ich so leise, dass mich niemand hören kann.

»So wird's rutschen und gehen«, sagt der Chef, der neben dem Großvater steht.

»Aber seid's nicht gewalttätig«, mahnt dieser ihn. »Die Resi muss selbst schaffen, damit sich alles weitet und 's herauskommt.«

Abermals ziehen wir nun an den Stricken, bis kurz darauf das Maul des Kalbes herausschaut. Nach der nächsten Wehe kommt auch der Kopf zum Vorschein, und der Chef ruft: »Gleich ist's vollbracht, nicht nachlassen jetzt!«

Und auf einmal geht alles ganz leicht. Mit einem Zuge gleitet das Kalb der Länge nach ins Stroh, es ist ein Stierkälbchen, unübersehbar. Die Nabelschnur reißt ab, und dann liegt es da, ganz nass ist es und erschöpft von seinem mühsamen Weg hinaus in die Welt. Die Resi steht auf und leckt es ab, wieder und wieder, mit ihrer großen rauen Zunge – das lässt es sich gern gefallen, es hält ganz still. Wir Helfer stehen dabei und sehen hinab auf Mutter und Kind, sehen zu, wie das Kälbchen seine Nabelschnur frisst, wie es sich schüttelt und die Massage der Mutter genießt.

»'s ist alles gut gegangen«, sagt der Chef zufrieden.

Ich nehme etwas Stroh und mache es sauber, schmiere mit der Salbe vom Tierarzt den Nabel ein, damit er abheilen kann. Als die Nachgeburt kommt, werfe ich sie auf den Mist. Die Männer haben nun genug gesehen und gehen zurück ins Haus. Die Kinder indes weichen mir nicht von der Seite.

Meine Aufgabe ist es nun, das Kälbchen an die Milch zu gewöhnen. Ich melke die erschöpfte Resi, dann tauche ich einen Finger in den Eimer und stecke ihn in den Mund des kleinen Rackers. Gleichzeitig drücke ich seinen Kopf in den Eimer, um ihm begreiflich zu machen, dass er hier seine Milch finden wird. Ein mühseliges Unterfangen ist das, denn er will partout nicht verstehen, was ich ihm beibringen will. Nach einer kleinen Ewigkeit erkennt er dann, wie der Hase läuft, und schleckt gierig auf, was ich ihm zu bieten habe.

Der Sepperl lugt zum Stall herein: »Kommst auch, Inge?«

Doch ich kann mich einfach nicht sattsehen an der Mutter und ihrem Kind, und den drei Buben scheint es ebenso zu gehen. Nach einer halben Stunde erhebt sich das Kälbchen ungeschickt, zuerst mit den Hinterbeinen, dann mit den Vorderbeinen. Es pinkelt, die Resi leckt ihm das Loch ab. Es hebt dabei den Schwanz, und die Kinder kichern. Und dann macht es auch schon die ersten Gehversuche, staksend, strauchelnd und immer wieder einknickend.

»Ja, prima machst's, du kleiner Läufer, schon bist beim Promenieren, ein ganz ein Tüchtiger bist«, lobe ich ihn, doch natürlich beachtet das Kalb mich gar nicht, und auch die Mutter hat nur Augen für ihren Sohn.

Ich freue mich, dass er es geschafft hat. Denn es ist nicht selbstverständlich, dass das Kälbchen durch den Geburtskanal passt. Oft genug passiert es, dass eine Kuh zum Schlachter geführt wird, weil der Kopf des Kälbchens nicht geht oder das Hinterteil zu groß ist. Denn bei einer künstlichen Besamung werden die Stiere nach guter Leistung ausgewählt, aber wenn die Kälber dann kommen und von einer bestimmten Rasse und groß sind, kriegen die Kühe sie halt nicht so einfach auf die Welt. Und dann hängt dem Kalb die Zunge aus dem Hals, und es gibt keine Lebenszeichen mehr von sich. Ich weiß es von der Geißlmutter, sie hat es mir erzählt, obgleich wir auf dem Geißlhof keine Kälbchen hatten. Die Kuh wird dann mit einer Spritze getötet, oder sie geht von selbst ein. Ich bin froh, dass der Resi das erspart geblieben ist.

»Jetzt steckt ein gutes Heu auf, ein besonders gutes Heu, dass das Kälbchen es schön weich hat«, fordere ich die drei Buben auf.

»Ein Öhmt?«

»Ja freilich. Damit es nicht so hart ist!«

Und schon springen die drei davon, um es dem Kälbchen gemütlich zu machen. Lächelnd blicke ich ihnen nach. Liebe Kinder sind das. Auch wenn sie lauter Schabernack treiben.

Anderntags scheint eine gelbe Septembersonne, nur einige Schäfchenwolken stehen mit ihren kugeligen Bäuchen am blauen Himmel. Warm ist es noch, aber nicht mehr heiß, sondern gerade recht. In der Luft liegt der süßliche Duft der letzten Fliederbüsche, hoch über uns zieht träge ein Habicht seine Runden und späht mit scharfen Augen herab, ob er nicht eine Maus oder ein Eichhörnchen entdeckt. Wie froh bin ich, dass ich seinen scharfen Schnabel nicht zu fürchten habe!

Die Pferde traben zügig durch die Stadt und an der imposanten Pfarrkirche Sankt Michael vorbei, durch kleine Gassen und breite Straßen, bis wir die Lauterach erreichen. Der Chef und ich sind auf dem Weg zur Mühle, etliche Rupfsäcke voller Korn stehen hinter uns auf dem Leiterwagen. Auch wenn ich dem Chef misstraue, mag ich diese Ausflüge, und so freue ich mich sehr, dass er gerade mich als Begleitung erwählt hat. Kaum haben wir die Stadt hinter uns gelassen, sehen wir in der Ferne tuchbespannte Flügel munter kreisend in den Himmel ragen. Die Mühle ist aus Holz und hat ein spitzes rotes Schindeldach. Als wir die Abladestelle erreicht haben, springe ich geschwind vom Bock und besorge den Pferden etwas zu trinken.

»Fleißig wart's, ihr zwei«, lobe ich sie und streiche ihnen über die Blesse.

Der Müller in seiner weißen Kluft kommt die Treppe hinunter und begrüßt den Chef mit Handschlag. Dann lässt er den ersten Sack sachte auf seine Schulter gleiten, der Chef und ich tun es ihm gleich und schreiten hinter ihm her zum Seilaufzug. Als wir alle Säcke abgeladen haben, wird ein jeder genau gewogen, und am Ende addiert der Müller das Gewicht und setzt die Mehlmenge fest, die der Chef zum Umtausch bekommt.

»Wie magst das Korn?«, erkundigt sich der Müller.

»Die eine Hälfte fein«, sagt der Chef. »So fein wie möglich, für die Kuchen. Und die andere grob, fürs Brot. So hat's die Frau mir aufgetragen.«

Die beiden lachen polternd.

Während sich die Männer unterhalten, zieht der Gehilfe des Müllers, ein großer, schlanker Bursche mit blonden Locken, den ersten Sack nach oben in die Mühle. Dort wird das Korn in den Mahlgang geschüttet. Ein lautes Rauschen, feiner Staub hängt in der Luft und kitzelt mich in der Nase. Da muss ich auch schon niesen. Der Gehilfe wirft mir einen Blick zu: »Gesundheit.«

»Danke.«

Nun muss ich mir die Nase putzen, und ich drehe mich weg. Als ich das nächste Mal zu ihm blicke, ist er ganz mit seinen Säcken beschäftigt und beachtet mich nicht mehr.

Der Chef lädt nun die entsprechende Menge Mehl auf den Wagen, und ich eile herbei, um zu helfen. Das Gewicht der Säcke drückt schwer auf meinen Rücken, aber um nichts in der Welt möchte ich mich beklagen, denn sonst nimmt er mich nicht mehr mit. Und auf den Gehilfen des Müllers wird es auch einen gehörigen Eindruck machen, wenn ich so kräftig mit anpacke. Ich linse abermals zu ihm herüber und erwische ihn dabei, wie er mich angafft. Als sich unsere Blicke treffen, dreht er sich um und verschwindet aus meinem Blickfeld.

Doch aus dem Sinn geht er mir nicht. Abends im Saustall, als ich mit dem Füttern fertig bin, denke ich an ihn. Sein Gesicht habe ich vor Augen, als ich noch einen Augenblick bei der Muttersau stehen bleibe und ihr zusehe, wie sie ganz entspannt daliegt, während ein gutes Dutzend rosafarbener Ferkel die Milch aus ihren Zitzen saugt.

»Das wär' schon was«, flüstere ich leise. Dann rufe ich mich zur Ordnung, denn ich kenne ihn ja gar nicht. Ich verscheuche die Gedanken an ihn und konzentriere mich auf die weichen und rosigen Ferkel, die da vor mir übereinander purzeln. Komisch, waren es gestern nicht noch mehr? Mir scheint, als seien zwei oder drei Ferkel verschwunden, und als ich sie durchzähle, bestätigt sich mein Verdacht. Und so laufe ich hinaus, um dem Chef Bericht zu erstatten, und verschiebe mein Verlangen, eins der Ferkel auf den Arm zu nehmen. Immerhin sehen sie nun satt und zufrieden aus und wollen einschlafen. Und so lasse ich sie ruhigen Gewissens allein.

Ende September feiern wir Erntedank. Ich habe mich besonders hübsch gemacht und die Haare zu geflochtenen Schnecken hochgesteckt. Die Liese hat mir erzählt, dass der Gehilfe des Müllers Martin heißt und seine Eltern in Lauterhofen eine Metzgerei haben. Wer weiß, vielleicht geht er ja heute auch in die Kirche?

Die Babett und die Liese sind schon vorausgelaufen, doch ich habe im Garten noch einen Blumenstrauß aus Astern gepflückt, den ich zu den Gaben legen will, die geweiht werden. Ganz warm ist mir vor Vorfreude auf den feierlichen Gottesdienst in der schön geschmückten Kirche. Doch als ich über den Hof laufe, kommt der Chef auf mich zu. Ich sehe schon an seinem Blick, dass etwas nicht stimmt. Er trägt seinen schwarzen Sonntagsanzug und erklärt mir mit ernster Miene: »Inge, das Kalb von der Resi liegt krank im Stall. Lauf hinüber, und warte, bis der Tierarzt kommt. Ich habe ihn schon verständigt.«

Einen winzigen Augenblick brauche ich, um meine Enttäuschung hinunterzuschlucken. Dann nicke ich, und er macht auf dem Absatz kehrt und lässt mich stehen. Ich blicke ihm nach, dann kehre ich um und laufe hinüber zu den Rindern.

Ich sehe gleich, dass mit dem Kälbchen etwas nicht stimmt. Ganz steif steht es da, und dennoch wirkt es schlapp. Sein Fell ist struppig, die Ohren hängen traurig herab, der Kopf ist gesenkt, als wolle es sagen: »Lasst mich in Ruh'.« Dazu schnauft es recht laut, und sein Bauch ist auffällig prall. Die Resi steht daneben, beschnuppert es und leckt an ihm herum. Es ist ein Bild des Jammers, die beiden so zu sehen.

»Ihr zwei, was macht's ihr für Sachen?«, frage ich und fahre ihnen übers Fell – erst der Resi, dann ihrem Kind.

Sie scheinen es gar nicht zu spüren.

Ich wische das Kälbchen mit Stroh ab, es ist ein wenig feucht und soll nicht frieren. Immerhin steht es noch, denke ich mir. Dann beginne ich zu singen: »Es war einmal ein treuer Husar, der liebt' sein Mädchen ein ganzes Jahr. Ein ganzes Jahr und noch viel mehr, die Liebe nahm kein Ende mehr.«

Als der Tierarzt kommt, verstumme ich beschämt und weiche schüchtern zur Seite. Hoffentlich hat er mich nicht gehört! Er ist ein kleiner, schmächtiger Mann mit einem imposanten Schnäuzer und einer runden Brille. Im Gepäck hat er einen Koffer, und er stützt sich beim Laufen auf einen Stock. Er beachtet mich kaum und wendet sich gleich dem Kälbchen zu, betrachtet es von allen Seiten, blickt in seine Augen, befühlt seinen Bauch und schaut in seine Nüstern. Dabei murmelt er unaufhörlich und ganz leise vor sich hin, sodass ich kein einziges Wort verstehen kann. Schließlich öffnet er seinen Koffer. Mehrere Klingen und Messer an langen Holzstielen liegen darin, auch fürchterlich aussehende scharfkantige Haken, etliche Zangen in verschiedenen Größen, Scheren und Klemmen und ein ganzes Arsenal von gläsernen Kolbenspritzen. Mir wird ganz ängstlich zumute, als ich mir vorstelle, was er mit diesen Instrumenten alles tun könnte.

»Wissen Sie schon, was ihm fehlt?«, frage ich zaghaft.

»'s könnt eine Darmverstopfung sein. Aber sicher bin ich noch nicht«, entgegnet er, ohne mich auch nur anzusehen. Er ist damit beschäftigt, ein riesiges Stethoskop auseinanderzufalten und sich umzulegen. Dann beugt er sich hinunter und horcht die Brust des Kälbchens ab. Zwischendurch schüttelt er immer wieder den Kopf und murmelt unverständliches Zeug. Nach einer halben Ewigkeit richtet er sich endlich auf und sieht mir zum ersten Mal gerade ins Gesicht. Ich bemerke, dass er ganz hellblaue Augen hat.

»Ich werde ein Abführmittel geben«, erklärt er und kramt schon wieder in seinem Koffer.

Wenig später verabschiedet er sich. Das Kälbchen hat das Mittel brav geschluckt, gesünder sieht es deswegen freilich noch nicht aus. Doch ich bin guten Mutes, dass es sich bald erholen wird. Und froh, dass der Tierarzt ihm nicht den Bauch aufgeschnitten hat. Mit einem letzten Streicheln verabschiede ich mich von Mutter und Kind und husche aus dem Stall.

Hoffentlich ist der Gottesdienst noch nicht vorbei!

Doch als ich in die Kirche trete, ist sie leer. Mir sinkt das Herz in die Hose. So sehr hatte ich mich auf die Messe gefreut, und bestimmt ist der Martin auch da gewesen! Ich spüre Tränen aufsteigen, kann sie aber unterdrücken. Es nützt ja nicht, zu weinen. Ich muss nach vorne schauen, auch wenn ich nicht weiß, worauf ich mich da so genau freuen soll. Vielleicht darauf, dass das Kälbchen wieder gesund wird?

Langsam gehe ich an den leeren Bänken vorbei nach vorne in den Altarraum und betrachte die bunten Körbe und Kränze, die vor dem Taufbecken und auf den Altären stehen. Kartoffeln befinden sich darin, Äpfel, Kohlrabi und Kürbisse. Bunte Blumen und Sträuße liegen ringsumher – Sonnenblumen, kleine Buschnelken, Holder, Schlüsselblumen und alles, was der Sommer uns gespendet hat. Auch Getreidebüschel und Erntekränze, in denen Birnen, Korn und Futtermais stecken, entdecke ich. Prächtig sieht das aus, unerhört prächtig. Wie schön erst wird es gewesen sein, als der Pfarrer die Gaben geweiht hat! Vorsichtig lege ich meinen Asternstrauß dazu. Nun ist er nicht geweiht worden, aber das wird der Herrgott mir nachsehen.

Mit hängendem Kopf gehe ich zurück zum Adlerhof und versuche, meine Enttäuschung hinunterzuschlucken. Die Liese und die Babett sind in der Küche, und da ich keine Lust habe hineinzugehen, hocke ich mich in die Waschküche und koche Seife ein. Dazu gebe ich Soda, Asche und Fett in einen Zehn-Liter-Topf und koche das Gebräu langsam, wobei ich ständig umrühre.

Am Mittag trägt die Chefin eine Kachel mit Rehbraten in die Stube und stellt sie auf den Herrschaftstisch. Die Liese und die Babett laufen mit einer Platte voller Spanferkel hinterdrein, das für die Dienstboten vorgesehen ist. Komisch kommt mir das vor, aber dann denke ich mir, dass Rehbraten halt etwas Besonderes ist und Spanferkel weniger besonders. Meine Vermutung bestätigt sich, als die Liese mir zuflüstert: »Stell dir vor, der Chef ist extra in den Weinkeller gegangen und hat einen Wein heraufgeholt, um ihn an die Rehsoße zu gießen.«

»Einen Wein?«

Sie nickt. »Ich habe meinen Augen nicht getraut.«

Ich nehme mir noch ein Stück Spanferkel, dazu gibt es Serviettenknödel und einen Kartoffelsalat, und ausnahmsweise ist sogar genug für alle da. Als wir satt sind, lehnt sich der Sepperl zurück und seufzt: »Das war gut.«

So glücklich habe ich ihn noch nie gesehen. Doch plötzlich wird es am Herrschaftstisch laut. »Halt deinen Mund!«, brüllt der Chef, dann fliegt ein Glas über den Tisch und dem Michel an den Mund, wo es zerbirst und einen tiefen Riss in der Oberlippe hinterlässt.

Nun ist der Tumult groß. Die Chefin springt auf und eilt zum Michel. Der Michel brüllt, der Willi und der Fidewarm auch, und die Großmutter und der Großvater schimpfen mit dem Chef, als sei er selbst noch ein kleiner Junge. Bevor ich auch nur nachdenken kann, springe ich ebenfalls auf und eile herbei, und als der Michel mich sieht, löst er sich von der Mutter und wirft sich in meine Arme, wo er so hemmungslos weint, dass ich mich an meine eigene Verzweiflung nach den Schlägen des Vaters erinnern muss.

»Mein armer Bub«, flüstere ich und streiche ihm über das Haar, »mein armer kleiner Bub.«

Das Blut tropft auf mein Kleid, aber das ist mir egal, und der Michel hält sich an mir fest, als wolle er mich nie wieder loslassen. Die Chefin sieht sich das eine Weile an, dann löst sie seine Arme und sagt: »Du musst zum Arzt, wir müssen das nähen lassen, komm, Michel, ich bring' dich hin.«

Und so lasse ich ihn gehen, meinen Michel, und verfluche den Bauern, diesen brutalen Hund.

In der Nacht werde ich krank. Ich habe Durchfall und muss brechen, und wenn ich nicht gerade auf der Toilette bin, liege ich im Bett und habe das Gefühl, dass ich nie wieder aufstehen kann. Der Liese und der Babett geht es genauso, und nach den Geräuschen, die aus dem Nebenzimmer dringen, auch dem Sepperl und dem Friedrich. An Schlaf ist nicht zu denken.

»Was ist denn hier los?«, fragt die Chefin, als sie in der Früh zu uns heraufgestiegen kommt. Sie wird sich gewundert haben, dass unten nicht eingeheizt und geputzt ist.

»Wir sind alle krank«, ächzt die Babett.

»Krank?«, wiederholt die Chefin, als sei das völlig ausgeschlossen.

»Wir können nicht aufstehen«, setzt die Liese hinzu.

»Wir sind zu schwach«, ergänze ich.

Sie blickt von einer zur anderen, überlegt, dann sagt sie: »Macht wenigstens den Stall fertig, danach könnt ihr euch wieder hinlegen.«

Damit rauscht sie davon.

Wir haben nicht die Kraft, uns auch nur über sie zu ärgern. Wir bleiben einfach liegen und leiden still vor uns hin.

Irgendwann am Nachmittag erscheint die Großmutter und bringt uns Kamillentee. Sie spricht nicht viel, aber ich merke ihr an, dass sie uns keine Vorwürfe macht. Sie befühlt sogar mit der Hand unsere Stirnen und runzelt ihre dabei.

»Sollten wir zum Arzt?«, flüstere ich.

»Nein, das wird nicht nötig sein«, erwidert sie. »Das vergeht von selbst wieder.«

Doch noch etwas später streckt der Friedrich seine Nase zu uns herein und erklärt: »Ich geh' zum Arzt. Ich will wissen, was mir fehlt.«

Er sieht ebenso blass aus wie wir, aber seine Entschlossenheit ist ihm trotz allem anzumerken. Ich kann nicht umhin, ihn dafür zu bewundern.

»Ich sag' euch dann, was es ist. Dann wisst ihr's auch. Es ist ja das Gleiche wie bei euch«, setzt er hinzu.

Das ist eine gute Idee. Doch bevor ich mich noch so richtig darüber freuen kann, schlafe ich auch schon wieder ein. Fiebrige Alpträume suchen mich dieses Mal heim. Im Traum erscheint mir der Bauer, der sich im Kuhstall ein riesiges Messer mit der unscharfen Seite an die Kehle hält und damit hin- und herfährt. Er sagt: »Ich schneid' dir die Gurgel durch.«

Dann nimmt er das Euter der Kuh, die er gerade melkt, und spritzt mit der Milch auf mich.

Ich werde erst wieder wach, als ich Stimmen höre. Ein Schweißfilm liegt auf meiner Haut, und ich brauche eine Weile, um zu begreifen, wo ich bin: in unserer Schlafstube, wo wir drei immer noch völlig krank daliegen und nur aufstehen, um zur Toilette zu wanken, und wo der Friedrich gerade mit elender Stimme verkündet: »Wir haben eine Fleischvergiftung. Der Arzt hat mich untersucht, und danach hat er gefragt, was ich gegessen habe. Als er gehört hat, dass es Fleisch war, war für ihn die Sache klar.«

»Deswegen haben die Herrschaften auch etwas anderes gegessen«, ruft der Sepperl von drüben herüber. Seine Stimme ist so schwach, dass wir ihn kaum hören können.

»Der Chef hat mir neulich erzählt, dass drei von den Ferkeln krank waren«, sage ich leise.

»Dann hat er die geschlachtet und uns vorgesetzt!« Die Liese wird nun doch ein bisschen munterer. »Das macht er immer so, wenn die Tiere zu verenden drohen.«

»Glaubst wirklich, dass er es gewusst hat?«, frage ich, nun hellwach und reichlich schockiert.

»Aber sicher«, sagt die Babett. »Es wundert mich nur, dass er die Chefin nicht auch davon hat kosten lassen.«

*

Der Chef trägt eine große Säge auf der Schulter, die Liese, der Sepperl und ich haben weitere Sägen, eine Axt und Räppeleisen in der Hand. Wir sind auf dem Weg in den Wald, es geht zum Holzhauen. Ein eisiger Ostwind fegt über uns hinweg und treibt dünnen Sand wie Staub über die Felder. Selbst die Raben haben sich in den Bäumen am Waldrand verkrochen. Etwas entfernt duckt sich ein Rudel Rehe in die Ackerfurche, auch einige kräftige Böcke sind darunter.

»Heute schlagen wir die weniger starken Bäume«, kündigt der Chef an, während wir durch den Garten und schnell über das Feld laufen. Es ist eine Abkürzung, die erlaubt ist, weil nichts gesät ist.

Ich werfe ihm einen fragenden Blick zu.

»Papierholz«, erklärt er. »Man macht Papier daraus.«

Nach einer halben Stunde erreichen wir den Wald, und der Chef und der Sepperl beginnen, die ersten Bäume zu schlagen. Die Säge hat an jedem Ende einen Griff, und sie kommen schnell voran, weil sie sich nur die dünnen Stämme vornehmen. Die Liese und ich ziehen die gefällten Tannen und Buchen auf kleine hölzerne Böcklein, die der Chef gemacht hat, und hauen die Äste mit der Axt ab. Die Zweige binden wir zu schönen Backbüschlein.

Die Liese sagt: »Da wird die Chefin ihre Freude haben.«

Als die Stämme ganz kahl sind, dreht die Liese sie herum, und ich schäle die Rinde mit dem Räppeleisen ab. Das ist anstrengend, geht mir aber recht schnell von der Hand, ein wenig wie Karottenschälen kommt es mir vor.

Am Abend haben wir einen zwei mal zwei Meter hohen Stapel Stämme am Waldrand bereitgelegt.

Mit dem Pferdewagen werden die Männer das Holz in den nächsten Tagen abholen und ins Papierwerk bringen. Die klein gehackten Tannenäste aber werden unter das Stroh für die Kühe gemischt.

Auch das Fleisch muss nun, da die Arbeiten des Sommers erledigt sind, geräuchert werden. Es liegt in der Salzlake in der Presse, und ich bin gerade dabei, sie mithilfe des großen Holzrades zu lockern, als die Liese dazukommt.

»Schau her, ich hab' Wacholderwedel geholt, damit es einen guten Rauch gibt«, sagt sie und schwenkt ihre Ausbeute durch die Luft.

»Mhmm«, mache ich.

»Und weißt, wen ich dabei getroffen hab'?«

233

»Wen?« Ich bin neugierig.

»Die Erika vom Lammwirt.«

»Mhmm.«

»Und weißt, was sie mir erzählt hat?«

»Nun mach's doch nicht so spannend!«

»Heute Abend…« Sie setzt eine wichtige Miene auf, während sie eine Fleischscheibe nach der anderen auf einen Faden fädelt, damit wir sie in der Rauchkammer auf der Bühne aufhängen können. Die Babett hören wir derweil nebenan in der Küche hantieren. Der Sepperl und der Friedrich haben Rüben geerntet, und gemeinsam mit der Großmutter kocht sie auf dem offenen Feuer kannenweise Sirup aus gehäckselten Rübenschnitzen ein, in einem alten Waschkessel, der zu nichts anderem mehr zu gebrauchen ist. Ich mag sie nicht, diese klebrige und süße Masse.

»Heut' Abend ist Tanz in der Stallgasse, beim Lammwirt!«, lässt die Liese die Katze aus dem Sack.

»So? Und meinst, wir sollten hingehen?«

»Ja freilich sollten wir!«

»Pass auf, dass sie nicht anbrennen«, höre ich die Großmutter sagen, und ich vermute, dass die Babett nun rühren wird wie der Teufel, denn sie wird die Hosenträger des Chefs ebenso fürchten wie wir alle, auch wenn sie ihm andernorts näherkommt, als ihr vermutlich lieb ist. Innerlich schüttele ich mich. »Und die Babett nehmen wir auch mit«, entscheidet die Liese.

Ich muss an den Abend beim Müllerbauern denken, an den Peter, dann an den Martin. Ob er wohl auch zum Lammwirt kommen wird?

»Und was, wenn der Chef uns nicht erlaubt hinzugehen?«

Aber die Liese beruhigt mich. »Wir machen erst den Stall fertig, und um zehn sind wir wieder da. Er wird gar nichts merken. Wir gehen in unserer Stallkleidung, kein Mensch bekommt es mit!«

Ich blicke sie zweifelnd an, aber sie sieht recht überzeugt aus. Und so laufe ich nach der Brotzeit schnell in den Saustall und mache mich daran, die Schweine zu füttern. Mit einem s-förmigen Eisen, das scharf wie ein Messer ist und an einem langen Stiel steckt, stampfe ich die Kartoffeln klein, die wir jeden Morgen kochen, denn wenn ein Schwein eine ganze Kartoffel erwischen würde, würde es ersticken. Bevor ich den Brei in die Tröge schütte, rühre ich mit fliegenden Händen noch Gerste, Kleie und mehrere Kübel Milch darunter. Das macht das Fleisch besonders fein.

Viel Zeit, mir Gedanken zu machen, habe ich nicht. Die Liese und die Babett stehen schon neben der Waschküche bereit, als ich wieder herauskomme. Sie haben die Wäsche eingeweicht, denn morgen ist Waschtag. Zu dritt schleichen wir uns gemessenen Schrittes davon in die kalte Nacht. Ich bete zu Gott, dass niemand uns sieht.

Als wir außer Sichtweite des Hofes sind, beginnen wir zu rennen. Und tatsächlich ist die Musik schon in vollem Gange, als wir den Lammhof erreichen. Etwa zehn Weiber und Männer in unserem Alter hocken auf dem Stroh, das zum Einstreuen in der Stallgasse im Kuhstall liegt, und links und rechts davon stehen die Kühe und käuen wieder. Es ist behaglich warm, denn die Viecher heizen den Stall mit ihren dampfenden Leibern. Getanzt wird in der Mitte, die Musik dazu kommt aus einem Grammophon, das auf einem Strohballen steht und mit einer Kurbel bedient wird. Einen Trichter hat es zwar nicht, aber es ist trotzdem schön. Bloß meine Enttäuschung, die ist groß, denn der Martin ist nicht da.

»Vielleicht kommt er noch«, flüstert die Liese, die mir mein Leid ansieht. Dann packt sie mich und zieht mich in die Stallgasse, um mit mir Polka zu tanzen. Das kann ich zwar nicht, aber sie erklärt es mir geduldig: »Kurz, kurz, lang, und den ersten Schritt betonen«, fordert sie mich auf, und den Hüpfer am Ende kann ich mir von selbst merken.

Als wir genug getanzt haben, hocken wir uns an den Rand zur Erika und zur Babett. Die Erika erzählt gerade von einer Sau, die ihr Ferkel gefressen hat. »Der Bub vom Lammwirt hat aufpassen sollen, wann die Jungen kommen, aber dann hat es ihm wohl zu lange gedauert, und er ist weggelaufen und hat im Garten die Bäume veredeln wollen. Er hat die Kronen abgeschnitten, und dann musste man sie wegwerfen.«

»Da wird er aber den Hintern vollgekriegt haben?«, fragt die Babett. »Natürlich. Du machst dir kein Bild, was das für ein verrückter Bub ist.« Die Erika seufzt.

235

Freilich währt ihr Kummer nicht lange, denn sie weiß, dass sie einen guten Platz beim Lammwirt hat, und wir alle wissen es auch. Der Lammwirt ist bekannt dafür, dass er gut zu seinen Leuten ist. Als die Erika einmal am Sonntag aus der Kirche zurückgerannt ist, um noch beim Kochen zu helfen, soll er zu ihr gesagt haben: »Wenn du ein schönes Kleid anhast, musst du gar nicht so rennen und Hektik machen. So pressieren tut es bei uns auch wieder nicht.«

Ich versuche, mir vorzustellen, wie es wäre, einen solchen Herrn zu haben, doch es gelingt mir nicht. Die Güte anderer Menschen habe ich in meinem Leben noch nicht besonders oft gespürt. Doch dann werde ich so abgelenkt, dass ich an gar nichts mehr denken kann. Der Martin ist hereingekommen und läuft direkt auf uns zu. Er hat ein großes Schifferklavier dabei, mein Herz schlägt mir bis zum Hals. Ganz selbstverständlich setzt er sich zu uns, und ich bilde mir schon ein, es sei wegen mir, da stellt sich heraus, dass es wegen der Erika ist. Die beiden scheinen sich gut zu kennen, denn sie scherzen miteinander. Ich höre heraus, dass der Martin seit Neuestem einmal in der Woche die Berufsschule besucht, die in einer Uhrenfabrik untergebracht ist.

»Die eigentliche Schule ist ja zerstört, und deshalb findet der Unterricht in den Vesperräumen der Uhrenfabrik statt«, erzählt er, und dabei streift sein Blick mich wie beiläufig.

»Wenn die Arbeiter dort Pause haben, müssen wir raus. Und weil in den Räumen gegessen wird, gibt es da auch Mäuse. Deshalb kommt es vor, dass jemandem mitten im Schulunterricht aus einem Ärmel oder Hosenbein eine Maus gekrabbelt kommt. Dann springen alle auf und schreien.«

Er lacht, und wir stimmen mit ein. Ein schöner Mann ist er, groß, mit blonden Locken und blauen Augen und tadellosen Fingernägeln. Sehr sauber und gerichtet sind sie. Der wär schon was, der Martin.

Als wir drei Weiber gegen neun Uhr wieder aufbrechen, steht er ebenfalls auf und sagt wie selbstverständlich: »Ich begleite euch, ich muss in eure Richtung.«

Dabei sieht er mich an, mich allein. Und alle sehen es. Ganz heiß wird mir, und ich weiß nicht, wo ich hingucken soll. Gottlob sind

236

die Liese und die Babett routinierter als ich in diesen Dingen. Ich muss daran denken, dass die Liese bereits ein Kind hat und der Chef zur Babett geht. Kein Wunder, dass sie wissen, wo der Hase lang läuft.

Sie haken einander ein und gehen voraus, und der Martin und ich laufen hinterdrein. Ich zittere vor Kälte, und ein bisschen auch vor Aufregung. Ich traue mich gar nicht, ihn anzusehen, so nervös bin ich.

»Gefällt's dir beim Adlerwirt?«, fragt er.

»Es könnt' schlimmer sein. Er ist fürchterlich wild, und wenn ihm etwas nicht passt, lässt er seine Hosenträger schnappen, dass man am liebsten davonlaufen würde. Und zu essen gibt es auch nicht genug. Aber seine Buben, die hab' ich in mein Herz geschlossen.«

Er sieht mich ganz komisch an. »Magst Kinder?«

Ich nicke. »Ich hätt's vorher auch nicht so geglaubt, dass ich ich Kinder mag, aber seit ich beim Adlerwirt bin, hat sich das geändert. Ich tät' sie am liebsten immer vor ihm beschützen.«

Er legt einen Arm um mich, und dort, wo er mich berührt, fühlt es sich auf einmal ganz warm an. »Und mich – magst mich auch beschützen?«

»Dich?«, frage ich gedehnt, weil ich nicht weiß, was ich darauf erwidern soll.

Er lacht. »Das war nur so dahergesagt. Aber magst mich einmal wiedersehen? Vielleicht am Samstagnachmittag?«

Er legt den Kopf ein bisschen schief und lächelt mich an. Ich entdecke eine Zahnlücke, die mich aber gar nicht stört.

»Vielleicht«, entgegne ich und komme mir vor, als hätte ich Macht über ihn.

»Dann hol' ich dich ab.«

»Nein, besser nicht. Wir treffen uns an der Kirche, auf der Seite, die nicht zum Adlerwirt weist.«

Und dann schlüpfe ich hinten ins Gasthaus hinein, wo die Tür immer offen ist. Nicht, dass er noch auf die Idee kommt, mich zu küssen. Ein bisschen hat er so ausgesehen, als würde ihm das gefallen – aber vielleicht bilde ich mir das auch nur ein.

Anderntags, in der Waschküche, beginnen wir mit dem Einheizen. Wir stellen die großen Waschkessel aufs Feuer. Daneben stehen einige kleinere Bottiche, in denen die Wäsche über Nacht eingeweicht ist.

»Hat er dich geküsst?«, fragt die Liese.

»Nein. Hat der Bauer etwas gemerkt?«

»Nein.«

»Gottlob.«

Ich gebe Persil in den Kessel. Während das Wasser heiß wird, wirft die Liese einen Blick auf die eingeweichten Hosen, Hemden, Hemdhosen, Leibchen, Arbeitshosen, Kittelschürzen, die Tischwäsche und die Bettwäsche und seufzt: »Wenn wir doch bloß schon fertig wären!«

»Eine Heidenarbeit ist's«, stimme ich ihr zu.

»Wirst ihn wiedersehen?«

»Am Samstag. Was weißt noch über ihn, außer dass er Martin heißt?«

»Er hat schon andere Weiber gehabt«, sagt sie betont beiläufig.

Ich bemühe mich, nicht allzu aufgeregt zu klingen, als ich mich ebenso beiläufig erkundige: »Woher weißt du's?«

Die Liese wirft die Hemden in den kochenden Kessel.

»Von der Erika. Sie sagt, er ist vorher mit der Tochter vom Schuster gegangen, der in der Oberen Gasse, weißt?«

»Warum auch nicht«, sage ich trotzig. »Warum soll er nicht mit der Tochter vom Schuster gegangen sein? Er ist bestimmt schon älter, und ein Mann muss seine Erfahrungen machen.«

Ich wundere mich selbst über meine Worte und mein Wissen, von dem ich nicht weiß, woher es kommt. Aber die Liese scheint es zu schlucken, dass ich so altklug daherrede, denn ohne ein weiteres Wort wirft sie die Hemden auf den Wäschepafe, wo wir sie mit Kernseife einreiben und den Schmutz ausbürsten.

»Wenn du nach der Heuernte baden willst, bist hier richtig«, sagt sie mit einem Grinsen und deutet mit dem Kopf auf die Waschzuber auf dem Feuer.

»Hier?«, frage ich erstaunt. Eine Badewanne haben doch nur die Herrschaften, das weiß ich, weil ich in ihrer Badestube putzen muss.

Sie haben eine Badewanne auf Füßen, so etwas habe ich noch nie gesehen, wunderschön ist das, und einen Badeofen zum Anfeuern. Aber hier, in diesen Bottichen?

»Herrlich ist's, wenn du nach der Heuernte oder nach der großen Ernte verschwitzt und dreckig bist. Nur der Chef darf's nicht sehen, wenn wir Holz zum Feuern verbrauchen«, weiht mich die Liese in die Geheimnisse des Personals ein.

»Und wie macht ihr das?«

»Wir hängen die Fenster mit Tüchern zu. 's ist ohnehin besser, auch wegen dem Friedrich und dem Sepperl.« Die Liese lacht und greift sich ein Hemd, um es in dem großen, ovalen Holzzuber zu schwenken. Ich tue es ihr gleich, und dann legen wir Stück für Stück in eine Presse, die mit einer Kurbel zu bedienen ist. Es folgen nacheinander die Hemdhosen, Leibchen, die Tischwäsche, und nach dem Mittagessen die Bettwäsche, die Kittelschürzen und Arbeitshosen. Als Letztes werfe ich noch die Schiffchen ins kochende Wasser – unsere Damenbinden. Sie sind aus Baumwolle, mit Bändern an den Enden, damit wir sie befestigen können. Eine rotbraune Brühe läuft heraus, es riecht dumpf und animalisch und ist eine rechte Sauerei – nicht gerade meine liebste Arbeit. Als wir eben darin herumrühren, kommt der Michel dazu und fragt: »Was ist das?«

»Das ist nichts für dich«, antworte ich.

»Ich will aber helfen«, insistiert er. Seine Lippe ist inzwischen fast wieder verheilt, lediglich eine kleine Borke erinnert noch daran, dass der Chef ihn so brutal erwischt hat.

»Kannst später beim Falten helfen«, vertröste ich ihn, »wenn sie trocken sind.«

Er nickt und läuft hinaus, und ich blicke ihm nach. Der Michel ist für mich wie mein eigenes Kind.

Da unterbricht die Liese mit lautem Rufen meine Gedanken: »Inge, schau dir das an, die ganzen Arbeitshosen sind kaputt, was sollen wir jetzt tun?«

Ich eile zu ihr. Sie hält eine Hose in der Hand, in der mehrere kleine Löcher sind, und deutet auf die anderen, die auch zerlöchert aussehen.

»Die sind zerfressen, oder?«

Ich nicke. »Von Mäusen oder Ratten. Die müssen ganz schön Hunger gehabt haben. Aber wie sind sie nur hereingekommen?«

Die Liese blickt sich um. »Durch die Kanalisation?« Sie deutet auf einen Gully im Boden.

»Wahrscheinlich«, stimme ich zu. »Wir müssen die Chefin holen und sofort Meldung machen. Nicht, dass sie noch denkt, wir seien das gewesen.«

Aber selbst wenn – die Schelte der Chefin und des Chefs können mir zurzeit gar nichts anhaben. Zum ersten Mal in meinem Leben bin ich glücklich verliebt. Ein unbeschreiblich schönes Gefühl ist das, und da können mich böse Worte überhaupt nicht beeindrucken.

Umso erstaunter bin ich, als die Chefin gar nicht schimpft. Alles hätte ich mir vorstellen können, aber nicht diese abwesende Miene, mit der sie die kaputten Hosen betrachtet. So, als sei sie gar nicht da.

Die Liese und ich blicken uns ratlos an.

»Ist alles in Ordnung?«, frage ich schließlich.

Die Chefin schüttelt den Kopf, und auf einmal tut sie mir leid. Was könnte sie nur umtreiben, überlege ich. Vielleicht ist sie ja dahintergekommen, dass der Chef zur Babett geht? Oder sie hat die beiden gar miteinander erwischt?

»Der Willi und der Fidewarm sind verschwunden«, sagt sie und blickt zum Fenster hinaus in den dunkler werdenden Himmel, als müssten die beiden dort just in diesem Moment vorbeifliegen. »Sie sind einfach nicht aufzufinden, seit dem Mittagessen. Es muss ihnen etwas passiert sein.«

»Wir sollten Suchtrupps bilden«, schlägt die Liese vor, nachdem wir einige Sekunden lang ratlos geschwiegen haben, »bevor es ganz dunkel wird.«

Die Chefin nickt langsam und läuft wieder hinaus.

»Häng du die restliche Wäsche auf«, sagt die Liese und blickt ihr hinterher, »und ich organisiere die Suche. Sie ist ja außerstande, einen klaren Gedanken zu fassen.«

Kurz darauf ist der ganze Hof in heller Aufregung. Alle laufen draußen herum, sogar der Chef ist sich nicht zu schade. Als ich mit dem leeren Wäschekorb aus dem oberen Garten zurückkomme, beteilige ich mich an der Suche. Anders als die anderen beginne ich jedoch im Haus, denn ich überlege mir, wo ich mich verstecken würde, wenn ich ein Kind wäre: in der Speisekammer. Ich öffne die Tür und blicke in den Raum, in dessen Mitte ein großes Drehgestell mit runden Stellagen steht, gefüllt mit allerlei Köstlichkeiten. Mehrere Regalbretter an der Wand bieten Platz für Marmeladengläser, Flaschen mit selbst gemachtem Saft und vieles mehr. Doch von den Zwillingen fehlt jede Spur. Ich laufe die steile Stiege aus gemauerten Ziegelstufen hinunter in den oberen Eingangsteil des Kellers, der mit alter Leinwand ausgeschlagen ist, die herrlich nach Leinöl riecht. Sie hat ein hübsches Blumenmuster, und ich mag diesen Ort. Dass die beiden weiter hinuntergegangen sind in den Keller, kann ich mir schlecht denken. Ich hätte als Kind sicherlich Angst davor gehabt. Denn es gibt vier Keller, einer unheimlicher als der andere, und im hintersten stehen die Mostfässer. Er ist sehr hoch, und es gibt Schatten an der Wand. Auch ein Bächlein fließt durch den Keller, eine eigene Quelle. Ich kann mir denken, dass der eine oder andere von den Buben aus Angst schon hineingepinkelt hat, wenn er etwas heraufholen sollte. Denn manchmal schaltet jemand oben in der Küche das Licht aus, solange noch jemand unten ist – das ist selbst für mich nicht schön und sicherlich schrecklich für die Kinder.

Als ich gerade überlege, wo ich weitersuchen soll, höre ich draußen auf dem Hof ein großes Geschrei. Ich laufe hinaus, und da sehe ich, dass der Sepperl ganz aufgeregt vor dem elektrischen Heuauflader steht.

»Jetzt haben wir euch, da sind sie, um Gottes willen!«, ruft er.

Und dann zieht er sie auch schon heraus, die beiden Lausbuben, die ganz verfroren aussehen, bedröppelte Gesichter machen und die Köpfe hängen lassen. Alle sind nun herbeigekommen, und der Chef ruft aufgeregt: »Seid ihr wahnsinnig geworden? Hätte jemand den Heuauflader eingeschaltet – ihr wäret tot. Es hätte euch zerstückelt!«

»Ich wollte ja rufen, als ihr uns gesucht habt, aber der Willi hat mir den Mund zugehalten«, rechtfertigt sich der Fidewarm.

»Ist nicht wahr«, ruft der Willi, »der Fidewarm lügt!«

Und dann packt der Chef sich die beiden, legt jeden über ein Knie und versohlt ihnen den Hintern. Der Michel kommt neben mich und nimmt meine Hand. Ich drücke sie ganz fest, und er lehnt sich an mich.

*

Am Samstag in der Früh ist das Wasser in der Waschschüssel zum ersten Mal in diesem Winter gefroren, und Eisblumen zieren das Fenster unserer Schlafkammer. Draußen dringen die ersten Lichtstrahlen zögernd durch das Dunkel des neuen Tages. Dann zeichnen sich die Umrisse der Tannen gegen den heller werdenden Himmel ab. Noch hängt Morgennebel in dichten Schwaden zwischen den Bäumen und dämpft jeden Laut. Doch die ersten Hasen haben sich schon aus ihrem Bau gewagt und suchen ihr Frühstück. Die Buben haben in den vergangenen Tagen Tannenzapfen und Reisig aus dem Wald zum Heizen heimgebracht. Der Sepperl steht bereits im Hof und hackt es mit dem Beil klein. Nach dem Frühstück mache ich Bündel daraus, die ich in die Küche trage, wo wir sie als Anzündholz benutzen.

»Wenn's noch kälter wird, können wir bald auf den Weiher zum Eisbrechen«, sagt der Chef und sieht zufrieden aus.

Ich werfe der Babett einen fragenden Blick zu, doch sie verdreht nur die Augen. Der Sepperl aber hat uns beobachtet und sagt: »Da werfen wir dich ins Wasser!«

Doch ich lache nur und zucke mit den Achseln. Am liebsten würde ich es laut hinausrufen: »Ich treffe heut' den Martin!«

Doch das geht natürlich nicht, und so denke ich stattdessen an ihn, als ich dick eingepackt in meinen alten Mantel aus Ransbacher Zeiten mit dem Handwagen zur Molkerei laufe. Mein Atem hinterlässt weiße Wolken in der kalten Winterluft, hinter mir stehen die Milchkannen, munter scheppern die Griffe gegen das Metall, und bei jedem Scheppern denke ich: heute, heute, heute!

Als ich mein Ziel erreicht habe, treffe ich die Erika. Sie hilft mir, die Kannen hineinzutragen, und fragt: »Kennst den Martin schon lang?«

»Nein«, antworte ich, »ich kenn' ihn eigentlich noch gar nicht.«
Und das ist ja auch die Wahrheit.

»Aber er gefällt dir, hab' ich recht?«

Ich erröte und sehe dem Käser dabei zu, wie er die Kannen auf eine große Waage stellt. Dann bedeutet er uns mit einem Kopfnicken, dass wir sie in eines der großen Bassins leeren können, in denen die Milch des ganzen Ortes gesammelt wird.

»Weißt schon, dass ihm viele Frauen gefallen?«, fragt die Erika.

»Ich weiß, dass er mal mit der Tochter vom Schuster gegangen ist, aus der Oberen Gasse«, entgegne ich. Ich möchte nicht, dass sie denkt, ich sei naiv, auch wenn mir die Worte nicht leicht über die Lippen kommen. Schöner wär's schon, wenn der Martin genauso wenig Erfahrung hätte wie ich.

Die Erika wirft mir einen mitleidigen Blick zu, sagt aber nichts mehr. Wir stellen die leeren Kannen unter einen Zapfhahn, und der Käser füllt uns Rührmilch hinein, für die Schweine. Als er fertig ist, nehme ich das Milchbüchlein des Chefs aus dem Regal und reiche es ihm über die Theke, damit er einträgt, wie viele Liter ich ihm gebracht habe. Dann laufe ich zurück zum Adlerwirt. Ich schleiche hinauf in unsere Schlafstube und ziehe die Brennschere aus dem Kasten. Ganz leise laufe ich die Stufen hinunter und in die Küche, wo die Liese dabei ist, Kartoffeln zu schälen. Als sie mich sieht, zwinkert sie mir zu.

»Da hast eine heiße Herdplatte«, sagt sie und winkt mich heran. Ihre roten Haare sind zu einem glatten Zopf geflochten, der brav auf ihrem Rücken liegt, und ich habe auf einmal eine große Lust, mir Locken zu machen.

»Wo triffst ihn?«, fragt sie.

»An der Kirche, an der rückwärtigen Seite.«

Sie nickt. »'s ist ein schöner Mann, der Martin.«

Ich spüre mein Herz schlagen vor Stolz – so, als gehöre er schon mir. Ich nehme die heiße Zange und teste an einem Stück Zeitung, ob sie schon zu heiß ist. Das Papier beginnt zu qualmen, ich muss noch ein wenig warten. Als die Brennschere die richtige Temperatur hat, schiebe ich sie in meine Haare und drücke zu, während die Liese sich wieder ihren Kartoffeln widmet. Schweigend schaffen wir, bis sie schließlich fragt: »Aber weißt schon, dass der Martin kein Mann ist, bei dem du aufs Ganze gehen solltest, Inge?«

Ihr Blick ist so, als mache sie sich Sorgen um mich. Und so nehme ich ihr ihre Worte nicht übel.

»Ich weiß«, sage ich nur, und dann gehe ich mit meinen Locken hinaus.

Ich nehme mir vor, ihre Worte einfach zu vergessen.

Und der Martin macht es mir leicht. Er gibt mir das Gefühl, als wolle er nur mich. Als ich am Nachmittag hinter der Kirche eintreffe, steht er schon dort, mit dem Rücken an die Kirchenmauer gelehnt. Ein breites Grinsen erscheint auf seinem Gesicht, als er mich sieht.

»Bist tatsächlich gekommen«, sagt er.

Ich nicke. Vor Aufregung fällt mir nichts anderes ein. Er ist so groß und wirkt wie ein richtiger Mann auf mich. Ich kann kaum glauben, dass er wirklich auf mich gewartet hat.

»Spazierst mit mir zur Lauterach runter? Wir könnten Steine hüpfen lassen«, schlägt er vor. Und dann nimmt er wie selbstverständlich meine kalte Hand in seine warme und zieht mich mit sich fort.

»Ich kann aber nicht lang fortbleiben. Der Chef mag es nicht, wenn ich weggeh'.«

Er lacht. »Und das kümmert dich?«

»Ja freilich kümmert's mich. Das letzte Mal wollt er mich schlagen, nur weil ich mir einen Film angeschaut habe.«

»Dem würd' ich was erzählen.« Er ballt die Faust. »Wenn er das tut, brauchst's nur zu sagen, dann kriegt er's mit mir zu tun.«

Ich blicke bewundernd zu ihm auf. Mutig ist er, der Martin, und er ist ein unterhaltsamer Mann. Er erzählt mir von den Geißböcken des Müllers, die im Wohnhaus zum Fenster hereinschauen und die Vorhänge fressen. »Es sind ganz wilde Tiere«, sagt er, und dass er sich nicht vor ihnen fürchtet. Auch von dem Rottweiler seines Chefs weiß er zu berichten, der ihn ins Ohr gebissen hat und die Tante der Chefin, die einen Pelzmantel trug, als sie zu Besuch kam, ins Bein. »Nur die Kinder können auf ihm reiten, sonst beißt er jeden«, sagt der Martin und zeigt mir die Narbe an seinem Ohr.

Am Fluss setzen wir uns auf eine Bank. Wir blicken aufs Wasser, kalt ist es, sehr kalt, und ich habe nichts dagegen, dass der Martin ganz nah an mich heranrutscht. Und als er mich schließlich küsst, finde ich das ganz normal.

Endlich einmal ein Mann, der sich etwas traut, denke ich mir, und ich komme mir vor wie eine Frau, die weiß, was sie will.

Am nächsten Tag hat der Sepperl Besuch. Ein Mann vom Brauhaus ist gekommen. Über dem Braukeller, in dem das Bier gelagert ist, bauen sie gemeinsam ein Holzgerüst auf.

»Was macht ihr da?«, frage ich neugierig und trete näher.

»Eis«, ist die schlichte Antwort des Knechts. Er lacht mich aus.

»Soll es Regen geben?«, erkundige ich mich.

»Wir berieseln das Gebälk des Nachts mit Wasser aus der Wasserleitung«, erbarmt sich der Mann vom Brauhaus und deutet auf einen Schlauch, der am Boden liegt.

»Und dann wächst das Eis über Nacht«, ergänzt der Sepperl. »Je kälter es ist, desto schneller geht es.«

Ich mache große Augen. Auf die Idee bin ich nicht gekommen. Aber ich bin ja auch kein Bierbrauer.

Und nach ein paar Tagen hängt tatsächlich Eis an dem Gerüst, und der Sepperl, die Liese und ich müssen es mit Schlägeln herunterschlagen. Es fällt direkt in den Eiskeller hinein, was uns zumindest das Schleppen erspart. Doch der Chef ist nicht zufrieden. Er will die Kälte nutzen und noch mehr Eis herbeischaffen. Und so geht es anderntags zum Eisbrechen. Wir packen Sägen, Beile und Meißel auf den Pferdeschlitten, der Sepperl, der Friedrich, die Liese und ich springen hintendrauf, und auf geht es zum Weiher, der gleich hinter dem Ort in einer Wiese liegt. Ein Feldweg führt dorthin, und plötzlich liegt der Weiher spiegelnd vor uns. Ich kneife die Augen zusammen, weil die gleißende Sonne auf der blanken Eisfläche reflektiert. Meine Mütze ziehe ich mir tief ins Gesicht. Es weht ein kalter Wind, und ich bin froh, als der Chef die Aufgaben verteilt. Die Bewegung wird mich zumindest wärmen, auch wenn ich mir immer noch nicht denken kann, was genau wir hier tun sollen. Der Chef jedoch hat wie immer klare Vorstellungen.

»Der Sepperl und ich schneiden vom Rand her Risse in das Eis«, bestimmt er und nimmt sich eine der Sägen. »Friedrich und Inge,

245

ihr kommt mit dem Hammer hinterdrein, bis es in Brocken zerfällt. Und die Liese fischt es mit der Schaufel heraus und wirft es auf den Wagen. Und dass ihr mir ja nicht aufs Eis geht!«

Ich nehme mir einen der Hämmer und ziehe meine Filzgamaschen über die Halbschuhe. Die Schnallenriemen schließe ich ohne Handschuhe, und sofort werden meine Finger steif vor Kälte. Dann machen wir uns an die Arbeit. Wieder und wieder beugen wir uns hinab, schlagen mit dem Hammer aufs Eis, lösen die Schollen mit dem Meißel heraus aus ihrem kalten und nassen Bett, und dabei werden wir selbst ganz nass und kalt, und der Friedrich murmelt: »Das ist eine rechte Sträflingsarbeit.«

Ich nicke. Meine Finger und Zehen spüre ich nicht mehr, die Schuhe stehen voll Wasser, und die Handschuhe triefen. Scholle um Scholle separieren wir, bis zu zehn Zentimeter sind sie dick, wenn die Liese sie auf ihre Schaufel hebt. Nur der Gedanke an die warme Bettflasche, die ich mir heute Abend machen werde, hält mich bei der Stange.

Am Nachmittag kehren wir mit einem ganzen Wagen voller Eis wieder auf den Hof zurück. Doch noch ist unser Tagwerk nicht vollendet. Nun gilt es, die Platten durch die Luke in die Eisgrube zu werfen. Es dämmert schon, als wir fertig werden. Voller Vorfreude denke ich an den warmen Tee, den ich mir machen werde, bevor ich in den Stall gehe. Da höre ich den Chef sagen: »Inge und Liese, heut' brauch' ich euch zum Hacken, dass die Platten wieder zusammenfrieren können – der Sepperl und der Friedrich sollen den Stall allein machen.«

Die Liese und ich sehen uns an, aber wir wissen, dass jeder Widerspruch zwecklos ist. Und so ziehen wir uns nur eben trockene Gewänder an und machen uns dann auf den Weg in den Eiskeller. Beim Umziehen habe ich unter den Sachen der Liese ein schönes schwarzes Berchtesgadener Jäckchen entdeckt, das ich noch nie gesehen habe. Es hat ganz viele kleine Knöpfe, einen großen Ausschnitt und ist relativ kurz und tailliert. Am Hals hat es eine Kordel zum Durchziehen.

»Wo hast das Jäckchen her?«, frage ich nun neugierig, während wir das Eis mit unseren Hacken bearbeiten.

Sie lacht. »Das schwarze Jäckchen? Gefällt's dir?«

Ich nicke.

»Als ich noch daheim war, hat der Hausierer immer schöne seidene Stoffe für die Sonntagsschürzen der Bäuerinnen angeboten«, erzählt sie. »Er hat Bestellungen dafür aufgenommen und später alles in einem großen Paket mit der Post geschickt. Mich hat er gefragt, ob er mir das Paket schicken darf, damit ich es den Leuten austrage. Das habe ich natürlich getan. Er hatte auch solche Berchtesgadener Jäckchen, und dieses habe ich dann ziemlich günstig von ihm bekommen, als Dank, weil ich alles verteilt habe.«

»Hattest da dein Kind schon?«, frage ich. Es ist das erste Mal, dass ich das Thema anschneide, und sobald ich meine Frage gestellt habe, bereue ich sie. Die Liese wird auf einmal ganz starr und hört auf zu hacken.

»Brauchst nicht antworten, wenn du nicht magst«, füge ich hinzu.

Sie guckt mich mit einem Blick an, den ich nicht deuten kann: »Die Babett hat dir von dem Kind erzählt, hab' ich Recht?«

Ich nicke.

»Und was hat sie dir noch gesagt?«

»Dass es bei deiner Mutter ist«, bringe ich hervor. Ich bereue sehr, dass ich das Thema angeschnitten habe, und wünschte, ich könnte es wieder rückgängig machen.

Sie nickt langsam.

»Und hat sie dir auch erzählt, von wem es ist?«

»Nein. Sie…« Ich lasse den Rest des Satzes in der Luft hängen, denn ich will ihr nicht erzählen, dass die Babett sie für zu dumm hält, um zu wissen, woher die Kinder kommen. Insbesondere, da ich es selbst nicht weiß.

Die Liese beruhigt sich wieder. »Weißt, Inge, die Babett weiß längst nicht alles. Nach dem Krieg, als mein Kind geboren wurde, sind viele Gefangene freigekommen, und viele Mädchen kamen ins Kloster, damit sie nicht vergewaltigt wurden. Aber ich, ich konnte nicht gehen, man brauchte mich daheim. Der Vater ist krank, und die Mutter konnte nicht alles allein schaffen. Ich war nicht traurig drum, ich hatte damals einen Freund, den Jockel.« Sie ist nun richtig ins Reden gekommen, und ich lausche ihr fasziniert.

»Und dann«, sie macht eine Pause, ihr Blick geht ins Leere, »dann war ich draußen auf dem Feld, es kamen zwei russische Soldaten …«

Ich wage nicht zu atmen.

»Danach haben die Eltern vom Jockel so getan, als sei nie etwas zwischen uns gewesen. Ich war nicht mehr erwünscht bei ihnen. Das letzte Mal, dass ich bei ihnen war, da sah man es schon, da haben sie sogar das Essen vom Tisch weggeräumt, als ich hereingekommen bin.«

»Das Essen?«, frage ich irritiert.

»Ja, in eine Schublade oder ich weiß nicht, wohin. Wie schnell die alles weggeräumt haben. Das gibt es doch auf der ganzen Welt nicht, habe ich gedacht, aber alles war verschwunden.«

Ich kann nicht anders, als den Arm um sie zu legen. Sie tut mir so leid, aber mir fehlen die Worte, ich weiß nicht, was ich sagen soll. Doch die Liese versteht mich richtig, und meine Anteilnahme tut ihr gut. Schweigend arbeiten wir weiter. Nach einer Weile schweifen meine Gedanken zum Martin, und ich muss daran denken, dass er unter meinen Pulli fühlen wollte, und dass ich nein gesagt habe, weil ich nicht weiß, ob ich davon ein Kind bekommen würde. Nach dem, was die Liese mir eben erzählt hat, erscheint mir das zwar nun eher unwahrscheinlich, aber dennoch gibt mir ihre Geschichte zu denken. Wie schnell sich der Jockel wieder von ihr abgewendet hat! Ich möchte nicht, dass mir das Gleiche passiert wie ihr, und nehme mir vor, besonders vorsichtig zu sein.

In den kommenden Wochen bleibt die Sonne hinter grauen Wolkenbänken verborgen, und ein kalter Ostwind zieht über das Land. Die Felder liegen verlassen da, die Arbeiten des Sommers sind nun verrichtet, der Winterweizen muss wachsen, während wir Frauen uns im Hause nützlich machen und jene Arbeiten erledigen, die das Jahr über liegen geblieben sind. Die Buben sind ganz narrisch, weil es auf Weihnachten zugeht. Der Michel wünscht sich ein Fahrrad und spricht von nichts anderem mehr. Fast ein wenig wehmütig erinnere ich mich an meine Kindertage, in denen ich mich so wie sie auf den Heiligen Abend freuen konnte. Ich verbringe nun viel Zeit im Stall, um die Säcke zu flicken, und ich bin nicht unzufrieden darüber, denn dort ist es wenigstens warm. Die ganz kaputten Säcke schneide ich auseinander, um Flicken aus den Resten zu machen. Die weniger kaputten Säcke flicke ich. Und die kleineren Löcher stopfe ich mit Hanf. Eine eintönige Arbeit ist das, aber immer noch besser als Eisbrechen. Und sie hat den Vorteil, dass ich mich dabei in Tagträumen und Schwärmereien verlieren kann, sodass mir die Arbeit so leicht von der Hand geht wie noch nie. Der Martin und ich, wir sind nun ein richtiges Paar. Zwar sehen wir uns meist nur an den Wochenenden, aber ich kann die Zeit mit ihm genießen und denke nicht mehr ständig darüber nach, dass er schon so viele andere Frauen gehabt haben soll. Und so sitze ich im Stall und denke an ihn, und ab und zu stelle ich neue Mausefallen auf und leere die vollen auf dem Misthaufen aus. Meine schönsten Stunden aber sind, wenn die Großmutter mir sagt, dass ich zu ihr in die Stube kommen soll, um zu stricken, während draußen der Schnee vorbeiweht und der Frost nach allem greift, was sich ihm in den Weg stellt. Kahl ragen die Äste der Eichen in den blassen Himmel, vertrocknete Gräser stehen aus ihrem weißen Bett heraus, als wollten sie sehen, was in der Welt so vor sich geht, während sie auf den Frühling warten. Die letzten Blätter sind gefallen, kein Grün verdeckt mehr die Sicht über die Felder. Die Natur ruht und reinigt sich, ehe sie sich wieder erhitzt und ihre prächtigen Blüten hervorbringt.

Auch die Chefin sitzt nun viel in der Stube. Sie hat Stoff bringen lassen vom Versandhaus Witt Weiden, zehn Meter sind das bestimmt, und nun näht sie an der Nähmaschine neue Hemden für den Chef und setzt neue Krägen an die alten.

Die Buben schneiden derweil im Wald junge Spitzen von den Fichten, die wir in einem großen Topf kochen, bis daraus eine Brühe entsteht, die wie dunkelbrauner Waldhonig aussieht. Wir geben etwas Zucker hinzu und streichen die zähflüssige Masse aufs Brot oder geben sie den Buben zum Gurgeln, wenn sie Halsschmerzen haben. Die Großmutter aber backt Lebkuchen damit, die nach Wald und Räubern schmecken.

Und eines Abends dann bringt sie mir bei, was ich schon lange wissen will: Wie man die schönen roten Handschuhe mit den weißen Punkten macht, die die Buben tragen und die so flauschig aus-

249

sehen, dass ich mich schon immer gefragt habe, ob sie gar gefüttert sind. Sie greift in einen Sack, der neben ihr auf dem Boden steht, und zieht ein bisschen ungesponnene Schafwolle heraus. »Strick das ab und zu in eine der Maschen mit ein, Inge. Dann werden die Handschuhe innen schön weich und warm.«

Ich nicke. Das kann ich mir gut vorstellen. Außen wird man nur einen weißen Punkt sehen. Aber innen wird die Rohwolle dick und flauschig sein. Da werden die kleinen Kinderhände nicht frieren.

Anderntags steht die Großmutter in der Früh an meinem Bett und rüttelt mich.

»Inge, 's ist Zeit!«

Ich komme zu mir, es ist stockdunkel ringsumher. Einen Moment lang blicke ich ins Leere, dann fällt es mir wieder ein: Es ist Backtag und drei Uhr morgens. Wir müssen den Teig kneten. Am Vorabend hat die Großmutter in der Backstube bereits Schwarzmehl und Weißmehl in die hölzernen Tröge auf dem Gestell gemessen und den Sauerteig, von dem immer ein Rest im Keller lagert, zum Schwarzmehl hinzugegeben. Und ich habe die großen Holzscheite zum Aufschichten in den Ofen gebracht und ein Feuer angezündet. Mit einem Leintuch zugedeckt wartet der Teig nun darauf, geknetet zu werden, und so schlüpfe ich, ebenso wie die Liese und die Babett, in mein Arbeitsgewand, laufe in den Stall, um mich notdürftig zu waschen, und finde mich dann in der Backstube ein, wo die Liese und die Großmutter schon jede über einen Backtrog gebeugt stehen. Von der Babett keine Spur. Ich gähne und kann nicht umhin, das doch ein wenig ungerecht zu finden. Aber dann blicke ich auf die Liese, auf deren Stirn sich schon die ersten Schweißperlen des Tages bilden, und verscheuche meine Gedanken. Ich will nicht neidisch sein auf die Babett. Schließlich kenne ich den Preis, den sie für ihre Faulheit zahlt – und ich wollte um nichts in der Welt mit ihr tauschen.

Schweigend kneten wir drei Frauen den Teig, gießen hin und wieder ein wenig von dem warmen Wasser hinzu, das über dem Feuer steht, und streuen das notwendige Salz hinein. Für das Weißbrot gebe ich Hefe in den Teig und knete, bis er Blasen wirft. Als die

Nacht vergeht und die erste Helligkeit des Tages über den Horizont kriecht, stimmt die Großmutter ein Lied an: »Sabinchen war ein Frauenzimmer, gar hold und tugendhaft ...!«

In vierzig Portionen teilen wir nun den Teig. Zweiunddreißig schwarze Brote und acht weiße passen in den Ofen hinein, wenn man eines ganz dicht neben das andere setzt. Eine jede Portion walken wir nochmals durch, bevor wir sie auf mit Mehl bestäubte Leintücher legen und backfertig bereitstellen. Nach dem Frühstück ist die Glut im Ofen zu Kohle geworden. Jede Teigportion feuchten wir nun an, und die Großmutter ritzt mit einem Holzspan noch ein Kreuz hinein, aus religiösen Gründen und damit das Brot schön aufspringt.

»Gott segne das Brot«, murmelt sie bei jeder Portion, die sie sich vornimmt, und fügt, zur Liese gewandt, hinzu: »Wisch den Ofen aus.«

Ich nehme ein feuchtes Tuch und wische hinterdrein. Nun tragen wir die Laibe hinaus zum Ofen, der im Hof steht, und die Großmutter platziert sie mit dem langen Holzschieber nacheinander in der höllenheißen Öffnung.

»Biibibibibiii ...!«, ruft die Babett, die gerade mit einem Korb voller Körner aus dem Haus tritt. Und schon kommen die Hühner herbeigelaufen und konkurrieren mit Goldammern und Spatzen um Mais, Weizen und Gerste. Sie scharren und gackern um die Wette, und der Prachthahn sieht stolz zu, wie sie es sich schmecken lassen.

Später, als die Laibe im Backhaus auskühlen und wir mit einer nassen Bürste über sie streichen, damit sie schön glänzen, geht die Babett ins Haus zurück. Die Liese und ich blicken ihr nach. Beide denken wir wohl das Gleiche, doch kein Wort kommt über unsere Lippen.

Und dann kommt Weihnachten, und ich fahre heim zu den Eltern. Als der Zug schnaufend und spuckend aus Lauterhofen hinausfährt, blicke ich aus dem Fenster und sehe den Martin. Er läuft einen Feldweg entlang, und den Arm hat er um eine andere als mich gelegt. Sie trägt ein rotes Hütchen und sieht reichlich keck aus, wie sie sich so an ihn schmiegt. Mein Herz setzt aus, ich zittere und schwitze am ganzen Körper und kann doch den Blick nicht von den beiden wenden. Wie fasziniert betrachte ich sie, bis der Zug mich mit sich fortträgt und das Bild allein in meinen Gedanken weiterexistiert.

Daheim lasse ich mir nichts anmerken. Ohnehin ist dort der Teufel los. Am Vorabend ist der hohe, grüne Kachelofen im Kinderzimmer explodiert, weil er nicht genug Luft gezogen hat.

»Mit einem lauten Rums hat's die Decke weggeschleudert, und das ganze Zimmer ist unter Rauch gestanden«, berichtet mir die Mutter, die noch ganz blass im Gesicht ist.

Gottlob ist niemand verletzt worden. Aber alles in dem Raum ist nun schwarz, und der Weihnachtsabend ist von einer gewissen Unruhe geprägt, die sich darin äußert, dass alle immer wieder betonen, wie froh sie sind, dass sie noch am Leben sind. So richtig feierlich ist das nicht, aber immerhin lenkt es mich ein bisschen von meinem Kummer ab. Die Johanna tut ein Übriges, um mich aufzuheitern. Sie geht nun auch in die Schule und erzählt mir von einem Spanner, der den Ransbacher Kindern auflauert, wenn sie nach Hohenfels zum Markt laufen.

»Ich seh' zu, dass ich nicht allein gehen muss, aber trotzdem hat er mich einmal erwischt. Es war schon fast dunkel, und er hat mich aus einem Gebüsch heraus an der Hand gepackt. Ich hab' geschrien, und da hat er mich losgelassen.«

Ich muss ein ziemlich erschrockenes Gesicht machen, denn sie legt eine Hand auf meine Schulter und sagt mit ganz erwachsener Stimme: »Musst dir aber keine Sorgen machen, Inge. Der Vater hat gesagt, ich soll dem Angreifer mit dem ausgestreckten Finger ins Auge stechen, mit dem Fuß zwischen die Beine treten und mit der Handkante an den Hals schlagen.«

»Schluss jetzt, Johanna«, sagt die Mutter.

Und dann beginnt die Bescherung. Ich habe von meinem ersten Lohn viele Päckchen mitgebracht – für die Geschwister und für die Eltern – und sehe nun gespannt dabei zu, wie sie sie auspacken. Für den Vater habe ich Tabak gekauft, für die Mutter ein Fläschchen Leinöl, und den Geschwistern habe ich von den Lebkuchen eingepackt, die die Großmutter gebacken hat. Sie hat es mir erlaubt, sie ist eine gute Frau.

Während ich den anderen beim Auspacken zusehe, betaste ich das kleine, weiche Geschenk, das der Martin mir gegeben hat. Ob ich es überhaupt noch auspacken soll? Oder soll ich es ihm vor die Füße werfen, wenn ich ihn das nächste Mal sehe? Möchte ich ihn überhaupt wiedersehen?

Schließlich halte ich es nicht mehr aus und öffne ganz vorsichtig das rote Papier. Darin liegt eine Seidenstrumpfhose mit eingearbeiteter Ferse und einer schwarzen Naht an der Hinterseite. Ich fahre mit der Hand darüber, ganz fein fühlt sich der Stoff an. So ein kostbares Geschenk! Was will der Martin mir damit sagen? Dass er es doch ernst meint mit mir? Wenn ich ihn am Morgen nicht mit der anderen hätte gehen sehen, wäre ich nun überglücklich. Doch so bin ich einfach nur traurig. Ich schlage die Strumpfhose wieder in ihr Papier ein und schiebe sie aus dem Blickfeld der anderen. Ich möchte keine Fragen beantworten. Sie haben bisher nicht vom Martin gewusst, und nun brauchen sie ohnehin nicht mehr von ihm zu erfahren. Ein trauriges Weihnachten ist das. Das traurigste, an das ich mich erinnern kann. Obwohl die größte Armut nun vorbei ist.

An Silvester bin ich wieder beim Adlerwirt, wo ein funkelnagelneues rotes Fahrrad auf dem Hof steht. Da wird sich der Michel aber gefreut haben! Mir geht das Herz auf, so glücklich bin ich darüber, dass die Herrschaften dem Bub seinen sehnlichsten Wunsch erfüllt haben. Wenigstens einer, für den das Weihnachtsfest schön war!

Ich hingegen verharre in meiner Trauer. Den Martin mag ich nicht mehr sehen. Einmal kommt er noch auf den Hof, doch ich habe der Liese und der Babett gesagt, dass sie ihn fortschicken sollen, und das tun sie. Allerdings haben sie von der Edith erfahren, dass er die andere, mit der ich ihn gesehen habe, heiraten wird. Es ist die Tochter vom Schmied aus der Oberen Gasse.

»Er hat zur Edith gesagt, dass er dich nicht heiraten konnte, weil du kein Geld hast«, erzählt mir die Liese.

Ich bin mehr als nur erstaunt. Was für ein arroganter Kerl! Nie haben wir auch nur übers Heiraten gesprochen. Nie hätt' ich ihn heiraten mögen! Wie kann er so etwas behaupten?

»Und dass die andere wenigstens tausend Mark als Mitgift bekommt, das hat er ihr auch erzählt«, setzt die Liese hinzu.

»Was für ein Depp«, entfährt es mir. »Das wäre sowieso nichts Gescheites gewesen!«

Doch nach diesem Gespräch verfalle ich in eine tiefe Lethargie, die nur mit der vergleichbar ist, in die ich gefallen bin, nachdem der Horst Miezis Junge getötet hat. Wenn ich den Martin nun auch nicht mehr will, so frage ich mich doch, ob ich jemals der Armut entkommen werde, in der ich aufgewachsen bin und die mich bis hierher zum Adlerwirt verfolgt. Es erscheint mir so aussichtslos, sie jemals hinter mir zu lassen, dass mich der Gedanke daran ganz traurig macht. Mit stoischer Geduld erledige ich die anfallenden Arbeiten, ich ernte Gurken und Kohlrabi im Treibhaus und poliere die Geschirre der Rösser. Ich putze in der Früh die Schuhe der Herrschaften, die hinter dem Herd in der Küche stehen, und toleriere ohne Widerrede, dass die Babett den Rahm von der Milch herunterfrisst, wenn sie gestockt ist. Und selbst als der Großvater am Neujahrsmorgen die Zwiebelschalen liest, bin ich nur mit halbem Herzen dabei. Am Vortag hat er sie auf der Fensterbank ausgelegt, zwölf an der Zahl, und sie dann mit Salz bestreut. Und nun blickt er mit gerunzelter Stirn darauf und sagt das Wetter für das vor uns liegende Jahr voraus. Denn wenn in einer Zwiebelschale Wasser steht, bedeutet das unweigerlich, dass es ein nasser Monat wird.

»Beim Heuen regnet es, da müssen wir aufpassen mit dem Mähen, dass man nicht zu viel schneidet!«, erklärt er mit gerunzelter Stirn und blickt auf den Chef, der ganz bedächtig und ungewöhnlich zahm seinen Worten lauscht.

Am Nachmittag gehen die Babett, die Liese und ich zum Reisigholen in den Wald. Weit schallen die Schläge unserer Hacken. Ein Büschel nach dem anderen binden wir, und dann stimmt die Babett ein Lied an, die Liese fällt ein, und ich singe die zweite Stimme: »Wahre Freundschaft soll nicht wanken, wenn sie gleich entfernet ist, lebet wohl in den Gedanken, was die wahre Freundschaft ist.«

»Ein paar große können wir auch noch binden, für die Backstube«, fällt der Liese ein, denn ins Backhaus kann man größere Bündel hineinschieben als in den Ofen. Die fertigen Büschel stellen wir auf, damit sie trocknen können. Im Sommer, zwischen Heuernte und Kornernte, wenn schönes Wetter ist, werden wir sie heimholen. Ein paar wirklich prächtige sind darunter, ganz gleichmäßig und dick. Die Chefin wird mit uns zufrieden sein, denke ich, doch auch das ist mir egal.

Auch die Bierfässer müssen nun geteert werden. Der Chef verkauft sie später an die umliegenden Gasthäuser, deswegen müssen sie besonders dicht sein.

»Wie soll denn das gehen?«, frage ich die Liese, als wir die Fässer aus dem Keller holen.

»Wirst schon sehen«, sagt sie und zieht eine Grimasse. »Ist die schlimmste Arbeit von allen. Und wehe, wenn danach das Bier nach Teer schmeckt!«

Ich ignoriere ihre Unkerei und bin ziemlich gespannt, als der Bauer hinzutritt und uns erklärt, was wir tun sollen.

»Den Teer heiß machen und die Fässer herrichten«, beginnt er, und wir erhitzen den Bottich über dem Feuer. Dann stellen wir zwei Böcke auf und legen zwei runde, lange Bohlen darauf. Auf diese Bohlen legen wir die leeren Fässer. Als der Bauer abermals hinzutritt, weist er die Liese an, den flüssigen Teer in die Fässer zu füllen und sie zu verschließen.

»Wenn es heiß und trocken ist, kannst den Stöpsel wieder rausnehmen«, erklärt er und geht zurück ins Haus, während ich endlich verstehe, was mit Teeren gemeint ist. Denn nun müssen die Liese und ich die Fässer auf ihren Stangen so lange hin- und herdrehen, bis sich der Teer überall vollständig verteilt hat. Es ist eine unglaubliche Hitze, der Schweiß läuft mir in Strömen über das Gesicht und brennt in meinen Augen, wenn er sich mit Dreck vermischt. Meine Muskeln schmerzen, so ähnlich muss es in der Hölle zugehen, und ein Ende der Arbeit ist nicht in Sicht. Den ganzen Nachmittag bewegen wir die Fässer, sodass kein Fleckchen mehr ohne Teer ist, und am Abend, als die Stallzeit beginnt, überzieht eine Salzkruste meinen Rücken, und wir sehen aus wie die Zigeuner.

»Vielleicht können wir heute baden«, sagt plötzlich die Liese und macht ein ganz verheißungsvolles Gesicht.

»Baden?«, frage ich erstaunt.

»Bei den Herrschaften, ich frag' gleich mal die Chefin. Schau doch, wie wir aussehen, das bringen wir mein Lebtag nicht mehr ab.«

»Ich dachte, ihr badet in der Waschküche, in den Zubern?«

»Aber doch nicht im Winter. Das wär' doch viel zu kalt«, belehrt sie mich, und dann läuft sie davon, um die Chefin zu suchen.

Wenig später schlüpfen die Liese, die Babett und ich ins Bad der Herrschaften. Wir haben unsere Kleider noch an, und jede ein Handtuch und eine Kernseife dabei, und saubere Kleidung für den Rückweg, und die Babett und ich sind so aufgeregt, als hätten wir noch nie im Leben gebadet. Für mich zumindest trifft das auch zu: Ich habe noch nie in meinem Leben gebadet, jedenfalls nicht in einer Badewanne.

Die Liese hingegen hat all ihre Nerven beisammen, sie heizt den Badeofen an und plaudert nebenbei munter drauflos: »Siehst, Inge, der Ausguss vom Bad wird in den Pferdestall hinausgeleitet.« Sie deutet auf eine Rinne, die über das Dach verläuft und tatsächlich in den Rossstall führt.

Als das Wasser warm ist, lassen wir es in die gusseiserne Wanne laufen, die auf vier Füßen steht und über eine Armatur mit dem Badeofen verbunden ist. Nur mit unserer Unterwäsche am Leib steigen wir sodann alle miteinander hinein in die wohlige Wärme, und mein erster Gedanke ist: Ich will hier nie wieder heraus. So unbeschreiblich schön ist dieses erste Bad meines Lebens für mich, dass ich mir vornehme, mir sofort eine Badewanne anzuschaffen, sollte ich jemals zu Geld kommen.

Die Liese und die Babett bewegen sich träge hin und her. Ihre sonst so zupackenden und schnellen Bewegungen wirken eigentümlich verlangsamt, und ich stelle mir vor, was die Chefin sagen würde, wenn wir so in der Küche hantieren würden. Köstlich schmiegt sich das warme Nass an meine Haut, und ich genieße das Gefühl mit allen Sinnen.

Wir bleiben in der Badewanne, bis das Wasser kälter als unsere Körper ist. Und als wir danach in unseren Betten liegen, sind wir so matt von der ungewohnten Wärme, dass wir rasch einschlafen.

Anderntags steht die Babett im Garten hinter dem Haus vor einem abgeschliffenen Hackstotzen und ist dabei, Hähnchen zu köpfen. Neben ihr liegen schon mindestens ein Dutzend ohne Kopf auf dem Boden, und gerade fliegt wieder eines taumelnd in die Höhe, nachdem sie ihm mit einem großen Beil den Kopf abgeschlagen hat. Der Michel steht neben ihr und sieht fasziniert zu. Da krallt sich das kopflose Hähnchen plötzlich an seinem Kopf fest, und er beginnt, lauthals zu schreien. Ich eile herbei, und zu zweit lösen wir die Krallen des zappelnden Tieres von dem Buben, dem das Blut übers Gesicht läuft.

»Rasch, komm mit ins Haus, ich verbinde dich«, sage ich und nehme seine Hand.

Weinend lässt er sich von mir mitziehen, der Schreck ist ihm in alle Glieder gefahren.

»Dann magst heut' wohl keine Hühnersuppe essen?«, versuche ich, ihn aufzumuntern.

Er zieht die Nase hoch und hört auf zu weinen. Immerhin. Ich führe ihn ins Haus, wo ich nach Verbandzeug suche und tatsächlich einen Druckverband finde. Rasch befestige ich ihn an seinem Kopf.

»Jetzt siehst wie ein tapferer Krieger aus«, sage ich, und zum ersten Mal lächelt er ein ganz klein wenig. Ich lächele zurück und lasse ihn ziehen, hinaus, hinaus, ich kann mir schon denken, wohin: wieder zu den Hühnern. Fast ein wenig neidisch blicke ich ihm nach, denn auf mich wartet nun eine Aufgabe, die ich nur sehr widerwillig erledige: So wie die Liese die Hähnchen schlachten muss, muss ich die Täubchen für den morgigen Sonntag herrichten, wenn die Herrschaften einen Braten essen wollen und der Förster und der Arzt mit ihren Familien zum Mittagessen zum Adlerwirt kommen. Der Chef war schon auf dem Dach und ist mit einem Sack ruckelnder, zuckender Täubchen in die Küche gekommen. Meine Aufgabe ist es nun, ihnen unter den Argusaugen der Großmutter den Garaus zu machen. Ich weiß noch, wie ich mich das erste Mal mit Entsetzen abgewendet habe, als sie von mir verlangte, ihnen die Köpfchen herunterzureißen. »Das gibt es hier nicht, dass man das nicht kann. Also machst du es«, beschied sie mir.

Und so greife ich nun in den Sack hinein, ziehe ein zappelndes

Täubchen heraus, klemme sein Köpfchen zwischen Zeige- und Mittelfinger und reiße es mit einem leisen Krachen ab. Schlecht fühle ich mich dabei, sehr schlecht, obwohl es ganz leicht geht. Und doch packe ich eins nach dem anderen, knack, knack, und als sie alle tot daliegen, die vorher so schönen jungen Täubchen, rupfe ich sie und nehme sie aus, wasche ihnen das Blut ab und hänge sie auf, damit wir sie anderntags nur noch füllen müssen mit ihren kleinen pürierten Lebern und Herzen und Mägen, mit Wecken, Petersilie, Zwiebelchen und Eiern.

Und dann kommt Mariä Lichtmess. Wir feiern das Ende der dunklen Jahreszeit. Die Lichtmesskerzen werden von jedem Hause abgeholt und geweiht, sodass man sie bei Gewittern oder wenn schwierige Aufgaben bevorstehen, im Herrgottswinkel anzünden kann. Am Abend ruft der Chef uns der Reihe nach in die Stube. Die Babett geht vor mir hinein, und als sie wieder herauskommt, hat sie ganz rote Wangen und huscht an mir vorbei, ohne ein Wort zu sagen.

Der Chef sitzt am Tisch und wirkt so unnahbar wie immer auf mich. Er zieht noch immer ein grimmiges Gesicht, am Nachmittag ist er aus dem Wald heimgekommen und hat geschimpft: »Lauter Anflüge sind gewachsen, ganz dicht beieinander steht alles. Sepperl und Friedrich, geht's morgen einmal hinaus und zieht's ein paar Arme voll heraus.«

Nun mustert er mich mit unzufriedenen dunklen Augen. Seine groben Hände liegen vor mir wie Pranken.

»Was ist, Inge, bleibst noch ein Jahr?«, fragt er.

»Ich bleib' noch ein Jahr, wenn ich wie vereinbart ab sofort fünfzig Mark bekomme«, sage ich mit möglichst fester Stimme, obwohl mein Herz so laut klopft, dass ich fürchte, er könnte es hören. Ich fühle mich nicht wohl, wie ich so vor ihm stehe, und bin froh, dass der Tisch zwischen uns ist.

Er nickt. »Die bekommst. Und jetzt kannst in die Küche gehen und dir einen halben Laib Zopfwecken geben lassen.«

Erleichtert mache ich kehrt und lasse den Friedrich eintreten, der als Nächster dran ist. Ich nehme meine Zopfwecke in Empfang und trete in den Hof hinaus. Und plötzlich, als ich in den grauen Himmel blicke, aus dem ein leichter Regen fällt, geht es mir besser.

Die Aufbruchstimmung, die jedem Frühling innewohnt, erfasst auch mich. Ich spüre, wie meine alte Tatkraft zurückkommt und die Fröhlichkeit meine dunklen Gedanken verdrängt. Und das ist auch gut so, denn nun, da es wärmer wird, wird es wieder viel zu tun geben auf dem Adlerhof. Mit neuem Schwung nehme ich die Arbeit in Angriff, bekomme ich doch nun zehn Mark mehr jeden Monat.

Die Schafe müssen auf die Weide getrieben und die Schafställe ausgeräumt werden. Der Mist vom ganzen Winter steht kniehoch, es stinkt entsetzlich. Mit der Mistgabel kratzen die Liese und ich ihn am nächsten Tag heraus, ganz fest ist er. Und von der Babett fehlt wieder einmal jede Spur. Es ist eine scheußliche Arbeit, und gerade als ich denke, dass ich nun wirklich genug habe, kommt der Friedrich hereingestürmt. Er ist in der Früh mit dem Chef gegangen, um den Stier zur Kontrolle zu bringen. Es musste geprüft werden, ob er noch gesunde Kälber zeugen kann.

»Der Stier hat sich losgerissen«, ruft er in heller Aufregung, »kommt schnell, wir müssen ihn wieder einfangen!«

Er hat einen Sack in der Hand und stürmt wieder hinaus, wohl, um den Sepperl zu suchen.

Die Liese und ich lassen unsere Mistgabeln sinken und laufen hinaus. Die Kontrollstelle liegt etwas außerhalb, am Ende eines Feldwegs, der zwischen wildem Hafer in einem kleinen Tal verläuft. Als wir diesen Weg hinter uns gelassen haben, sehen wir schon von Weitem den Chef, der den Hang hinaufgeklettert ist und in unsere Richtung blickt. Der Stier läuft unterdessen auf dem Weg im Tal hin und her, als warte er nur darauf, dass der Chef wieder herunterkommt.

»Allein geh' ich nicht weiter«, sage ich zur Liese. »Ich warte auf den Friedrich und den Sepperl.«

Wir kauern uns hinter einen Busch, bis die beiden Männer sich nähern. Auch der Sepperl hat einen Sack dabei, und außerdem ein Seil. Er nickt uns aufmunternd zu, und so schlüpfen wir hinter unserem Busch hervor und machen uns gemeinsam mit den beiden weiter auf den Weg. Als wir näher kommen, sehe ich, dass der Stier sich den Nasenring herausgerissen hat. Seine ganze Nase ist rot von Blut, und auch auf dem Weg sind Blutflecken zu sehen. So ganz wohl ist mir nicht in meiner Haut.

»Inge und Liese, ihr zwei geht den Hang hinauf, eine links und eine rechts«, befiehlt der Sepperl, »und dann geht ihr hinter dem Stier wieder hinunter und treibt ihn auf uns zu. Der Chef soll euch helfen.«

»Und wenn er auf uns losgeht?«, fragt die Liese.

»Das wird er nicht. Ich habe hier etwas Rotes, damit werde ich ihm winken«, sagt der Friedrich und zieht ein rotes Kopftuch aus seiner Hosentasche. Ich werfe einen skeptischen Blick darauf, aber dann mache ich mich mit der Liese auf den Weg. Wir steigen den Hang hinauf, sie links, wo der Chef ist, und ich rechts. Dann laufen wir oben am Stier vorbei und hinter ihm, in einem gehörigen Abstand, wieder hinunter. Mit lauten Rufen und Gefuchtel versuchen wir, das Tier von uns wegzutreiben, während der Friedrich mit dem Tuch wedelt und der Sepperl mit dem Sack bereitsteht. Der Stier brüllt ein fürchterliches Stierbrüllen. Und dann prescht er los, weg von uns, auf die beiden Männer zu. Mir stockt der Atem, als ich beobachte, wie er den Kopf senkt, um den roten Schal aufzuspießen, den der Friedrich just neben den Sepperl hält. Und wie der Sepperl rasch den Sack über den Kopf des Tieres zieht. Mit einem Schlag hört der Stier auf herumzuwüten und bleibt ganz ruhig stehen. Er ist verwirrt. Und diesen Moment nutzt der Friedrich, um ihm den Strick um den Hals zu binden.

»Gott sei Dank, dass es so ausgegangen ist«, sagt der Chef, als wir dazukommen.

»Und dass nichts passiert ist«, fügt die Liese hinzu.

»Er hat es wahrscheinlich ausgenutzt, dass er endlich aus seiner Box durfte, nach dem langen Winter«, meint der Friedrich, dessen Wangen von der Aufregung noch ganz rot sind.

Ich bin stolz auf uns Dienstboten. Ohne uns hätte der Chef ganz schön alt ausgesehen. Ich warte darauf, dass ein Wort des Dankes über seine Lippen kommt. Vergeblich. Er zieht den Stier am Strick hinter sich her und schreitet stumm voran, zurück auf den Adlerhof. Wir vier folgen ihm. Und dieses Mal ist unser Abstand nicht gebührend, sondern absichtlich gewählt.

*

Die Natur erwacht zu neuem Leben, die ersten zarten Blüten der Schneeglöckchen beginnen zu sprießen, und die Tage werden langsam wieder länger. Duftend und rauschend hält der Frühling Einzug im Lauterachtal, ringsum grünt und blüht es. Es regnet, das Moos an den Baumstämmen wird grün. Das Gras wächst, die Blumen bereiten sich auf ihren großen Auftritt vor. Die Brennnesseln kommen hervor, und die Gänseblümchen blühen zuhauf. Kräftiger Südwind lässt die Kätzchen von Haselnuss und Weide zittern. Die Vögel machen sich in den eben knospenden Zweigen der Heckensträucher zu schaffen, ein paar Primeln öffnen sich, gefolgt von Löwenzahn. Und das Scharbockskraut leuchtet mit seinen gelben, wie lackiert aussehenden Blütenblättern. Die Buben verkaufen Gänseblümchen an die Gäste des Adlerwirts, aus Brettern und einer kleinen Kiste haben sie sich einen Verkaufstisch gemacht. Ein Rhabarberblatt dient als Deckchen, darauf liegen die kleinen Sträuße, und die Buben sind recht zufrieden mit ihren Geschäften. Der Michel wirft den Willi im Streit in die Brennnesseln hinter der Apfelwiese, und der Adlerwirt versohlt ihm dafür den Hintern. Der Fidewarm wird von einer Wespe in die Wange gestochen, die Liese halbiert eine Zwiebel und drückt sie von innen gegen den Stich. Da kann der Fidewarm nicht einmal mehr schreien, denn sein ganzer Mund ist ausgefüllt.

Die Aussaat des Getreides auf dem Feld geht voran, auch Kartoffeln bauen wir an, und im Garten drücken wir Bohnen in den Boden, setzen Runkelrüben und Krautpflanzen. Nach den Eisheiligen jäten wir die Kartoffelfelder zum zweiten Mal, doch als ich am Ende des Monats meinen Lohn in Empfang nehme, gibt der Chef mir wieder nur vierzig Mark, wie auch schon in den Monaten davor.

Als er sie mir über den Tisch schiebt, lasse ich sie liegen und nehme all meinen Mut zusammen: »Sie hatten mir doch fünfzig Mark versprochen.«

»Wenn's dir nicht reicht, kannst ja gehen«, erwidert er.

»Das ist nicht recht, ich schaff' von fünf Uhr in der Früh bis abends um acht ohne Pause, ich geh' in den Stall und überallhin, und für eine anständige Arbeit will ich auch einen anständigen Lohn bekommen«, widerspreche ich.

»Dann musst gehen, wenn dir die Arbeit zu hart ist. Aber auf einer anderen Stelle wird's dir nicht so gut gehen, tätst besser dableiben«, sagt er ungerührt.

Da spüre ich eine große Wut in mir, denn er hat mich belogen und meint, dass er mich für dumm verkaufen kann.

»Ich könnt' in die Stadt, um kochen zu lernen«, sage ich, und wie ich das so sage, kommt es mir mit einem Mal wie eine gute Idee vor. Fortzugehen, weit fort.

Der Adlerwirt zuckt mit den Achseln, und damit ist die Sache für mich entschieden. Am Morgen packe ich meine Sachen und verabschiede mich von allen. Den Michel halte ich am längsten im Arm, ich tät' ihn am liebsten nie wieder loslassen.

»Bleib immer brav, mein Junge«, sage ich zu ihm, und er blickt mir mit großen blauen Augen ins Gesicht und sieht ganz ernst und blass aus.

»Ich besuch' dich, schon ganz bald, wirst schon sehen«, versuche ich, uns beide zu trösten, doch ich weiß, dass ich nicht so schnell wieder zurück nach Lauterhofen kommen werde. Ich möchte ins Allgäu, in die Berge, weil ich keine Berge kenne und es mich dort hinzieht, seit ich zum ersten Mal in der Schule gehört habe, dass es Berge gibt.

Und kochen zu lernen scheint mir wirklich eine gute Idee. Ich bin nun siebzehn Jahre alt, und die Arbeit auf einem Bauernhof kenne ich zur Genüge. Sie ist schwer und schmutzig, ich habe genug davon. Einen Bauern zum Mann möchte ich ganz sicher niemals haben. Und eine Magd will ich auch nicht mehr sein. Bin ich bisher bloß zum Schaffen auf der Welt gewesen, so will ich mir nun auch einmal etwas gönnen. Von meinem Ersparten kaufe ich mir daher ein neues Nachthemd. Es ist hellblau geblümt, und ich bin mächtig stolz, als ich es im Laden anprobiere und mich im Spiegel ansehe. Mit meinem Koffer mache ich mich sodann auf den Heimweg, zurück nach Ransbach. Die Eltern werden Augen machen. Doch beim Adlerwirt kann ich wirklich nicht mehr bleiben.

6. KAPITEL: EBENHOFEN

Im *Altöttinger Liebfrauenboten* habe ich drei Stellen gefunden, die ich interessant fand: In Garmisch gab es eine Stelle in einer Pension, in Bischofswiesen in einem Hotel, aber ich weiß nicht, wo Bischofswiesen ist. Und in Ebenhofen im Allgäu sucht ein Möbelfabrikant eine Hausgehilfin, für fünfzig Mark im Monat. Dorthin habe ich eine Bewerbung und ein Foto geschickt, und die Leute schrieben zurück, sie hätten einen penibel sauberen Haushalt und drei kleine Kinder, und wenn ich es riskieren wolle, dann könne ich die Stelle haben.

Ich denke an den Michel, den Willi und den Fidewarm und sage zu. Von Ransbach fahre ich nach Amberg, dann nach München, und am Nachmittag erreiche ich mein Ziel. Ich frage mich, was mich dort erwarten wird. Keine Menschenseele ist zu sehen, als ich mit meinem Koffer auf den Bahnsteig trete. Dann aber kommt ein kleiner Junge um die Ecke gebogen und läuft direkt auf mich zu. Er ist etwa so alt wie der Michel, hat brav gescheitelte schwarze Haare, und als er den Mund aufmacht, sehe ich, dass ihm ein Schneidezahn fehlt.

»Bist du das Fräulein, das zu Angers kommen soll?«, fragt er mich ganz zutraulich.

»Das bin ich.« Ich lächele ihn freundlich an.

»Dann musst du mit mir gehen.«

Er macht kehrt, und ich laufe mit meinem Koffer hinter ihm drein. Er geleitet mich zur Hauptstraße, die Schwabenstraße heißt und von Biesenhofen nach Marktoberdorf führt, wie er mir erklärt.

»Und da hinten ist die ›Bärenmarke‹«, sagt er und deutet nach rechts.

Ich sehe allerdings überwiegend Bauernhöfe, es gibt nur eine Handvoll Privathäuser, hinzu kommen ein paar Bauernläden, ein

Bäcker, ein Fleischer, zwei Gasthäuser und eine große Kirche. Vor einem großen, weiß verputzten Haus mit rotem Schindeldach machen wir halt. Eine Frau von etwa vierzig Jahren tritt aus der Tür und begrüßt mich per Handschlag: »Nett, dass du gekommen bist, Inge.«

Wir mustern uns einen Augenblick lang. Groß und dünn ist sie, die kastanienbraunen Haare hat sie zu einem Knoten gebunden. Sie trägt ein feines dunkelblaues Kleid mit weißem Spitzenkragen, und ihre ganze Erscheinung strahlt etwas Edles aus.

Auch sie hat nun ihre Musterung beendet, und ich habe das Gefühl, dass sie zufrieden ist mit mir, denn ihre Mundwinkel heben sich ein wenig, als sie sagt: »Sollst es gut haben bei uns. Ich war früher selbst in Stellung, in einem Haushalt in München. Eine gute Stelle war das, wo ich die Perle war, ich wurde dort gut behandelt, und deshalb sollst du es bei uns auch gut haben. Ich hoffe, dass wir gut zusammenarbeiten, Inge.«

»Ich bin ganz sicher, dass wir das tun«, erwidere ich. Ich bin dankbar für ihre freundlichen Worte und sehr froh, dem Adlerwirt den Rücken gekehrt zu haben.

»Um halb sechs ist Abendessen. Ich zeige dir vorher noch schnell dein Zimmer.«

Sie steigt mit sehr geradem Rücken vor mir die Treppe hinauf in den ersten Stock, wo von einem breiten Flur mehrere Zimmer abgehen. Dann steigen wir über eine schmale Holztreppe noch eine Etage höher in den Spitzboden, wo ein kleines Zimmer direkt unter dem Dach liegt: mein Reich. Der Raum ist etwa so groß wie das Schlafzimmer daheim in Ransbach, das wir Kinder uns geteilt haben, aber viel niedriger. Das kleine Dachfenster ist blitzsauber und weist auf die Straße hinunter, möbliert ist das Zimmer mit Bett, Tisch, Schrank und Stuhl. Auf dem Boden liegt ein weicher brauner Teppich. Hier werde ich mich wohlfühlen, das spüre ich gleich. Als die Chefin gegangen ist, zieh' ich rasch meine staubige Reisekleidung aus und schlüpfe in Bluse, Rock und Schürze. An der Waschschüssel wasche ich mir das Gesicht, und dann laufe ich die Treppe wieder hinunter und gehe in die Küche, wo die Chefin am Herd steht.

264

»Ich fang' gleich an mit der Arbeit, was soll ich als Erstes tun?«, frage ich.

»Heut' brauchst nicht mehr schaffen, das Essen ist gleich fertig«, erwidert sie. »Könntest höchstens noch anheizen im Bad, ich komme rasch mit und zeige dir, was zu tun ist.«

Sie dreht die Temperatur an ihrem Elektroherd etwas herunter und führt mich in ein grün gefliestes Badezimmer mit Badewanne und Wasserklosett, in dem ein Kohleofen steht.

»Holz ist im Hof hinter dem Schuppen. Der Volker soll es dir zeigen, er müsst' schon draußen sein«, erklärt sie mir, und dann eilt sie zurück in die Küche.

Ich finde den Buben im Garten auf der Schaukel, seine beiden jüngeren Schwestern sind auch dabei, die Christel und die Marlies.

»Volker, zeigst mir, wo das Holz zum Anheizen liegt?«, rufe ich zu den dreien hinüber, und schon springt der Bub von der Schaukel und kommt angerannt. »Freilich, komm mit«, sagt er und führt mich hinüber zum Schuppen, wo tatsächlich ein großer Stapel Holz aufgetürmt ist. Gemeinsam tragen wir einige Scheite in das Badezimmer, wobei der Volker seinen Schwestern ein paar stolze Blicke zuwirft, weil er von mir zum Schaffen gebraucht wird, während sie noch so klein sind, dass sie sich nur um die frei gewordene Schaukel balgen können.

Auch beim Anheizen hilft er mir, und dann ist es auch schon Zeit, zum Essen zu gehen.

Drei Männer, die Chefin und die beiden Mädchen sitzen an einem großen runden Tisch, als der Volker und ich in die Stube treten. Die Chefin stellt uns vor. Einer der Männer ist ihr Mann, der Möbelfabrikant. Ein schwerer Mensch mit einem imposanten Bauch ist er, der einen Schnurrbart trägt und seine flinken Äuglein nur einmal kurz über mich gleiten lässt, bevor er sich wieder in das Gespräch mit seinem Nebenmann vertieft. Als sei ich nur ein Möbelstück aus seiner Fabrik, das man in die Ecke stellen und vergessen könnte. Die beiden anderen Männer, so erklärt mir die Chefin, sind seine Brüder, sie wohnen mit im Haus und schaffen in der Firma mit, die an das Haus angebaut ist. Auch sie beachten mich kaum, sodass ich meine anfängliche Unsicherheit rasch ablege und mich auf die beiden Mädchen konzentriere, die Bücher unter den Armen klemmen haben. Das soll wohl dazu dienen, dass sie die Arme beim Essen nicht abspreizen, aber es sieht sehr sonderbar aus, und sie tun mir leid. Das Essen hingegen ist gut: Es gibt eine Suppe, dann Röstkartoffeln mit Wurst, und von allem reichlich. Ich fühle mich wie im siebten Himmel. Wenn die Leute so etwas Gutes schon am Abend essen, was wird es dann erst zu Mittag geben? Vielleicht liegt es ja daran, dass ich jetzt im Allgäu bin und nicht mehr in der Oberpfalz?

Nach dem Essen freilich höre ich auf, mich wie ein Gast zu fühlen. Ich muss spülen – Suppenteller, flache Teller und Trinkgläser von acht Personen, dann den Herd blitzblank putzen und aufwischen.

»Dein Tag beginnt um sechs, um halb sieben muss der Tisch gedeckt sein, weil die Männer in die Werkstatt gehen«, gibt mir die Chefin noch mit auf den Weg.

»Wie soll ich den Tisch decken?«, frage ich.

»Mit Tassen, Untertassen und Tellerchen, und dann stellst Honig, Marmelade, Käse und Brot heraus.«

Ich nicke, und sie geht hinaus. Ganz still ist es auf einmal in der Küche, und ich mache mich an die Arbeit. Tassen und Untertassen! Noch kann ich nicht glauben, in was für einem hochherrschaftlichen Haus ich gelandet bin.

Tags darauf lerne ich meine restlichen Pflichten als Hausgehilfin der Familie Anger kennen. Nach dem Frühstück zeigt die Chefin mir die Schlafzimmer, die mit hohen Nachttischen ausgestattet sind, in denen je ein Nachttopf steht. Die beiden Brüder des Chefs teilen sich ein Zimmer, ebenso die Chefin und der Chef, ein drittes Zimmer ist den drei Kindern vorbehalten. Macht insgesamt sieben Nachttöpfe, die in der Früh auch alle voll sind: Der Weg zum Spülklosett, das es auf beiden Etagen gibt, ist den Herrschaften in der Nacht ganz offensichtlich zu weit. So ist es meine Aufgabe, mich der Leerung anzunehmen. Die Teppiche, die auf den lackierten Holzböden liegen, muss ich ebenfalls herausziehen und aus dem Fenster hängen, danach gilt es, die Betten zu machen und mit dem

266

Wischmopp durch alle Zimmer zu fahren. Um halb elf geht es schon in die Küche, denn die Herrschaften essen jeden Mittag fürstliche drei Gänge, und da wir zu acht sind, dauert es seine Zeit, alles zuzubereiten. Voraus gibt es eine Knödelsuppe, danach Kartoffeln oder auch mal Spätzle mit Fleisch, hinterher sogar noch einen Nachtisch, und abends abermals ein warmes Essen. Die rechte Muße, um es zu genießen, die ich am ersten Tag hatte, fehlt mir freilich ab dem zweiten Tag, denn neben mir wartet schon der Spültrog. Ich werde nie vor halb drei Uhr fertig in der Küche, und danach muss ich waschen und bügeln.

Jeder der Männer zieht pro Woche zwei bis drei frische Hemden an, und selbstverständlich benutzen sie Stofftaschentücher. Wenn sie zum Einkaufen fahren, nach Kaufbeuren, sagen sie vorher, was ich ihnen bügeln soll, und dann werfen sie sich in Schale, mit Anzug und Hut. Dort geben sie dann eine Bestellung auf, und anderntags kommt ein Auto und bringt Zucker, Nudeln und Kaffee ins Haus. So etwas habe ich noch nie erlebt, und ich bin beeindruckt davon, wie fein es bei den Angers zugeht – sogar die Hutkrempen muss ich bügeln. Die Chefin steht den Herren um nichts nach. Sie hat sehr viele Kleider und zieht sich an manchen Tagen gleich mehrmals um, wobei ihr großer Kleiderschrank so vollgestopft ist, dass ich die gebügelten Sachen abermals bügeln muss, bevor sie sie anzieht, damit sie ganz glatt sind. So wird mein Bügelkorb nie leer, und zwischendurch muss ich Anzüge und Hüte mit Salmiakgeist ausbürsten, natürlich jeden Tag zehn Paar Schuhe putzen, die Treppe und den Hausgang rauswischen und mir den Garten vornehmen. Ein riesiger Garten ist das, den ich in Schuss halten muss. Der Nachbar hat eine Jauchegrube, aus der ich mit Gießkanne und Jaucheschöpfer Jauche holen und im Garten verteilen muss, bevor es zum Regnen kommt. »Einen Dung muss das Gemüse haben«, heißt es dann, und am Abend schmerzt mein Rücken. Vor acht oder halb neun Uhr abends werde ich nie fertig mit der Arbeit. Sonntags aber muss ich einen Kuchen backen und in die Kirche gehen – wehe, wenn ich das nicht schaffe. Dann schimpft die Chefin heftig, eine Todsünde ist das in ihren Augen, denn nach außen hin soll es ja so aussehen, als behandele sie mich recht. Insgesamt finde ich das alles übertrieben,

267

denn dort, wo ich herkomme, kennt man dieses feine Leben nicht und hat ganz andere Sorgen.

»Die Fenster könntest auch mal putzen«, sagt die Chefin nach ein paar Wochen, als ich gerade dabei bin, ihr pfirsichfarbenes Kleid zu bügeln, das sie anziehen möchte, um zum Einkaufen zu fahren.

Ich stelle das Bügeleisen ab und richte mich auf. Schon längst habe ich erkannt, dass ihre freundlichen Worte nach meinem Eintritt nur leeres Geschwätz waren, das dazu dienen sollte, mich gefügig zu machen. Denn seitdem hat sie mir alles an Arbeit aufgebürdet, was im Haushalt zu tun ist, während sie selbst damit beschäftigt ist, die Herrin zu spielen. Wann ich nun auch noch die Fenster putzen soll, ist mir schleierhaft, denn es ist ein riesiges Haus, und ich habe keine freie Minute am Tag. Wir blicken uns an, und ich öffne den Mund, um ihr zu sagen, dass es nicht geht, dass ich keine Zeit habe. Doch sie sieht mir gerade in die Augen, mit einem leicht spötti-schen Ausdruck im Gesicht, so als wolle sie sagen: Siehst, hab' ich's doch gleich gewusst, dass du die Arbeit nicht schaffst. Da klappe ich den Mund wieder zu und strecke den Rücken gerade so, wie sie ihn streckt. Nein, ich werde mich nicht beklagen. Die Mutter hat mich vor die Egge gebunden, die Geißlmutter hat mich in tiefste Trau-rigkeit gestürzt und doch nicht brechen können, der Adlerwirt hat mich ausgenutzt und betrogen, da werde ich doch nicht vor einer feinen Dame in die Knie gehen, nur weil ich die Fenster putzen soll?

Und so nicke ich nur leicht und wende den Blick nicht von ihr ab, sodass es schließlich sie ist, diese feine Frau, die ihrem Dienstmäd-chen nicht mehr in die Augen sehen mag.

Mit den Kindern indessen verstehe ich mich ebenso gut wie mit dem Michel, dem Willi und dem Fidewarm. Der Volker ist ein süßer und etwas ernsthafter Bub mit großen, bedächtigen braunen Augen, und seine beiden kleinen Schwestern zanken zwar untereinander die ganze Zeit, sind aber recht folgsam, wenn ich mit ihnen zusammen bin. Denn auch das gehört zu meinen Aufgaben, zumindest an den Wochenenden: das Kinderhüten. Eines Sonntags aber, als die Herr-schaften zum Kaffeetrinken gefahren sind und ich mit den Kindern im Garten bin, geschieht ein Unglück. Die Christel und die Marlies haben Steine gesammelt, und nun drohen sie einander, sich damit zu bewerfen.

»Ich schmeiß' gleich!«, ruft die Christel, und die Marlies, die ein weißes Sonntagskleidchen trägt, das mit bunten Streublumen bestickt ist, und aussieht wie ein kleiner Engel, ruft zurück: »Wenn du wirfst, dann werf' ich auch!«

»Nichts da, niemand wirft hier mit Steinen«, fahre ich dazwischen. »Lasst das!«

Doch ich ernte nur ein freches Grinsen von der Christel, während die Marlies, die zwei Jahre jünger ist, brav den Stein zur Seite legt. Die Christel indes hebt die Hand mit dem Stein extra hoch und ruft in meine Richtung: »Soll ich, oder soll ich nicht?«

»Lass es, habe ich gesagt. Man wirft nicht mit Steinen«, ermahne ich sie abermals, nun aber etwas lauter.

Doch da ist es schon geschehen. Der Stein fliegt der Marlies an den Kopf, das Blut spritzt, und das ganze Kind ist von oben bis unten rot. Das schöne weiße Kleidchen auch. Und dazu ertönt ein Geschrei durch den Garten, das die Vögel verstummen lässt. Auch die Christel beginnt zu weinen, denn das hat sie nun wirklich nicht gewollt. Der Volker kommt angerannt und ruft: »Wenn das die Mutter sieht!«

Und in Gedanken setze ich hinzu: Und erst der Vater!

Doch alles Sorgen hilft nun nichts, denn die Marlies braucht einen Verband. Ich trage sie ins Haus und finde Desinfektionsmittel und einen Druckverband, den ich ihr auf die blutige Wunde drücke, nachdem ich sie desinfiziert habe. An den Michel muss ich dabei denken, der von dem Hähnchen angegriffen wurde, und plötzlich wird meine Brust ganz eng, und ich werde traurig. Ich vermisse ihn, meinen Michel. Und nun bin ich so weit fort, dass er schon ganz groß sein wird, wenn ich ihn irgendwann einmal wiedersehe. Die Marlies immerhin ist nun verstummt, zu prächtig erscheint ihr der schneeweiße Verband, und das Blut auf ihrem Kleid tut ein Übriges, um sie zu beeindrucken. Wir gehen in die Küche, und auf den Schreck lasse ich alle drei Kinder ein extra Schälchen Kompott essen. So vergeht der Rest des Nachmittags ganz friedlich, und wir vergessen alle miteinander, was vorgefallen ist.

Doch als die Herrschaften am Abend zurückkommen, ist es mit der Harmonie vorbei. Die Christel bezieht Prügel, und ich werde geschimpft. »Man kann ihr nicht mal die Kinder überlassen, ohne dass gleich ein Unglück geschieht!«, ruft die Chefin aus und schlägt die Hände über dem Kopf zusammen, während der Chef mich mit einem düsteren Blick bedenkt, den ich gar nicht erst zu deuten versuche, weil er ohnehin nichts Gutes verheißt. Die Christel weint und schließt sich in der Toilette ein. Doch ich kann mich nicht zurückziehen, ich muss kochen, spülen und aufräumen, wie jeden Tag.

Eine Arbeit aber gibt es, die ich über alles liebe: die im Bienenhaus. Der Chef hat vierzig Völker, gleich neben dem Haus, und sein Bruder hat weitere fünfunddreißig auf einer Wiese am Waldrand, wo er ganze Nachmittage damit verbringt, Honig zu schleudern und in spezielle Eimer zu füllen. Kübelweise verkauft er ihn an Cafés oder Privatleute. An Honig herrscht nie Mangel bei der Familie Anger.

Zunächst habe ich zwar nicht viel mit den Bienen zu tun, außer dass ich das Bienenhaus putzen muss. Doch eines Tages sagt der Chef zu mir: »Heut' musst mir einen Teig aus Puderzucker und Honig für die Bienen kneten.«

Ich sehe ihn erstaunt an. Einen Teig aus Zucker und Honig?

»Wie soll das zusammenhalten ohne Flüssigkeit?«, wage ich zu fragen.

Der Chef lacht, denn wenn es um seine Bienen geht, ist er niemals gereizt.

»Das geht schon, probier's nur aus. Der Teig muss ganz trocken sein, damit keine Biene daran kleben bleibt. Ich brauche ihn, um die neuen Königinnen an den Schwarm und an das Volk zu gewöhnen.«

Die neuen Königinnen sind mir ein Begriff. Sie kommen mit der Post, in kleinen Kästchen, die mit gelben, blauen oder roten Plättchen markiert sind. Ich habe sie schon öfter in Empfang nehmen müssen, wenn der Briefträger kam. Und ich weiß auch, wozu der Chef sie braucht: Neben den Obstbäumen stehen nun auch Löwenzahn und Schlehen in voller Blüte, und bald werden die Bienen ausschwärmen und sich traubenweise an einem Baum oder Strauch ihrer Wahl sammeln. Dann muss der Chef, ausgestattet mit Hut,

270

Handschuhen und Pfeife, den Schwarm in einen neuen Stock hineinschütteln. Diesem Schwarm präsentiert er dann eine der neuen Königinnen, die mit der Post gekommen sind. Und weil die Bienen sie noch nicht kennen, muss er sie erst langsam eingewöhnen. Dazu aber braucht er meinen Teig. Diese Arbeit mit den Bienen und das Vertrauen, das der Chef in mich setzt, trösten mich ein wenig über die Anstrengungen des immer gleichen Alltags hinweg.

Nach drei Monaten aber, als die ersten Erdbeeren reif sind und die Sonnenblumen höher und höher wachsen, findet mein Alltagstrott unverhofft ein jähes Ende: Die Chefin fährt für vier Wochen zur Kur!

Als Vertretung kommt die Frau ihres bereits verstorbenen Bruders, und diese Frau ist ganz wunderbar. Schon an dem Abend, an dem sie anreist, flüstert sie mir zu: »Wenn morgen die Chefin weg ist, brauchst frei nicht zu schaffen wie sonst. Dann backst einen Erdbeerkuchen, und wir machen es uns am Nachmittag gemütlich und trinken Kaffee. Wenn die Chefin weg ist, brauchst nicht so zu tun, als sei sie da.«

Dazu lächelt sie ein nettes Lächeln, und das Herz geht mir auf. Endlich einmal eine freundliche Herrin – wie schön das Leben sein kann, wenn man nicht so traktiert wird.

In der Tat ändert sich mein Tagesablauf in den nächsten vier Wochen fundamental. Ein Bruder des Chefs sagt mir beim Frühstück, dass er kein Mittagessen brauche: »Wenn du mir ein Stück Kuchen herrichtest, wäre das wunderbar, oder ich gehe gleich ins Café, das ist mir sowieso das Allerliebste.«

Verwundert nicke ich, zum einen, weil er mich endlich einmal wahrnimmt und mit mir redet, und zum anderen, weil ich diesen Vorschlag, den er mir da gemacht hat, nicht einmal im Traum hätte ersinnen können: das Mittagessen ausfallen zu lassen.

Die anderen beiden Männer aber schließen sich ihm bald an, wenn er mittags ins Café geht. Zu dritt ziehen sie los und genießen ihre Freiheit, während wir beiden Frauen mit den Kindern zurückbleiben und ein einfaches Essen zu uns nehmen, das oft nur aus Grießbrei mit Beeren oder Reibekuchen mit Apfelmus besteht.

Als die Chefin zurückkehrt, umarme ich ihre Schwägerin zum

Abschied. Diese liebe Frau hat mir herrliche vier Wochen geschenkt. Für eine wie sie würd' ich gerne schaffen. Aber ich wage es nicht, sie zu fragen, ob sie mich brauchen kann.

Und so geht mein Leben vorerst weiter seinen gewohnten Gang, während sich die Welt um mich herum verändert. Der letzte Rosinenbomber landet in Berlin, das Grundgesetz tritt in Kraft, Deutschland wird in Ost und West geteilt, und die DDR bekommt eine eigene Verfassung. Eines Tages aber sagt der Chef zu mir: »Inge, geh mal ins Dorf hinunter zur Familie Notz, und hol mir den Hans her. Ich will etwas mit ihm besprechen.«

Also mache ich mich auf den Weg zu der Familie, die ich bisher nur vom Sehen kenne: Der Herr Notz ist ein richtiges Original, er läuft entweder barfuß oder mit Gummistiefeln durchs Dorf und sieht so aus, als sei er mit jedermann gut Freund. An diesem warmen Spätsommerabend aber sitzt er mit ausgestreckten Beinen vor seiner Haustür und raucht eine Zigarette.

»Guten Abend, Herr Notz«, begrüße ich ihn. »Ich komme vom Herrn Anger und wollte fragen, ob der Hans zu Hause ist.«

Er mustert mich neugierig, dann schüttelt er den Kopf: »Der ist gerade bei der Musikprobe.«

»Könnten Sie ihm bitte ausrichten, dass der Chef mich schickt und dass er mal zu ihm hinaufkommen soll, weil er etwas mit dem Hans besprechen möchte?«

Der Herr Notz nickt, und dann verabschiede ich mich.

Am nächsten Tag sehe ich, wie ein junger Mann, der wohl der Hans sein wird, zum Chef hineingeht und nach etwa fünfzehn Minuten wieder herauskommt. Ich frage mich, was das zu bedeuten hat, mache mir aber nicht allzu viele Gedanken darüber. Die Chefin aber klärt mich schließlich auf: Der Hans wird für den Chef schaffen. Er hat bei ihm gelernt, ist aber nach der Lehre nicht übernommen worden, weil nicht genug Arbeit da war. So hat er zwischendurch bei der Gemeinde geschafft, mit Pickel und Schaufel, um das Flussbett der Wertach zu begradigen. Jetzt aber kann er beim Chef anfangen, weil der genug zu tun hat. Für 1,10 Mark in der Stunde.

Zu tun habe ich freilich zunächst nichts mit ihm. Das ändert sich erst, als mich eines Tages der Andreas, einer der Arbeiter aus der Fabrik, anspricht: »Was ist, Inge, kommst heut' Abend mit in den Hirschen? Dort ist ein Ball.«

»Ich weiß nicht recht«, sage ich. »Ich habe so viel Arbeit, dass ich eigentlich nicht fortkann.«

Aber Lust hätte ich schon, denn das Tanzen habe ich schließlich beim Mühlenbauern gelernt. Und so fasse ich mir ein Herz und frage die Chefin, ob ich ausnahmsweise einen Schlüssel bekommen kann, um den Ball zu besuchen. Wider Erwarten willigt sie ein.

»Aber komm ja nicht zu spät nach Hause«, warnt sie mich. »Ich will morgen keine Klagen hören, dass du mit der Arbeit nicht vorankommst.«

»Ich versprech's«, sage ich und blicke ihr in die Augen, so fest ich kann.

Auf diesem Ball aber spielt eine Musikkapelle, »Die flotten Sieben«, und der Hans ist ihr Posaunist. Während ich mit dem Andreas tanze, verfolgt er mich mit Blicken, und gerade als ich mir überlege, ob er vielleicht ein Auge auf mich geworfen hat, macht die Kapelle eine Pause. Bevor ich mich's versehe, steht er plötzlich vor mir und fragt: »Darf ich dir etwas zu trinken holen?«

Ich nicke, und der Andreas steht daneben und weiß nicht recht, was er tun soll. Der Hans aber bringt auch ihm ein Glas Bier, und dann stehen wir da und reden über den Herrn Anger und die Frau Anger, und der Andreas erzählt, wie sie die Männer schikaniert: »Sie ist so lange nicht zufrieden, bis wir die Maschinen blitzblank geputzt und mit Öl eingerieben haben, und Sägespäne dürfen auch nicht herumliegen.«

»Und der Chef hat in seinem Büro einen Leitz-Ordner«, erzählt der Hans lachend, »der ist mit ›Statistik‹ beschriftet, aber es ist keine Statistik drin, sondern eine Schnapsflasche und Gläser, die mit metallenen Spangen von innen an der Pappe des Ordners befestigt sind. Und die Flasche hat zudem noch einen Untersetzer zum Draufstellen und ein Blech an der Seite, dass sie nicht verrutschen kann!«

Da müssen der Andreas und ich furchtbar lachen, denn so etwas Verrücktes hätten wir uns noch nicht einmal in unseren kühnsten Fantasien ausdenken können. Auch der Rest der Musikpause vergeht mit Scherzen und Lachen, und als der Hans wieder an seine Zugposaune muss, tut es mir fast ein bisschen leid.

Das Eis zwischen uns aber ist nun gebrochen, und einige Tage später kommt er abends einfach an unserer Haustür vorbei, als ich gerade den Hausgang rauswische.

»Grüß dich, Inge«, sagt er, »hast Lust, ins Kino zu gehen?«

»Nein, nein, nein, bleib draußen!«, rufe ich hektisch, weil ich schon höre, dass die Chefin die Treppe herunterkommt.

»Was ist da los?«, ruft sie.

»Nichts!«, rufe ich hinauf.

Da kommt sie schon hinunter und sieht den Hans dastehen.

»Guten Abend, Frau Anger«, sagt er ganz ruhig, »ich habe gerade die Inge gefragt, ob sie mit mir ins Kino gehen mag.«

Sie schaut von ihm zu mir und von mir zu ihm, klappt den Mund einmal auf und wieder zu, und dann sagt sie: »Wenn sie ihre Arbeit erledigt hat, kann sie gehen. Dann kann sie einen Schlüssel bekommen. Aber nicht vorher.«

Nun ist es an mir, verwundert von ihr zu ihm zu blicken, und von ihm zu ihr. Denn sie tut ja gerade so, als sei ich gar nicht da. Als sei der Hans derjenige, mit dem sie sich besprechen müsse. Aber immerhin händigt sie mir später tatsächlich den Schlüssel aus, und der Hans und ich gehen ins Kino und sehen »Bergkristall«, einen Heimatfilm, in dem zwei Kinder, Konrad und Sanna, einen Tag vor Weihnachten von ihrem abgelegenen Bergdorf ins Tal hinuntergehen, um die Großmutter zu besuchen. Auf dem Heimweg beginnt es plötzlich, heftig zu schneien, und sie verlieren die Orientierung, können sich aber in eine Eishöhle flüchten. Die Dorfbewohner machen sich auf die Suche nach ihnen und retten sie. Ein schöner Film ist das, und als wir danach ins Freie treten, ist mein Herz ganz froh und leicht. Der Hans bietet mir seinen Arm zum Unterhaken, und wie selbstverständlich nehme ich das Angebot an. Es fühlt sich ganz natürlich an, als gehöre mein Arm dorthin.

Am nächsten Tag, als ich den Frühstückstisch abräume, fragt die Chefin: »Wann bist gestern heimgekommen?«

Ich wundere mich über ihre Frage, antworte aber wahrheitsgemäß: »Um halb elf.«

274

Sie nickt, und dann sagt sie völlig unvermutet: »Der Hans, der wär' doch etwas für dich. Er ist von hier, ist nicht verwöhnt, auch mit dem Essen nicht, und er ist Schreiner von Beruf.«

Mein Herzschlag beschleunigt sich, denn wenn sie das so sagt, dann muss sie ja wohl glauben, dass der Hans sich für mich interessiert. Ich hingegen bin mir da noch immer nicht sicher. So brumme ich nur etwas vor mich hin. Ich will nicht, dass sie sich in mein Leben einmischt, und ich sehe meine Zukunft ohnehin nicht in Ebenhofen. Ich möchte fort von hier, weil mir der Platz bei den Angers nicht behagt. Ich möchte in die Berge. Als wisse sie dies, sorgt die Chefin jedoch vom ersten Tag an dafür, dass ich keine einzige Zeitung zu Gesicht bekomme, in der ich nach Stellenanzeigen suchen könnte. Sie versteckt sie regelrecht vor mir. Und so beschränke ich meine Fluchtgedanken darauf, dass ich mir vorstelle, wie ich bei Nacht und Nebel verschwinde, indem ich mich mit meinem Koffer durch die Waschküche schleiche – auf Nimmerwiedersehen. Der Hans hat daher keinen rechten Platz in meinen Gedanken, obgleich er mir gefällt.

Doch er versteht es, sich bei mir immer wieder in Erinnerung zu rufen. Mal schiebt er mir einen Apfel zu, mal eine Banane, mal führt er mich zum Tanzen aus, dann wieder ins Kino. Einmal gibt er der Chefin eine Banane, mit der Bitte, sie mir zuzustecken. Doch sie kommt damit nur kurz zu mir in die Küche und geht dann zu ihm zurück, die Banane immer noch in der Hand: »Die Inge will sie nicht, sie hat gesagt, du sollst sie behalten.«

So eine Gemeinheit. Das kann ich so nicht stehen lassen, und so stürze ich hinzu, gerade noch rechtzeitig, um sein enttäuschtes Gesicht zu sehen und ihr Lachen zu hören. Als der Hans mich sieht, strahlt er, und mir wird ganz warm ums Herz.

In den kommenden Monaten wirbt er mit allen Kräften um mich, und ich genieße es. Endlich einmal ein Mann, der ein wirkliches Interesse an mir hat. Das tut mir gut, ich fühle mich, als sei ich etwas wert. Aber ich halte mich zurück, denn nach wie vor möchte ich weg aus Ebenhofen, und wenn ich dort einen Mann finde, kann ich das nicht mehr. Die Chefin ist so garstig zu mir, sie tyrannisiert mich! Wenn ich ihr sage, dass ich mal heimfahren möchte, sagt sie, dass der Hans mich mit seinem Motorrad fahren soll. Denn so kann sie sicher sein, dass ich meinen Koffer nicht mitnehmen kann und wieder zu ihr zurückkommen muss. Bei einem dieser Besuche zu Hause erfahre ich von der Hannelore, dass der Michel tödlich verunglückt ist.

»Er ist mit dem Fahrrad vom Feld zurückgefahren und hatte die Sense auf dem Rücken. Er ist gestürzt, und die Sense war nicht eingepackt. So ist er auf sie gefallen, und es hat ihn am Rücken erwischt. Er ist ausgeblutet. Im Ort hat man sich erzählt, er hätte immer ›Mama, Mama!‹ geschrien, bevor er verblutet sei.«

»Und wo war die Mutter?«, bringe ich hervor, da stehen mir die Tränen schon in den Augen, und ich taste nach der Hand vom Hans.

»Die Mutter war nicht dabei, sie hat ihn nur gesehen, wie er vom Feld heimgeradelt ist und hat ihn schreien gehört. Sie ist wohl noch hingerannt, aber da war er schon tot.«

Ich weine wie nie zuvor in meinem Leben. Der Michel, mein Michel, dieser süße, blonde Bub, den ich so lieb hatte, als sei er mein eigenes Kind. Der Hans streicht mir immer wieder über den Rücken, der von meinem Schluchzen bebt. Doch es dauert lange, sehr lange, bis ich mich so weit beruhigt habe, dass ich aufhören kann zu weinen. Der Besuch zu Hause ist mir gründlich verdorben. Ich bin froh, als wir wieder fahren. Ich brauche Abstand zu dieser schrecklichen Nachricht.

Danach vergeht eine lange Zeit, bis ich wieder heim kann. Meist heißt es, dass die Angers Besuch bekommen, wenn ich vorsichtig anfrage, ob es recht wäre, wenn ich am kommenden Sonntag mal die Eltern besuchte. Denn Besuch ist oft da im Hause Anger: der Pfarrer, der Arzt oder Geschäftsleute. Dann heißt es: »Inge, bleib da, und koch ein Mittagessen, und einen Kuchen brauchen wir auch.«

Monatelang komme ich nicht heim, sodass ich das Briefeschreiben anfange.

In diesen Briefen beklage ich mich darüber, wie hart die Arbeit ist und dass ich keine Mittagspause habe und keinen Urlaub. Dass ich immer nur schaffen muss und fast nie einen Schlüssel bekomme, um abends auszugehen. Die Chefin sieht es freilich nicht gern, wenn ich diese Briefe selbst zur Post bringe. »Kannst ihn mir mitgeben, musst nicht selbst hingehen, kannst lieber gleich weitermachen mit deiner Arbeit«, sagt sie dann und kassiert ihn ein. Ich ärgere mich darüber, denn die Post ist nicht weit weg, und ich könnte meine Briefe ohne Probleme schnell dorthin bringen. Eines Tages aber verstehe ich, warum sie sie mir lieber vorher abnimmt.

»Ich habe mit der Näherin gesprochen«, erklärt mir die Chefin, »und sie hat mir gesagt, du hättest ihr erzählt, du seiest unzufrieden bei uns, weil du keinen Schlüssel bekommst und so viel schaffen musst.«

»Das kann nicht sein«, entgegne ich. »Ich habe mit niemandem über diese Dinge gesprochen, das fiele mir auch niemals ein, hier im Ort solche Dinge zu erzählen.«

Doch sie beharrt darauf und fügt hinzu, ich hätte über sie hergezogen, das sei nicht tolerierbar. Und plötzlich wird mir klar, dass sie meine Briefe geöffnet und nach dem Lesen wieder verschlossen hat, sodass weder die Mutter noch ich dies bemerken konnten. Was für eine falsche Schlange sie ist!

Auch die Mutter vom Hans macht uns das Leben schwer. Die Abende sind nun schon recht kalt, und eines Tages wagen wir es, uns bei der Familie Notz in die Küche zu setzen, weil wir draußen zu sehr frieren. In der Stube ist es ja auch kalt, und auf sein Zimmer dürfen wir nicht gehen. Kaum dass wir aber dort Platz genommen haben, geht die Tür auf, und die Frau Notz kommt herein.

»Das geht nicht, was fällt euch ein!«, sagt sie. »Inge, du kannst dich dort nicht hinsetzen, das dulde ich nicht!«

Wortlos stehe ich auf und gehe, der Hans kommt mir nach, ich bin den Tränen nahe.

»Nie wieder setze ich einen Fuß in dieses Haus«, erkläre ich ihm.

Doch am nächsten Tag wird alles noch viel schlimmer. Der Chef ruft mich zu sich ins Büro und bedeutet mir, dass ich mich setzen soll. Das hat nichts Gutes zu bedeuten, so viel ist mir klar. Gott sei Dank redet er nicht lange um den heißen Brei herum: »Die Frau Notz ist heute bei mir gewesen und hat mich gebeten, dir zu verbieten, noch einmal in ihr Haus zu kommen.«

Er blickt mich ernst an, und ich komme mir vor wie eine Ver-

277

brecherin. Kein Wort bringe ich heraus, so hart treffen mich seine Worte.

»Inge, warst du in dem Haus?«, fragt er.

Ich nicke. »Ich war in der Küche, der Hans hat mich dorthin mitgenommen, weil es so kalt draußen war. Wir haben uns unterhalten wollen, aber dazu ist es gar nicht gekommen, weil die Frau Notz sofort hereingekommen ist.«

»Weißt eigentlich, was die Leute reden?«

»Nein.« Was meint er nur?

»Sie reden, dass eine wie du, eine aus der Stadt, doch nichts kann. Sie wundern sich, dass wir dich beschäftigen.«

»Eine aus der Stadt?«, frage ich ungläubig.

»Aus der Stadt«, bestätigt er.

Ich muss fast lachen. Ich und eine Städterin? Ich? Fassungslos blicke ich ihn an.

»Tu's halt nicht wieder, geh nicht mehr dorthin«, brummt er, und dann kann ich gehen.

Ich bin außer mir. Wie kann die Frau Notz es wagen, mich beim Chef anzuschwärzen, nur weil ich ihre Küche betreten habe! Ich werde sie gar nicht mehr beachten. Mit so einer Frau will ich nichts zu tun haben.

Und so ignoriere ich sie fortan, wenn ich sie zufällig auf der Straße treffe.

Einige Wochen darauf aber, ich bin gerade mit einem großen Korb voller Wäsche auf dem Wäscheplatz, erscheint sie auf der Bildfläche.

»Ich muss etwas mit dir bereden, Inge«, sagt sie.

Ich wundere mich, dass gerade sie etwas mit mir bereden will, bin aber doch auch neugierig, so dass ich mich ihr zuwende.

»Es gefällt mir nicht, dass du mich nicht mehr beachtest«, erklärt sie mir.

»Das tue ich mit gutem Recht, ich darf ja nicht einmal in Ihr Haus«, erwidere ich.

»Ich bin ja auch mal jung gewesen«, sagt sie da, »und wenn du magst, kannst du wiederkommen.«

Ich nicke bloß, eine richtige Antwort gebe ich ihr nicht. Ich will nicht, dass sie denkt, ich sei auf ihre Gnade angewiesen. Denn längst schon haben der Hans und ich herausgefunden, dass wir in der Küche der Angers geduldet werden, und wir treffen uns nun meist dort. Ich weiß auch, warum die Chefin nichts dagegen hat: Sie denkt, wenn ich mit dem Hans zusammen bin, gehe ich nicht fort von ihr.

Unsere Beziehung wird im Laufe dieses Winters immer enger, und als der Frühling kommt, fahren wir an einem Sonntag mit dem Motorrad auf die Insel Mainau. Wir stehen extra früh auf; und zunächst verläuft unsere Reise auch ohne Zwischenfälle, doch plötzlich kriegen wir eine Kurve nicht – der Hans sagt, das habe daran gelegen, dass ich mich nicht richtig auf die Seite gelegt hätte – und fahren in den Graben. Zum Glück gibt es dort Büsche, die uns stoppen, sodass wir uns nicht verletzen. Wir waschen uns nur kurz die Hände an einem Brunnen auf einem nahe gelegenen Bauernhof, und dann geht es weiter. Wir verbringen einen wunderschönen Tag auf der Insel, und auf dem Rückweg, als wir auf dem Schiff an der Reling stehen, fragt der Hans mich, ob ich ihn heiraten möchte.

»Ich weiß nicht«, antworte ich. »Ich bin erst achtzehn Jahre alt und erst ein Dreivierteljahr in Ebenhofen. Eigentlich möchte ich in die Berge und fort von hier!«

»Aber nun bist immer noch hier, und das liegt auch an mir, oder?«, fragt er und küsst mich.

Ich nicke. Schön ist es mit dem Hans. Doch noch bin ich nicht so weit, ihm das Jawort zu geben.

Wir küssen uns abermals und vergessen die Zeit um uns herum. Und als wir von Bord gehen und der Hans seinen Zündschlüssel sucht, stellt sich heraus, dass er ihm aus der Jacke gerutscht ist.

Vor Schreck rutscht mir das Herz in die Hose. »Was sollen wir nun tun? Wie kommen wir heim?«, entfährt es mir.

Der Hans ist ganz ruhig. »Wir müssen schauen, dass wir eine Werkstatt finden und das Schloss aufmachen lassen.«

Ich nicke. »Ich muss heim, sonst reißt die Chefin mir den Kopf ab.«

Es dauert allerdings eine ganze Weile, bis wir eine Werkstatt gefunden haben und das Schloss aufgebrochen ist. Und als wir dann endlich auf dem Heimweg sind, gibt es einen Wolkenbruch, der uns bis auf die Knochen durchnässt. Ich trage bloß eine leichte Motorradkappe, einen leichten, langen Gummimantel und Sandalen, und der Hans hat Knickerbocker an und eine etwas festere Jacke, als ich sie habe. Das Wasser geht uns beiden oben hinein und unten wieder hinaus. Schließlich wird der Regen so stark, dass der Hans nichts mehr sieht und wir anhalten müssen.

»Was sollen wir jetzt tun?«, frage ich ihn voller Angst. Mir ist klar, dass wir erst spät in der Nacht zu Hause ankommen werden, und ich habe keinen Schlüssel, da die Chefin davon ausgegangen ist, dass ich am Tag heimkomme.

»Wir müssen in einer Wirtschaft übernachten«, sagt der Hans, während wir nebeneinander die Straße entlanglaufen, auf der das Wasser knöchelhoch steht.

»Wie soll das funktionieren, wir beide in der Wirtschaft?«, frage ich durch den strömenden Regen hindurch.

»Wir nehmen uns ein Zimmer«, sagt er, als sei es das Normalste von der Welt. Der Regen lässt sein Haar ganz glatt aussehen, so kenne ich ihn noch gar nicht. Ich stelle mir vor, wie wir beide uns ein Zimmer teilen, und bin auf einmal furchtbar aufgeregt. Denn mehr als Küssen ist bei uns bisher nicht gelaufen.

Nach einigen Kilometern finden wir tatsächlich einen Gasthof und nehmen ein Doppelzimmer. Als wir nebeneinander im Bett liegen, ziehe ich mir die Decke bis zum Hals. Ich bin ganz steif und habe Angst – vor was, weiß ich gar nicht genau, denn eigentlich wünsche ich mir ja, dass der Hans mich berührt. Bloß erlauben würde ich ihm dies niemals. Und da er das weiß, ist er ganz brav. Nicht einmal einen Kuss geben wir uns, als wir so nebeneinanderliegen und draußen vor dem Fenster der Regen herunterrauscht.

»Wir müssen fahren, sobald es Tag wird und es aufhört zu regnen, damit ich heimkomme«, flüstere ich ihm zu.

»Das tun wir«, verspricht er. Dann nimmt er meine Hand, und so fallen wir in einen unruhigen Schlaf.

Im ersten Licht des neuen Tages brechen wir wieder auf. Es regnet zwar immer noch, aber nicht mehr so stark, und als wir gegen sieben Uhr in Ebenhofen eintreffen, scheint sogar die Sonne. Die

Haustür aber ist verschlossen. Ich bin schrecklich nervös, denn mein Fehlen wird schon aufgefallen sein, da ich normalerweise um sechs Uhr hätte aufstehen müssen. Ich klingele, und der Chef öffnet, ohne ein Wort zu sagen. Schnell laufe ich an ihm vorbei in die Küche, wo der Frühstückstisch schon abgeräumt ist. Ich mache mich auf den Weg in die Schlafzimmer, wo die Chefin dabei ist, die Betten zu machen – das wäre eigentlich meine Arbeit gewesen.

»Guten Morgen«, sage ich und mache mich auf ein Donnerwetter gefasst, das auch prompt über mich hereinbricht.

»Was fällt dir ein, einfach fortzubleiben über Nacht«, schimpft sie. »Brauchst gar nicht mehr zu kommen, wenn ich mich nicht auf dich verlassen kann!«

Ich erzähle ihr, was passiert ist, und füge hinzu: »Wir hätten nichts anderes machen können, als dort übernachten.«

Doch sie tobt immer weiter und macht mich ordentlich zur Schnecke.

Acht Tage lang redet sie kein Wort mit mir. Dann beruhigt sie sich wieder – bis zum nächsten Mal. Irgendeinen Grund, sich aufzuregen, findet sie eigentlich immer.

Der Hans aber ist so lieb zu mir, dass ich ihre Launen irgendwann gar nicht mehr so ernst nehme. Das Jahr 1950 zieht vorbei, und im Jahr darauf schenkt er mir zu meinem Namenstag ein rotweiß gestreiftes Kleid mit kurzen Ärmeln, einem roten Gürtel und einer weißen Schleife am Ausschnitt. Es ist wunderschön, und ich danke ihm mit einem langen Kuss. Meine anfängliche Verliebtheit ist zu einer Liebe herangereift, und ich kann mir eine gemeinsame Zukunft mit ihm inzwischen vorstellen. Ich fühle mich ihm so nah, dass ich sonntags, wenn ich ein paar Stunden frei habe, mit ihm und seinen Eltern raus aufs Feld fahre und das Heu zusammenreche. Aus Liebe tue ich das, weil ich mit ihm in jeder freien Sekunde zusammen sein will. Seine Mutter aber sieht, wie hart ich schaffen kann, und denkt sich dann wohl, dass sie mich gebrauchen kann. Im Jahr darauf lädt sie mich erstmals zu ihrem Geburtstag ein. Kurz darauf ruft sie den Hans und mich in die gute Stube und fragt uns, ob wir nicht heiraten wollen. Wir schauen einander verwundert an: Jetzt auf einmal sollen wir heiraten?

»Ich weiß nicht«, sage ich.

»Ich brauche jemanden zum Arbeiten, eine Schafferin«, erklärt sie.

Und dann, in den folgenden Monaten, als der Hans und ich noch hin und her überlegen, ob wir heiraten sollen, werde ich schwanger. Bis wir die Hochzeit geplant haben, bin ich schon im dritten Monat. Und so gründen wir eine Familie und werden glücklich miteinander. Unsere älteste Tochter Renate kommt im April 1953 auf die Welt.

EPILOG

Was ist nun aus uns allen geworden? Wie ist das Leben weitergegangen?

Die Geißlmutter ist gestorben, und die Walburga hat geheiratet, einen Mann aus Kastl. Dort lebte sie auf einem großen Hof; bevor auch sie starb. Auch ihr Bruder Wilhelm hat eine Frau gefunden, eine hübsche Rothaarige aus Utzenhofen. Er hat den Hof übernommen und drei Kinder bekommen. Eines Tages, als er mit einem Lanz-Bulldog den Berg im Wald hinuntergefahren ist und Holz geladen hatte, ist er verunglückt und unter das Holz geraten und zerquetscht worden. So schlimm kann das Leben sein!

Der Horst hat keine Frau gefunden. Er hat sein Leben lang in der Maihütte bei Sulzbach-Rosenberg geschafft, wo er half, Eisen zu schmelzen, aus dem Rohre für die ganze Welt gefertigt wurden.

Ich selbst habe Heimarbeit geleistet für die Möbelfabrik, gelötet und geklebt habe ich und damit sechzig Pfennige in der Stunde verdient. Und am Abend habe ich die Kühe gemolken und den Stall gemacht, denn von den Schwiegereltern haben wir den Bauernhof bekommen. Die Schwiegermutter lebte nach unserer Hochzeit noch vier Jahre, der Schwiegervater noch sechs. In dem Jahr, als Hans' Mutter starb, wurde unsere zweite Tochter, die Anita, geboren. 1962 kam der Junge, Hans-Peter, und unser viertes Kind, die Alexandra, kam im Oktober 1969 auf die Welt – kurz bevor mein Vater starb, der von einem Auto überfahren wurde. Es war immer so: Wenn einer von unseren Eltern starb, kam ein Kind auf die Welt. Gerade so, als müsse man den Platz des Verstorbenen wieder auffüllen.

Auf dem Bauernhof haben wir gemeinsam mit den Schwiegereltern, Hans' Schwester und deren Mann gewohnt. Das war nicht recht, denn die Schwester war schon verheiratet, und sie mussten keine Miete zahlen und hatten Holzkohle, Mehl und Eier umsonst.

Deshalb hatten der Hans, die Kinder und ich auch nur ein Schlafzimmer für uns alle zusammen. Wir waren nie allein, und dann habe ich auch noch eine Tante vom Hans bei uns aufgenommen. Sie blieb fünfeinhalb Jahre, bis zu ihrem Tod.

1970 haben wir gebaut, und 1972 haben wir mit der Landwirtschaft aufgehört, obwohl ich das gar nicht wollte. Aber der Hans hatte Angst, dass ich mich kaputt arbeite, weil er viel auf Montage war, und ich habe nachgegeben, damit er sich nicht mehr um mich sorgen muss. Meine Chefin hat gefragt, ob ich nicht Lust hätte, mit der Heimarbeit aufzuhören und wieder in der Werkstatt zu schaffen. Das habe ich getan, zusammen mit dem Hans. Ich habe gehobelt, gebohrt und geleimt, doch ich war ihr nie schnell genug, obwohl ich sehr schnell war. Die Arbeiter haben mich sogar gefragt, ob ich mehr Geld bekomme als sie selbst, weil ich so viel schneller geschafft habe als sie. Aber für die Chefin war es nie genug. Wenn ich schneller geschafft habe, hat sie gesagt, ich soll noch schneller schaffen. Ich habe oft geweint, weil sie mich so schikaniert hat. Der Hans hat mir dann geraten, von dort wegzugehen, und das habe ich getan. 1975 haben wir ein zweites Haus gebaut, um es zu vermieten, weil meine Rente nicht reichte.

Eine Bekannte schlug mir vor, in der Bärenmarke zu bedienen, die heute Nestlé heißt. Ich hatte zwar noch nie bedient, wollte es aber probieren. So wurde ich dort angelernt und habe gemeinsam mit meinen Kolleginnen einmal in der Woche fünfzig bis hundert Werksbesucher bedient – sie kamen aus Werken, die mit der Bärenmarke zusammenarbeiteten. Sie reisten mit Bussen an und machten Werksbesichtigungen. An einem Tag kamen zum Beispiel nur Ärzte, am nächsten die Obrigkeit aus Frankfurt, Direktoren und Mitarbeiter. Diese Leute mussten wir alle bewirten. Auch die Bauern, die ihre Milch dort ablieferten, wurden einmal im Jahr eingeladen und bekamen einen Tag lang kostenlos Essen und Trinken. Dreiundzwanzig Jahre lang habe ich dort geschafft, und nebenbei nahm ich noch eine Putzstelle in einer Schule in Biesenhofen an. Und danach habe ich noch in einem Fliesengeschäft in Marktoberdorf geschafft. Dort habe ich alles gemacht, vom Büro über den Garten bis zur Hausarbeit. Erst mit achtundsechzig habe ich aufgehört zu arbeiten.

Als wir keinen Stall mehr hatten, hatten wir ein bisschen mehr Freude im Leben: Wir begannen zu reisen. Zum Beispiel einen Badeurlaub mit Besichtigungen in Jugoslawien, eine Nilkreuzfahrt in Ägypten, wir waren auch zwei- oder dreimal in Spanien, wir waren in Griechenland und in London, auf Mallorca und in der Türkei. Auch zum Skifahren sind wir gegangen, mit Kind und Kegel. Unsere größte und schönste Reise führte uns nach Kanada. Mich freut es bis heute, dass wir das gemacht haben.

Meine Mutter ist 1993 gestorben, da war sie siebenundachtzig. Aber schon 1952 haben meine Eltern sich scheiden lassen. Die Hannelore und die Helga, die noch in der Nähe wohnten, haben die Mutter dazu gedrängt. Sie haben ihr gesagt, dass es so nicht weitergehen kann.

Wenn ich zurückblicke, kann ich nicht sagen, dass mein Leben ein schönes Leben war. Teilweise war es zwar schön, aber dass es besonders schön war, das kann ich nicht behaupten. Abgeschafft bin ich jetzt, im Alter. Aber ich hadere nicht. Ich war auch im Alter lange Zeit zufrieden mit allem, was ich hatte, und damit, dass ich gesund geblieben bin. Ich sage auch meinen Kindern immer, dass es sich mit Zufriedenheit leichter lebt.

Ich hatte ein sehr bewegtes Leben. So arm, wie wir in Ransbach waren, möchte ich heute nicht mehr sein. Aber im Grunde bin ich immer noch bescheiden. Und ich schaffe immer noch viel. Ich denke, dass die Arbeit mich erhalten hat und die Freude daran, was wir uns alles erschafft haben. Wenn es auch eine harte Zeit war. Heute frage ich mich, wie wir das früher alles so bewältigt haben. Die Antwort lautet: durch Kraft und Gottes Gnade.

An unserer Goldenen Hochzeit habe ich darüber auch ein Gedicht aufgesagt.

Weil wir keine schöne Hochzeit hatten, haben wir die Goldene Hochzeit besonders schön gefeiert. Der Hans war vierzig Jahre lang bei seiner Kapelle, und die Kapelle hat bei der Feier in der Kirche aufgespielt. Ich hatte ein schwarzgoldenes Kleid an und trug große Ohrringe – ich habe mich schon ein wenig herausgeputzt. Der Pfarrer sagte vorne am Altar zu mir, dass ich hübsch aussehe. Zwei

Mädchen, die im Konservatorium singen gelernt haben, sangen für uns das Ave Maria. Als ich sie hörte, liefen mir die Tränen über die Wangen. Später im Gasthaus – wir hatten zwanzig Kuchen selbst gebacken – haben drei Alphornbläser gespielt. Es war die schönste Goldene Hochzeit und genau so, wie ich sie mir gewünscht habe.

Im Juli darauf erlitt Hans beim Schwimmen im Ettwieser Weiher in Marktoberdorf einen Herzinfarkt. Ein junger Mann zog ihn heraus, da war er schon wie tot. Unsere Tochter Renate, die mit uns dort war, reanimierte ihn, danach lag er im Koma. Tag und Nacht saßen die Kinder und ich an seinem Krankenbett – wir haben uns abgewechselt. Dann kam er wieder zu sich, und ich war überglücklich. Doch er konnte nicht mehr gut sprechen, und dann bekam er einen Schlaganfall, und dann noch einen, und dann noch einen. Kurz vor seinem Tod fragte er mich: »Mutter, wie lange sind wir eigentlich schon verheiratet?«

»Seit fast sechzig Jahren«, habe ich geantwortet.

Da nahm er mich in den Arm und weinte. Ich musste auch weinen.

Von seinem dritten Schlaganfall hat er sich nie mehr erholt. Am 6. Oktober 2011 ist er in meinen Armen gestorben.

Sein Tod hat mich schwer getroffen. Der Hans und ich, wir haben zusammengehört. Das Glück ist für mich seit seinem Tod kein häufiger Gast mehr in meinem Leben. Dabei brauche ich gar nicht viel, um glücklich zu sein. Ich bin nun achtzig Jahre alt. Wenn er älter wird, denkt der Mensch anders, und nur die Erinnerung bleibt. Es reicht mir heute schon, wenn ich in den Garten blicke und die Krokusse sehe, wie sie ihre Köpfchen aus der Erde strecken.

Die Namen aller Familien, über die berichtet wird, wurden verändert. Der Abdruck des Briefwechsels zwischen Eva und Fritz erfolgt mit freundlicher Genehmigung des Feldpost-Archivs Berlin (Signatur: 3.2002.1345), ebenso des Schreibens des Frauenwerks (Signatur: 3.2002.7115).

DANK an

Brigitte Benzenhöfer, Walburga Bögel, Marianne Callahan, Dr. Inge Elster, Dr. Rebecca Göpfert, Karin Graf, Christina Hucklenbroich, Irene Hummel, Fridtjof Küchemann, Britta March, Heinrich Maul, Ludwina Müller, Sepp Oechsner, Prof. Dr. Dr. Johann Schäffer, Gisela Sager, Ann-Kathrin Schwarz, Dr. Clemens Schwender, Peter Walosek, Isabelle Weber, Emilia Weigl und Christa Widmer-Zweifel.